Datenschutzrechtliche Verpflichtungen
der Gemeinschaftsorgane und -einrichtungen

Europäische Hochschulschriften
Publications Universitaires Européennes
European University Studies

Reihe II
Rechtswissenschaft

Série II Series II
Droit
Law

Bd./Vol. 4669

PETER LANG
Frankfurt am Main · Berlin · Bern · Bruxelles · New York · Oxford · Wien

Mark Ennulat

Datenschutzrechtliche Verpflichtungen der Gemeinschaftsorgane und -einrichtungen

PETER LANG
Internationaler Verlag der Wissenschaften

Bibliografische Information der Deutschen Nationalbibliothek
Die Deutsche Nationalbibliothek verzeichnet diese Publikation in der Deutschen Nationalbibliografie; detaillierte bibliografische Daten sind im Internet über <http://www.d-nb.de> abrufbar.

Zugl.: Bonn, Univ., Diss., 2007

D 5
ISSN 0531-7312
ISBN 978-3-631-57760-8

www.peterlang.de

Meiner Familie

Vorwort

Die vorliegende Arbeit ist Anfang des Jahres 2007 fertig gestellt und von der Rechtswissenschaftlichen Fakultät der Rheinischen Friedrich-Wilhelms-Universität zu Bonn im Wintersemester 06/07 als Dissertation angenommen worden. Rechtsprechung und Literatur befinden sich im Wesentlichen auf dem Stand vom März 2007.

Mein herzlicher Dank gebührt meinem Doktorvater, Herrn Prof. Dr. Dr. h.c. Ulrich Everling, für die Anregung zum Thema der Arbeit und die äußerst wohlwollende Betreuung. Seine vielen fachlichen Anregungen waren für mich von unschätzbarem Wert. Herrn Prof. Dr. Jost Pietzcker danke ich für die Erstellung des Zweitgutachtens.

Herzlich danken möchte ich auch Herrn MinDgt. a.D. Klaus Stoltenberg, in dessen Arbeitsbereich im Bundesministerium der Justiz ich als Mitarbeiter und Referendar wertvolle Einblicke in die Verfahrenspraxis des Europäischen Gerichtshofs für Menschenrechte gewinnen konnte.

Schließlich gilt meine Dankbarkeit meiner Familie und besonders meiner Frau Fazilet, die mir bei der Promotion jede erdenkliche Unterstützung zuteil werden ließ.

Bonn, Oktober 2007 Mark Ennulat

Inhaltsübersicht

Inhaltsverzeichnis

A Einführung

Parallel zu dem zunehmendem Einsatz automatisierter Datenverarbeitung entwickelte sich ein Bewusstsein für die Risiken, welche die elektronischen Verarbeitungsprozesse für die Privatsphäre des Einzelnen mit sich bringen. Gefahrenpotential besteht nicht nur durch bewussten Missbrauch von Daten sondern auch durch unbeabsichtigte Fehler, deren mögliche Quellen sich aufgrund fortschreitender technischer Entwicklung ständig vermehren[1]. Trotz alledem ist in den letzten Jahren eine Tendenz erkennbar, die zeigt, wie sehr die Wahrnehmung von Gefahren für die Privatsphäre mit deren individueller Definition zusammenhängt. So wird es zunehmend schwerer, dem Bürger die Bedeutung des Datenschutzes als ein unverzichtbares Grundrecht zu vermitteln[2]. Die elektronische Erfassung des Einkaufsverhaltens, tabulose Selbstpräsentation online[3] und in Fernsehshows sowie die ständige Bereitschaft zu mobiler Kommunikation sind Anzeichen eines bereitwilligen Verzichts auf Privatsphäre. Unter dem Eindruck globaler Bedrohungslagen dringt gleichzeitig die Auffassung vor, der Verzicht auf Freiheitsrechte sei in gewissem Maße erforderlich, um die öffentliche Sicherheit zu gewährleisten[4]. Ob dieser Trend anhalten und zu Verschiebungen im Grundrechtsschutz führen wird, bleibt abzuwarten[5]. Derzeit ist es Aufgabe des Datenschutzes, auch bzw. gerade dort für den Schutz des Persönlichkeitsrechts zu sorgen, wo Gefahren nicht als solche erkannt oder pauschal als hinnehmbar erachtet werden.

Um diesen Gefahren zu begegnen, wurden Standards zum Schutz personenbezogener Daten entwickelt. Diese Entwicklung fand zunächst auf nationaler Ebene in den einzelnen Staaten statt. Rechtlicher Anknüpfungspunkt ist meist das Grundrecht auf Schutz der Persönlichkeit in seiner speziellen Ausprägung als

---

1 *Rudolf*, Datenschutz in Europa, Zeitschrift für europarechtliche Studien (ZEUS) 2002, S. 217 (231); allein durch die stark wachsende Einbindung des Internets in den Alltag nimmt die Zahl der verarbeiteten personenbezogenen Daten ständig zu, *Misita*, The Protection of Privacy: A Consumer Perspective, in: *Wilhelmson/Tuominen/Tumola* (Hrsg.), Consumer Law in the Information Society, S. 263.

2 Vgl. Gespräch mit *Winfried Hassemer*, Der Staat ist nicht mehr der Leviathan, in: F.A.Z. vom 22.4.2004, S. 4.

3 *Merschmann*, Datenschutz 2.0 - Über den sich wandelnden Umgang der Bürger mit dem Internet - Privatsphäre ist einfach mega-out, in: SPIEGEL ONLINE vom 20.10.2006; vgl. auch die Studie von *Anderson* und *Rainie*, wonach immerhin 46 % der Befragten davon ausgehen, dass die Vorteile einer steigenden Transparenz im geschäftlichen und privaten Bereich die Nachteile der verlorenen Privatsphäre überwiegen werden, PEW / Internet and American Life Project - The Future of the Internet II, vom 24.9.2006.

4 Hier sei nur auf die Diskussionen über flächendeckende Videoüberwachung im öffentlichen Raum, die verdachtslose Vorratsspeicherung von Telekommunikationsverkehrsdaten und die umfassende Anti-Terror-Datei verwiesen.

5 *Hassemer*, a.a.O. (Fn. 2).

Recht auf Privatsphäre oder - wie in Deutschland - das Grundrecht auf informationelle Selbstbestimmung.

Eine vergleichbare rechtliche Entwicklung lässt sich auch auf der Ebene international gewährleisteter Menschenrechte nachweisen, und zwar insbesondere dort, wo Menschenrechte durch speziell dafür eingesetzte Streitentscheidungsgremien weiterentwickelt werden konnten. Von herausragender Bedeutung ist hier die Rechtsprechung des Europäischen Gerichtshofs für Menschenrechte.

Parallel dazu nahmen einige Internationale Organisationen die zunehmende Bedeutung des grenzüberschreitenden Datenverkehrs[6] zum Anlass, sich mit der Frage zu befassen, wie die Rechte des Einzelnen bei der Verarbeitung seiner persönlichen Daten gewährleistet werden können[7]. Sie boten das ideale Forum für eine einheitliche Behandlung des internationalen Datenverkehrs, da die bis dahin unternommenen einzelstaatlichen Aktivitäten zu vielen unterschiedlichen und somit schwer koordinierbaren Ansätzen geführt hatten.

Welchen rechtlichen Anforderungen unterliegt die Verarbeitung personenbezogener Daten durch die Gemeinschaftsorgane und -einrichtungen? Vor dem oben beschriebenen Hintergrund soll der Versuch unternommen werden, aus den jeweiligen Texten einen gemeinsamen internationalen Datenschutzstandard zu ermitteln. Zunächst werden diejenigen Rechtsquellen betrachtet, die außerhalb des Gemeinschaftsrechts liegen, jeweils beginnend mit dem größten räumlichen Anwendungsbereich. Dabei wird auf die Besonderheiten und strukturellen Unterschiede der jeweiligen Regelungen einzugehen sein.

In einem zweiten Schritt wird auf die Frage eingegangen, in welchem Umfang die Europäische Union bzw. die Europäische Gemeinschaft und ihre Organe und Einrichtungen an den oben ermittelten Standard gebunden sind. Die hier gewonnen Erkenntnisse liefern die Voraussetzungen für die Untersuchungen im zweiten Teil der Arbeit.

Dieser befasst sich mit den gemeinschaftsrechtlichen Ansätzen zum Schutz personenbezogener Daten. Zum einen hat die Gemeinschaft eine Richtlinie entwickelt, die die Rechtsangleichung unter den Mitgliedstaaten auf dem Gebiet des Datenschutzes bezweckt. Diese Richtlinie ist seit dem Vertrag von Amsterdam auch für die Organe und Einrichtungen verbindlich. Seit einiger Zeit existiert zudem eine Verordnung, die inhaltlich auf der Richtlinie aufbaut und eigens an die Gemeinschaftsorgane und -einrichtungen adressiert ist.

---

6 Zum Teil wird das Internet mit seinen internationalen Datenströmen als die größte Gefahr für den Datenschutz überhaupt betrachtet, vgl. *Salbu*, The European Union Data Privacy Directive and International Relations, in: VanJTL, Vol 35,1 (2002), S. 655 (657).

7 Vgl. *Hondius*, Emerging Data Protection in Europe, S. 56 und S. 62.

Die Verordnung wird v.a. unter zwei Aspekten untersucht: Zum einen stellt sich die Frage, ob die Verordnung den Erfordernissen des im ersten Teil ermittelten Standards und damit den internationalen Verpflichtungen der Union genügt. Zum anderen gilt es zu untersuchen, wie sich die enge inhaltliche Anbindung an die Richtlinie auf die Bestimmungen der Verordnung ausgewirkt hat. Anlass für Skepsis besteht deshalb, weil sich die Richtlinie als binnenmarktorientierte Gemeinschaftsmaßnahme eher an privatrechtliche Adressaten richtet und somit nur wenige Spezialvorschriften für den öffentlichen Bereich aufweist. Gegenstand der Untersuchung ist daher auch, wie es in der Verordnung gelungen ist, abweichend vom Vorbild der Richtlinie den Schwerpunkt im öffentlichen Bereich zu setzen.

Neben ihren Aktivitäten im Bereich des Datenschutzes hat sich die Gemeinschaft auch auf dem Gebiet der Transparenz der Gemeinschaftsorgane betätigt. Ein besonderes Merkmal der Transparenz ist der öffentliche Zugang zu Verwaltungsdokumenten. Enthalten öffentlich zugängliche Dokumente personenbezogene Daten, treten die Grundsätze des Datenschutzes und der Transparenz in ein Spannungsverhältnis zueinander. Im dritten Teil der Arbeit wird dieses Verhältnis näher untersucht. Zentrale Frage ist dabei, welcher der beiden Grundsätze im Kollisionsfall den Vorrang genießt. Anhaltspunkte für einen solchen Vorrang werden im Primär- und Sekundärrecht gesucht, wobei auch die Charta der Grundrechte sowie die Europäische Verfassung Berücksichtigung finden. Einen praktischen Bezug bietet die Kontroverse zwischen dem Europäischen Bürgerbeauftragten und dem Kommissionspräsidenten um die „obstruktive Anwendung des Datenschutzes“[8] bei der Entscheidung über Zugangsanträge.

---

8 Vgl. Pressemitteilung des Europäischen Ombudsmanns vom 25.9.2002.

B Die Existenz eines internationalen Datenschutzstandards außerhalb des Gemeinschaftsrechts - eine Analyse der einschlägigen Rechtsquellen

In diesem Kapitel soll die Frage eines internationalen Datenschutzstandards untersucht werden. Anknüpfungspunkte hierfür ergeben sich aus zwei Arten von Rechtsquellen. Zum einen enthalten die Gewährleistungen internationaler Menschenrechtsübereinkommen Aussagen über den Schutz personenbezogener Daten. Soweit in diesen Übereinkommen der Schutz personenbezogener Daten nicht ausdrücklich behandelt wird, sind Regelungen zum Schutz des Persönlichkeitsrechts oder spezielle Gewährleistungen zum Schutz der Privatsphäre maßgeblich. Dabei sind die Entscheidungen internationaler Streitentscheidungsinstitutionen - sofern solche vorgesehen sind - von besonderer Bedeutung. Zum anderen existieren auf internationaler Ebene spezielle Datenschutzregelungen. Aus den vorhandenen Rechtsquellen sollen Übereinstimmungen hinsichtlich Inhalt, Zweck und Ausmaß des Schutzes personenbezogener Daten abgeleitet werden.

Der so ermittelte gemeinsame Bestand an datenschutzrechtlichen Gewährleistungen ist daraufhin hinsichtlich einer Bindungswirkung gegenüber den Gemeinschaftsorganen und -einrichtungen zu prüfen. Zentrale Vorschrift ist dabei Artikel 6 EU. Sofern eine Bindungswirkung zu bejahen ist, ergibt sich ein Maßstab, anhand dessen die gemeinschaftsrechtlichen Maßnahmen zum institutionellen Datenschutz bewertet werden können.

I. Datenschutzrelevante Bestimmungen in den internationalen Menschenrechtstexten

Datenschutz dient dem Schutz der Privatsphäre. Im deutschen Verfassungsrecht wird das Recht eines Individuums auf Schutz seiner persönlichen Daten aus dem allgemeinen Persönlichkeitsrechtsrecht in Verbindung mit dem Grundsatz der Menschenwürde abgeleitet[9]. Die Verortung des Rechts auf informationelle Selbstbestimmung im allgemeinen Persönlichkeitsrecht beruht auf der besonderen Systematik des Grundgesetzes, das den Schutz der Privatsphäre nicht ausdrücklich benennt. Als spezielle Ausprägungen der Privatsphäre werden durch besondere Schutznormen lediglich die Glaubens- und Gewissensfreiheit sowie die Religionsausübung gemäß Artikel 4 Abs. 1 und 2 GG, das Brief- und Fernmeldegeheimnis nach Artikel 10 Abs. 1 GG oder die Unverletzlichkeit der Wohnung nach Artikel 13 Abs. 1 GG geschützt. Schon früh wurde daher Arti-

---

9 Urteil BVerfG vom 15.12.1983 - 1 BvR 209, 269, 362, 420, 440, 484/83 (Volkszählungsgesetz *1983*), E 65, S. 1 (41 ff.).

kel 2 GG als Auffangtatbestand[10] herangezogen. Die Garantie der Menschenwürde wird dabei als das eigentliche Wertsubstrat der Privatsphäre angesehen[11].

Da der Schutz personenbezogener Daten erst im Zuge der Entwicklung der Informationstechnologie Bedeutung erlangte, ist er auch in internationalen Menschenrechtstexten nicht ausdrücklich als eigene Rechtsposition formuliert worden. Die meisten internationalen Menschenrechtsregelungen enthalten aber ein allgemeines Persönlichkeitsrecht sowie einen allgemeinen Grundsatz der Achtung des Privatlebens. Beide Gewährleistungen werden als elementarste Menschenrechte angesehen.[12] Die bedeutendsten Quellen des internationalen Menschenrechtsschutzes sind die Allgemeine Erklärung der Menschenrechte[13], der Internationale Pakt über bürgerliche und politische Rechte[14] sowie die regional geltende Europäische Konvention zum Schutze der Menschenrechte und Grundfreiheiten[15] und die amerikanische Menschenrechtskonvention[16].

Die Analyse der genannten Texte wirft im Hinblick auf die Auslegung des Persönlichkeitsrechts einige Schwierigkeiten auf. Der Schutz der Persönlichkeit ist kein absolutes Recht, vielmehr wird es begrenzt durch übergeordnete Interessen oder durch konkurrierende Rechtspositionen. Folglich besteht auch nur ein begrenzter Schutz personenbezogener Daten. Da zum Zwecke des Datenschutzes Datenflüsse reguliert bzw. möglicherweise sogar unterbunden werden, berühren datenschutzrechtliche Sachverhalte grundsätzlich auch Fragen des Informationszugangs. So kann beispielsweise das Interesse einer verfahrensbeteiligten Person an der Offenlegung der Untersuchungsdokumente mit dem Geheimhaltungsinteresse anderer Betroffener kollidieren. Zur Ermittlung dieser Grenzen wird daher, soweit der jeweilige Text selbst keine Begrenzung des Schutzbereichs in Form von Schranken enthält, das Recht auf Informationsfreiheit herangezogen, um Anhaltspunkte für die Abwägung der beteiligten Interessen zu gewinnen. Machbar erscheint dies aber nur da, wo es eine anerkannte Rechtsauslegung gibt, beispielsweise durch Kontroll- oder Rechtsprechungsgremien. Diese ist der Fall beim IPbpR sowie bei der EMRK.

---

10 Urteil BVerfG vom 16.7.1969 - 1BvL 19/63 (*Mikrozensus*), E 27, S. 1 ff.; vgl. *Schmitt-Glaeser*, in: Handbuch des Staatsrechts, Band VI, S. 46, m.w.N.

11 Schmitt-Glaeser, ebd.

12 *Unger*, Datenschutz in internationalen Organisationen, S. 140.

13 Von der Generalversammlung der Vereinten Nationen am 10.12.1949 beschlossen, in: United Nations, General Assembly, Official records third session (part I) resolutions (Doc. A/810) S. 71.

14 Vom 19. 12.1966, abgedruckt in deutscher Übersetzung in BGBl. 1973 II S. 1534.

15 Vom 4.11.1950, abgedruckt in deutscher Übersetzung in BGBl. 1952 II S. 685, 953.

16 Von der Organisation amerikanischer Staaten am 22.11.1969 beschlossen, veröffentlicht in JIR 15 (1971), S. 822 ff.

1.) Die Allgemeine Erklärung der Menschenrechte[17]

Die Allgemeine Erklärung der Menschenrechte enthält einen umfassenden Katalog bürgerlicher und politischer Rechte, unter anderem den Schutz des Privatlebens sowie die Meinungs- und Informationsfreiheit.

Artikel 12 der Erklärung lautet:

> „Niemand darf willkürlichen Eingriffen in sein Privatleben, seine Familie, sein Heim oder seinen Briefwechsel noch Angriffen auf seine Ehre und seinen Beruf ausgesetzt werden. Jeder Mensch hat Anspruch auf rechtlichen Schutz gegen derartige Eingriffe oder Anschläge."

An diesem Wortlaut orientierte sich auch Artikel 17 des späteren VN-Menschenrechtspakts[18]. Entsprechend lehnte sich auch die Formulierung der Garantie der Meinungs- und Informationsfreiheit des Artikels 19 IPbpR an den Artikel 19 der Erklärung an:

> „Jeder Mensch hat das Recht auf Freie Meinungsäußerung; dieses Recht umfasst die Freiheit, Meinungen unangefochten anzuhängen und Informationen und Ideen mit allen Vervielfältigungsmitteln ohne Rücksicht auf Grenzen zu suchen, zu empfangen und zu verbreiten."

In der Erklärung wird noch weitgehend auf spezielle Beschränkungen der in ihr verbrieften Rechte verzichtet. Artikel 12 der Erklärung sieht offenbar nur in willkürlichen Eingriffen in das Privatleben eine Verletzung der Freiheitssphäre[19]. Teilweise werden die Garantien auch mittelbar durch die tatbestandliche Ausgestaltung des Schutzbereiches begrenzt. So gewährt Artikel 20 der Erklärung zwar die Versammlungs- und die Vereinigungsfreiheit, beschränkt diese jedoch auf friedliche Zwecke. Zusätzlich stellt Artikel 29 alle vorgenannten Rechte in allgemeiner Form unter den Vorbehalt der Moral, der öffentlichen Ordnung und der allgemeinen Wohlfahrt in einer demokratischen Gesellschaft.

Der Umstand, dass mit der Erklärung erstmals ein internationales Gremium eine Aussage über universell gültige Menschenrechte abgegeben hatte, fand große Beachtung[20]. Dagegen waren die einzelnen Rechtspositionen der Erklärung

---

17 Von der Generalversammlung der Vereinten Nationen am 10.12.1948 beschlossen, in: United Nations, General Assembly, Official records third session (part I) resolutions (Doc. A/810) S. 71.

18 Vgl. *Michael*, Privacy and Human Rights, S. 19.

19 Dabei spielte bei den Beratungen die Frage nach dem effektiven Schutz der Privatsphäre vor den Gefahren der modernen Technik eine wichtige Rolle, *Michael*, a.a.O. (Fn. 18), S. 20.

20 Vgl. *Lewis*, Über die Menschenrechte, in: *Maritain* (Hrsg.): Erklärung der Menschenrechte, S. 71 ff.; *Laksi*, Auf dem Wege zu einer universalen Erklärung der Menschenrechte, in: Maritain (Hrsg.), a.a.O., S. 103 ff.; *Alfredsson/Eide*, The Universal Declaration of Human Rights; *Wolfrum*, The Progressive Development of Human Rights: A Critical Appraisal of Recent UN Efforts, in: FS für Partsch, S. 67 (68 ff.), der den Zu-

kaum Gegenstand rechtswissenschaftlicher Kommentierung. Auffällig ist, dass die Rechte im Vergleich zu dem späteren Internationalen Pakt über bürgerliche und politische Rechte ausgesprochen weit ausgestaltet wurden. Auf diese Weise enthält die Erklärung eine Sammlung politischer Grundsätze, die den folgenden Menschenrechtsübereinkommen als Leitbild dienen konnten[21]. Obwohl die Erklärung als Resolution der Generalversammlung gemäß Artikel 10 der VN-Charta nicht die Verbindlichkeit eines Vertrages besitzt, wird zumindest den elementaren Gewährleistungen in neuerer Zeit eine gewohnheitsrechtliche Bindungswirkung attestiert[22]. Gegen eine generelle Bindungswirkung spricht indes, dass einige der Gewährleistungen im Schlussteil eher leitlinienhaft erscheinen[23] sowie der Umstand, dass die sozialistischen Staaten die Deklaration stets als unverbindliches Instrument behandelt haben.[24] Im Ergebnis wird man mit der Präambel der Allgemeinen Erklärung der Menschenrecht von einem von allen Völkern zu erreichenden Ideal („*common standard of achievment*") sprechen müssen[25].

---

sammenhang zwischen dem friedlichen Zusammenleben der Völker und allgemein anerkannten Menschenrechten hervorhebt.

21 *Doehring*, Völkerrecht, S. 972; so auch *Ellger*, Der Datenschutz im internationalen Datenverkehr, S. 149; darüber hinaus stellt *van Dijk* fest, dass die Grundsätze der Erklärung rechtlich zwar unverbindlich sind, aber dennoch als Sammlung internationaler Grundsätze einen quasi-bindenden Charakter gewonnen haben, *van Dijk*, The Universal Declaration is Legally Non-Binding; So What?, in: *van der Heijden/Tahzib-Lie* (Hrsg.), Reflections on the Uiniversal Declaration of Human Rights, S. 108 (109); einen ähnlichen Effekt sieht *Higgins* in dem Umstand, dass die Erklärung auf so breiter Zustimmung basiert, dass ihre Gewährleistungen sich in den meisten nationalen Rechtsordnungen wiederfinden, *Higgins*, From a Legal Point of View, ebd., S. 161 (162).

22 Vgl. *Verdross/Simma*, Universelles Völkerrecht, Rn. 1234 f; zum Meinungsstand vgl. *Hailbronner*, in: Vitzthum, Völkerrecht, 3. Abschnitt, Rn. 205.

23 Z.B.: Artikel 24, Recht auf Erholung und Freizeit; Artikel 26, Kulturelle Betreuung; vgl. *Doehring*, a.a.O. (Fn. 21), Rn. 972.

24 So auch *Verdross/Simma*, a.a.O. (Fn. 22), Rn. 1234; *Seidl-Hohenveldern/Loibl*, Das Recht der Internationalen Organisationen, Rn. 1549.

25 *Riedel*, Universeller Menschenrechtsschutz, in: *Baum/Riedel/Schaefer* (Hrsg.), Menschenrechtsschutz in der Praxis der Vereinten Nationen, S. 25 (26); von einer weniger rechtlichen als mehr moralischen Bindung sprach bereits *Szabo*, Historical Foundations of Human Rights and Subsequent Developments, in: *Vasak* (Hrsg.), The International Dimensions of Human Rights Vol. 1, S. 11 (23); allgemein zu der Problematik der rechtlichen oder moralischen Bindung *Schachter*, The Twilight Existence of Nonbinding International Agreements, in: AJIL 1977, S. 296 (303).

2.) Internationaler Pakt über bürgerliche und politische Rechte (IPbpR)[26]

a) Artikel 17 IPbpR

Artikel 17 des Paktes enthält folgende Regelung:

> „ I. Niemand darf willkürlichen oder rechtswidrigen Eingriffen in sein Privatleben, seine Familie, seine Wohnung und seinen Schriftverkehr oder rechtswidrigen Beeinträchtigungen seiner Ehre oder seines Rufes ausgesetzt werden.
>
> II. Jeder Mensch hat Anspruch auf rechtlichen Schutz gegen solche Eingriffe oder Beeinträchtigungen."

aa) Reichweite

Zunächst enthält Artikel 17 IPbpR Gewährleistungen aus dem öffentlich-rechtlichen Gesetzesbereich, zu deren Einhaltung sich die Staaten in ihren direkten Beziehungen zu den Bürgern verpflichten.[27] In dieser Konstellation wirkt das Recht auf Schutz der Privatheit als vertikales Abwehrrecht.

Daneben beinhaltet Artikel 17 IPbpR aber auch die Verpflichtung des Staates zu positiven Gewährleistungsmaßnahmen[28]. Dies ergibt sich aus dem Wortlaut des Artikels 17 Abs. 1 IPbpR, der hinsichtlich des Schutzes des Einzelnen keine Beschränkungen auf staatliche Eingriffe vorsieht. Maßgeblich ist allein der effektive Schutz des Privatlebens vor Schädigungen. Aus Sicht des Bürgers haben diese Verpflichtungen jedoch negatorischen Charakter. Der Staat kann daher nur für die Beseitigung von unmittelbaren Gefahren für das Privatleben in Anspruch genommen werden. Eine allgemeine Pflicht zur Verwirklichung des Privatlebens, beispielsweise dadurch, dass der Staat dem Bürger zu einer Familie verhilft, trifft die Staaten nicht[29].

Die vorliegende Fassung des Artikels 17 IPbpR ist Ausdruck des Bewusstseins um die Gefährdung des Privatlebens durch private Dritte, das in der Entstehungsgeschichte der Norm eine gewichtige Rolle spielte. Eine restriktivere Auffassung, wonach Artikel 17 IPbpR keinerlei Auswirkungen auf die Privatrechtsordnung haben sollte[30], konnte sich weder in der Menschenrechtskommis-

---

26 Als Resolution der Generalversammlung am 16.12.1966 verabschiedet, Res. 2200/A (XXI), Übereinkommen vom 19. Dezember 1966, abgedruckt in deutscher Übersetzung in BGBl. 1973 II S. 1534.

27 So *Wochner*, Der Persönlichkeitsschutz im grenzüberschreitenden Datenverkehr, S. 27.

28 *Nowak*, Kommentar zum IPbpR, Artikel 17, Rn. 6; vgl. auch *Unger*, a.a.O. (Fn. 12), S. 129.

29 Beschluss der Ausschusses vom 31.3.1981 - CCPR/D/68/1980 (*A.S./Kanada*), Absatz 5.1.

30 So in der mit der Ausarbeitung des IPbpR befassten Menschenrechtskommission vertreten durch die USA, das Vereinigte Königreich und Australien, Dokument E/CN.4/SR. 374, S. 4, 8, 9, bei *Bossuyt*, Guide to the „travaux préparatoires" to the International Convenant on Civil and Political Rights, S. 341, 346 f.

sion[31] noch in der Generalversammlung durchsetzen. Verglichen mit den übrigen Paktrechten ist der weite Anwendungsbereich der Norm keineswegs einzigartig. So muss der Pakt an mehreren Stellen dahingehend ausgelegt werden, dass die Staaten die jeweiligen Rechte auch auf horizontaler Ebene gewährleisten. Ein positiver Normierungsauftrag im zivilrechtlichen Gesetzesbereich besteht beispielsweise beim Verbot der Leibeigenschaft nach Artikel 8 Abs. 2 IPbpR, das sich schon begrifflich auf die Rechtsbeziehung zwischen Privaten bezieht. Ebenso muss die Verpflichtung zur Gleichberechtigung von Mann und Frau gemäß Artikel 3 IPbpR als Regelungsauftrag im zivilrechtlichen Bereich angesehen werden, weil ansonsten diskriminierungsträchtige Bereiche wie z.B. arbeits- oder versicherungsrechtliche Sachverhalte ausgeklammert blieben. In der Terminologie des Paktes deutet vor allem die Verpflichtung, die Ausübung eines Rechtes „gesetzlich zu schützen", auf das Erfordernis positiver Gewährleistungsmaßnahmen zum Schutz gegen Eingriffe auf Private hin.[32] In diesem Sinne ist auch Artikel 2 Abs. 3 Buchstabe a) IPbpR zu verstehen, der ein Beschwerderecht gewährleistet, *selbst wenn* die Verletzung von staatlicher Seite begangen wurde.

Mittlerweile hat der nach Artikel 28 IPbpR eingesetzte Menschenrechtsausschuss (Ausschuss), der die Verwirklichung der Paktregelungen durch die Vertragsstaaten überwacht und gemäß dem Fakultativprotokoll zur Prüfung der Individualbeschwerden zuständig ist, diese Auslegung des Artikels 17 IPbpR in seiner Rechtsprechung bekräftigt[33]. Im Wege einer Allgemeinen Bemerkung (*General Comment*) zum IPbpR stellte er ferner klar, dass die Staaten zu gesetzlichen Maßnahmen zum Schutz des Privatlebens verpflichtet sind[34]. Bei der Ausgestaltung seiner Gewährleistungspflicht wird dem Staat allerdings ein weiter Spielraum zugestanden[35]. Die „Bemerkung" gemäß Artikel 40 Abs. 4 IPbpR dient als ein an alle Vertragsstaaten gerichteter Hinweis, mit dem der Ausschuss seine Interpretation einzelner Paktbestimmungen erläutert. Sie ist völkerrechtlich nicht verbindlich[36], dient aber als Richtlinie bei der Auslegung des Paktes.

---

31 Inzwischen wurde das Gremium reformiert und unter der neuen Bezeichnung „Menschenrechtsrat" neu eingesetzt. Zur Debatte um die Reformbemühungen vgl. *Rathgeber*, Summary Report of Discussions, in: *Motte/Heinz* (Hrsg.), Human Rights on the Defensive?, S. 39 ff.; *Schaefer*, Brückenbau - Herausforderungen an die Menschenrechtskommission, in: *Baum/Riedel/Schaefer* (Hrsg.), Menschenrechtsschutz in der Praxis der Vereinten Nationen, S. 57 (80); *Alston*, The Commission on Human Rights, in: *Alston* (Hrsg.), The United Nations and Human Rights - A Critical Appraisal, S. 126 (197).

32 Neben Artikel 17 Abs. 2 trifft dies zu auf Artikel 6 Abs. 1 (Schutz des Lebens), Artikel 23 Abs. 1 (Schutz der Familie) und Artikel 24 Abs. 1 (Schutz des Kindes).

33 Beschluss des Ausschusses vom 2.4.1982 - CCPR/C/15/D/79/1980 (*S.S./Norwegen*).

34 Allgemeine Bemerkung Nr. 16/32 vom 23.3.1988, §§ 1 und 9.

35 *Nowak*, a.a.O. (Fn. 28), Artikel 17, Rn. 6.

36 *Nowak*, a.a.O. (Fn. 28), Artikel 40, Rn. 66, Fn. 188.

Da Allgemeine Bemerkungen u.a. an die Vertragstaaten adressiert sind, obliegt es diesen, im Falle einer anderen Auffassung zu widersprechen. Zumindest kann das Fehlen jeden Widerspruchs als Argument für eine allgemeine Anschauung gewertet werden.

bb) Schutz des Privatlebens

Der Begriff des Privatlebens hat eine außerordentlich weite Bedeutung[37]. Allein anhand des Wortlauts des Paktes lässt er sich nicht näher definieren[38]. Auch die Allgemeine Bemerkung des Ausschusses unternimmt insoweit keinen Definitionsversuch. Die Problematik des Begriffs wird insbesondere in den Versuchen deutlich, das Privatleben durch Abgrenzung vom öffentlichen Leben zu kennzeichnen[39]. Hinsichtlich der Herkunft des Begriffs bestehen Parallelen zur Europäischen Menschenrechtskonvention sowie zur Amerikanischen Menschenrechtskonvention[40]. Zu seiner Auslegung wird deshalb hilfsweise eine Heranziehung der Rechtsprechung der Straßburger Instanzen befürwortet[41]. Ausgehend vom Text liegt es nahe, dem Begriff einen äußeren und einen inneren Bereich zuzuordnen. So ist das Privatleben im weiteren Sinne Oberbegriff für die in Artikel 17 IPbpR genannten schützenswerten Erscheinungsformen individueller Lebensführung. Im engeren Sinne meint Privatleben alle Erscheinungsformen individueller Existenz, die nicht einer der genannten institutionellen Ausprägungen wie Wohnung oder Korrespondenz zuzuordnen sind. Privatleben ist all das, was höchstpersönlich ist, so dass es die Einzigartigkeit des Individuums ausmacht.[42] In diesem engeren Sinn hat es die Funktion eines Auffangtatbestands[43].

Diese Funktion ergibt sich zwangsläufig. Nur mit Hilfe eines Auffangtatbestandes kann das Privatleben umfassend geschützt werden, denn als Ausdruck individueller Autonomie entzieht es sich schon begrifflich einer festen Definition[44].

---

37 In diesem Sinne auch die Feststellung in Abs. 7 der Allgemeinen Bemerkung Nr. 16/32; vgl. auch Urteil EGMR vom 29.4.2002 - Beschw.-Nr. 2346/02 (*Pretty /Vereinigtes Königreich*), Abs. 61.

38 *Schilling*, Internationaler Menschenrechtsschutz, Rn. 167.

39 Vgl. nur zu den unterschiedlichen Ansätzen in der Entstehungsgeschichte des Artikels 8 EMRK *Velu*, The European Convention on Human Rights and the right to respect for private life, in: *Robertson* (Hrsg.), Privacy and Human Rights, S. 31 ff;

40 Artikel 8 EMRK und Artikel 12 AMRK verwenden den Begriff „private life".

41 *Nowak*, a.a.O. (Fn. 28), Artikel 17, Rn. 6.

42 *Ermacora*, Grundriss der Menschenrechte in Österreich, S. 159.

43 Im Ergebnis so auch *Nowak*, (Fn. 28), Artikel 17, Rn. 16.

44 Abweichende Meinung *Herndl* zum Beschluss des Ausschusses vom 9.1.1994 - (*Coeriel* und *Aurik/Niederlande*). Ausgehend vom Streitpunkt, ob das Recht auf Namensänderung unter Artikel 17 IPbpR zu fassen ist, weist *Herndl* auf den weiten Interpretationsspielraum dieser Norm hin. Auch habe die Rechtsprechung der EMRK-Organe bisher keine klare Definition des Privatlebens hervorgebracht.

Im Normentext hebt sich der Begriff in seiner Unbestimmtheit deutlich ab von der Familie, der Wohnung und dem Schriftverkehr, mit denen jeweils konkrete Erscheinungsformen des Privatlebens assoziiert werden. Nur unter Zugrundelegung eines weit interpretierten Begriffs ist auch erklärbar, dass der Ausschuss in seiner Allgemeine Bemerkung ausdrücklich den Schutz personenbezogener Informationen in den Schutzbereich des Artikels 17 IPbpR einbezieht[45].

Es stellt sich allerdings die Frage, wovor genau Artikel 17 IPbpR persönliche Daten schützt.

Die auf dem Begriff des Privatlebens im weiteren Sinne aufbauende Vorschrift scheint davon auszugehen, dass die typische Form des Eingriffs in der Veröffentlichung besteht[46]. Dafür spricht die Aufzählung der Schutzgüter, deren Gemeinsamkeit ihre Funktion ist, dem Menschen ein Sichzurückziehen aus der Öffentlichkeit zumindest teilweise zu ermöglichen. Ohne Ausschluss der Allgemeinheit wären vertraulicher Schriftverkehr oder intime oder familiäre Kontakte undenkbar. In besonderem Maße trifft dies auch für den Schutz der Wohnung zu. Die räumliche Abgrenzung von dem Öffentlichen soll das Recht des Einzelnen sichern, in Ruhe gelassen zu werden[47]. Der Schutz der Wohnung vor dem der Verlust der Intimität durch das Eindringen der Öffentlichkeit stand stets in enger Verbindung mit der Privatsphäre[48].

Im Sinne des Artikels 17 IPbpR dürfte unter einem Eingriff in die Privatsphäre daher insbesondere die Offenlegung privater Sachverhalte zu verstehen sein. Transferiert man dies in den Bereich der Datenverarbeitung, wären allerdings automatisierte Verarbeitungsvorgänge, die nicht zu einer Veröffentlichung der Daten führten[49], nach dieser Auslegung nicht als Eingriffe zu qualifizieren. Angesichts der Anwendungsmöglichkeiten elektronischer Datenverarbeitung[50] käme dies einer immensen Reduzierung des Schutzbereiches gleich. Dieses Defizit, das sich aus der wörtlichen und systematischen Auslegung der Tatbestandsmerkmale ergibt, wundert indes nicht, wenn man bedenkt, dass zur Zeit

---

45 Allgemeine Bemerkung Nr. 16/32, § 10.

46 Auf die Wechselwirkungen zwischen Privatheit und Öffentlichkeit macht auch *Bleckmann* aufmerksam, Das Allgemeine Persönlichkeitsrecht in der Europäischen Menschenrechtskonvention - Zur Interpretation des Art. 8 Abs. 1 EMRK, in: *Erichsen/Kollhosser/Welp* (Hrsg.), Recht der Persönlichkeit, S. 9 (20); in diesem Sinne auch *Laurer*, Der Geheimnisschutz im österreichischen Grundrechtssystem, in: EuGRZ 1983, S. 29.

47 Urteile BVerfG *Mikrozensus* (Fn. 10); BVerfG vom 13.10.1971 - 1BvR 280/66, E 32, S. 54 (75).

48 *Schmitt-Glaeser*, a.a.O. (Fn. 10), S. 69.

49 Beispielsweise die Einrichtung einer Gen-Datenbank bei einer Strafverfolgungsbehörde.

50 Vgl. dazu die exemplarische Aufzählung von Verarbeitungsarten in Artikel 2 Buchstabe b) der Europäischen Datenschutzrichtlinie.

der Verhandlungen über die einzelnen Schutzgarantien des Paktes die Datenverarbeitungsanlagen und deren Fähigkeiten weit weniger genutzt und entwickelt waren als heute. Folglich gab es kaum Anlass, beispielsweise im bloßen Speichern oder Übermitteln von persönlichen Informationen eine Bedrohung der Privatsphäre zu erkennen.

Deshalb muss der Begriff des Privatlebens auch im Hinblick auf die Art der abzuwehrenden Beeinträchtigungen weit ausgelegt werden. Einen Ansatz liefert der Ausschuss in § 10 der Allgemeinen Bemerkung. Neben der Erkenntnis, dass der Schutz personenbezogener Daten eine besondere Form der Achtung der Intimität darstellt, führte der Ausschuss aus, dass der Einzelne vor unrechtmäßiger automatisierter Sammlung, Speicherung, Verwendung und Weitergabe seiner personenbezogenen Daten geschützt ist[51]. Die Staaten hätten dafür Sorge zu tragen, dass sich dieser Schutzanspruch sowohl gegen öffentliche wie private datenverarbeitende Stellen durchsetzen lässt. Die Zulässigkeit der Verarbeitung bedarf einer gesetzlichen Regelung, die auch Rechte des Betroffenen vorsehen muss wie einen Auskunftsanspruch hinsichtlich der Speicherung seiner Daten sowie deren Zweck. Im Falle der Unrichtigkeit der gespeicherten Daten hat der Einzelne das Recht auf Korrektur oder auf Löschung.

cc) Einschränkungen

Artikel 17 Abs. 1 IPbpR enthält lediglich das Verbot, rechtswidriger oder willkürlicher Eingriffe. Darüber hinaus sind materielle Vorgaben, insbesondere die Bestimmung zulässiger Eingriffszwecke, nicht ausdrücklich vorgesehen.

aaa) Rechtmäßigkeit

Artikel 17 Abs. 1 IPbpR verbietet rechtswidrige Eingriffe in alle Erscheinungsformen des Privatlebens, also Eingriffe, die nach der nationalen Rechtsordnung einen Gesetzesverstoß darstellen[52]. Die Anknüpfung an einen Verstoß gegen die nationale Rechtsordnung hat zur Folge, dass Eingriffe, die sich aus der Rechtsordnung ergeben, nicht als rechtswidrig im Sinne des Artikels 17 Abs. 1 IPbpR betrachtet werden können[53]. Unter Gesetzen sind dabei Gesetze im materiellen Sinne zu verstehen, also die nationale Rechtsordnung in Gestalt von Gesetzen, Verordnungen, richterliche Anordnungen etc. Die Gefahr einer Umgehung des Rechtswidrigkeitsverbots durch schlichtes Nichterlassen entsprechender Schutz- und Verbotsnormen liegt zwar auf der Hand. Dies würde aber zu einer Verletzung der staatlichen Pflicht zu positiven Gewährleistungsmaßnahmen führen und so gleichfalls einen Verstoß gegen den Pakt darstellen.

---

51 Allgemeine Bemerkung Nr. 16/32, § 10.

52 *Capotorti* in A/C.3/SR.1017, § 8; Allgemeine Bemerkung Nr. 16/32, § 3.

53 Beschluss des Ausschusses vom 9.4.1981 - CCPR/C/12/D/35/1978 (*Aumeeruddy-Cziffra/Mauritius*), Abs. 9.2 (b) 2 (i) 4.

bbb) Willkürverbot

Das Willkürverbot ergänzt das Erfordernis der Rechtmäßigkeit um ein materielles Merkmal. Neben Artikel 17 sieht der Pakt einen Schutz vor willkürlichen Eingriffen beim Recht auf Leben (Artikel 6 Abs. 1), beim Schutz der persönlichen Freiheit (Artikel 9 Abs. 1) und bei der Freizügigkeit vor (Artikel 12 Abs. 4). Kennzeichnend für die Willkür sind Elemente der Ungerechtigkeit, Unberechenbarkeit[54] und Unangemessenheit. Spiegelbildlich aus deren Verbot resultieren die Grundsätze des Vertrauensschutzes, der Vorhersehbarkeit von Eingriffen sowie der Erforderlichkeit[55]. Im internationalen Individualrechtsschutz ist es nicht ohne weiteres selbstverständlich, dass der Begriff „erforderlich" („*reasonable*") auch ein Abwägungsgebot beinhaltet[56]. Die Anwendung des Verhältnismäßigkeitsgrundsatzes dürfte aber aus dem Anspruch des Paktes folgen, ein effektives Schutzsystem[57] zu gewähren, das sich an der Entwicklung des Individualrechtsschutz der Mitgliedstaaten orientiert[58]. Da die Abwägung eine richterliche Tätigkeit ist, kommt ein Abwägungsgebot überhaupt nur da in Betracht, wo eine Streitentscheidungsinstanz existiert. Zugleich muss diese qualifiziert und anerkannt sein, damit die Ergebnisse eines weitgehend subjektiven Einschätzungsvorgangs bei den Staaten auf Akzeptanz stoßen[59]. All dies dürfte für den Pakt zutreffen, so dass von einem weiten Verständnis des Verhältnismäßigkeitsgrundsatzes auszugehen ist. Danach können für die Zweckerreichung erforderliche Mittel bei übermäßiger Belastung des Einzelnen rechtswidrig sein.

Im Hinblick auf die Verarbeitung personenbezogener Daten kann daraus geschlossen werden, dass eine Verarbeitung jedenfalls nicht überraschend oder gänzlich ohne Kenntnismöglichkeit des Betroffenen erfolgen darf. Weiterhin unterliegt die Frage, ob und wie eine Verarbeitung stattfindet, einer genauen Prüfung der dessen, was notwendig ist.

Der Begriff „willkürlich" lässt in der Bedeutung der behördlichen Fehlentscheidung primär auf eine Verletzung durch staatliche Organe schließen[60]. Dieses Verständnis ist aber nicht zwangsläufig, es ergibt sich insbesondere durch den im Deutschen verwendeten Begriff der Willkür. Der Sprachgebrauch in der englischen und französischen Originalfassung hat dagegen eine neutralere Bedeutung. Sachverhalte, denen der Schutz eines Privaten vor willkürlichem Handeln

---

54 *Goose*, Der Internationale Pakt über bürgerliche und politische Rechte, in: NJW 1974, S. 1305 (1307).

55 Vgl. Allgemeine Bemerkung Nr. 16/32, § 4.

56 *Krugmann*, Der Grundsatz der Verhältnismäßigkeit im Völkerrecht, S. 77.

57 Vgl. Abs. 5 der Präambel des IPbpR; ferner Artikel 1 Abs. 3 der Charta der Vereinten Nationen.

58 *Krugmann*, a.a.O. (Fn. 56), S. 77.

59 *Krugmann*, a.a.O. (Fn. 56), S. 78 f.

60 *Nowak*, a.a.O. (Fn. 28), Artikel 17, Rn. 12.

eines anderen Privaten zugrunde liegt, liegen damit nicht automatisch außerhalb des Anwendungsbereichs des Paktes.

ccc) Aus anderen Bestimmungen gewonnene Schranken

Der Verzicht auf materiell determinierte Schranken hat stellenweise zu einer Interpretation des Artikels 17 IPbpR geführt, nach der die Staaten hinsichtlich der Eingriffszwecke völlig freie Hand hätten[61], so dass dem Ausschuss die Zuständigkeit zur Prüfung dieser Zwecke fehle. Dem ist der Ausschuss entgegen getreten[62]. Formell verneinte er zwar lediglich die Notwendigkeit der staatlichen Maßnahmen im konkreten Fall, ließ dabei aber erkennen, dass die Zwecke der gesetzlichen Eingriffsgrundlagen an sich nicht nachvollziehbar gewesen seien[63]. Welche Eingriffszwecke mit Artikel 17 IPbpR generell vereinbar seien, blieb jedoch offen. Aus der Allgemeinen Bemerkung geht immerhin hervor, dass die gesetzlichen Eingriffsgrundlagen mit den Vorschriften, Zielen und Zwecken des Paktes übereinstimmen sollen[64]. Dies bekräftigt aber im Grunde nur, was bereits aus der staatlichen Pflicht zur Umsetzung des gesamten Paktes gemäß Artikel 2 Abs. 1 IPbpR folgt, nämlich dass der mit einem Eingriff verfolgte Zweck mit Rücksicht auf den gesamten Pakt als legitim erscheinen muss.

Zur Bestimmung der zulässigen Eingriffszwecke wird die Heranziehung der Gesetzesvorbehalte der Artikel 12 Abs. 3, 18 Abs. 3, 19 Abs. 3, 21 und 22 Abs. 3 IPbpR befürwortet[65]. Danach ergeben sich Eingriffsmöglichkeiten aufgrund des Schutzes der Wahrung der öffentlichen Sicherheit und Ordnung sowie der Rechte anderer.

Der Schutz der Persönlichkeit vor ungerechtfertigter Veröffentlichung findet seine Grenze typischerweise in der Medienfreiheit.[66] Dieser klassische Grundrechtskonflikt äußert sich insbesondere bei Beeinträchtigungen der Ehre und des Rufes. Zudem kann die Geheimhaltung der Intimsphäre mit dem Recht der Öffentlichkeit auf Zugang zu bestimmten Informationen kollidieren. Hinsichtlich der Kollision von Privatheit und Informationsbeschaffungsfreiheit folgt aus der Gestaltungspflicht des Gesetzgebers gemäß Artikel 17 IPbpR immerhin, dass

---

61 Kritisch zu dieser Regelung *Klein/Brinkmeyer*, Internationaler Pakt und EMRK, in: Vereinte Nationen 2002, S. 99 (100).

62 Beschluss des Ausschusses vom 4.4.1994 - CCPR/C/50/D/488/1992 (*Toonen/Australien*). Die strafrechtliche Verfolgung homosexueller Aktivitäten war mit dem Schutz der Allgemeinheit vor ansteckenden Krankheiten sowie mit dem Schutz der öffentlichen Moral begründet worden.

63 Beschluss des Ausschusses im Fall *Toonen*, a.a.O., Abs. 8.5 f.

64 Allgemeine Bemerkung Nr. 16/32, Abs. 4 am Ende.

65 *Nowak* a.a.O. (Fn. 28), Artikel 17, Rn. 13.

66 Allgemein zu diesem Grundrechtskonflikt: *Kloepfer*, Informationsrecht, S. 400 f.; *Giesen*, Grundrecht auf Informationszugang? Anmerkungen zu einem basisdemokratischen Teilhaberecht in einer grenzenlosen Informationsgesellschaft, in: DuD 1997, S. 588.

der missbräuchliche Zugang zu personenbezogen Daten gesetzlich verhindert werden muss[67]. Dabei ist zu berücksichtigen, dass die ausdrücklich in Artikel 19 Abs. 2 IPbpR genannte Beschaffung von Informationen[68] kein allgemeines Informationszugangsrecht beinhaltet[69]. Außerdem unterliegt die Informationsfreiheit wiederum der Einschränkung durch die Achtung der Rechte anderer. Damit ist der Schutz der Informationsbeschaffung gegenüber der Pflicht des Staates nachrangig, den Einzelnen vor der Sensationslust der Öffentlichkeit zu bewahren.[70]

Schließlich existiert mit der Notstandsklausel des Artikels 4 IPbpR eine irreguläre Einschränkungsmöglichkeit, die es den Staaten im Falle eines öffentlichen Notstands erlaubt, ihnen obliegende Verpflichtungen aus dem Pakt außer Kraft zu setzen. Sie bezieht sich unterschiedslos auf alle Gewährleistungen des Paktes.

b) Artikel 14 IPbpR

Im Rahmen der Verfahrensgarantien ermöglicht Artikel 14 Abs. 1 Satz 2 Halbsatz 1 IPbpR den Ausschluss der Öffentlichkeit während eines Verfahrens u.a. aus Gründen des Schutzes des Privatlebens. Der Text lautet:

> „(...) wenn es im Interesse des Privatlebens einer Partei erforderlich ist (...), können Presse und Öffentlichkeit während der ganzen oder eines Teils der Verhandlung ausgeschlossen werden; jedes Urteil in einer Straf- oder Zivilsache ist jedoch öffentlich zu verkünden (...)"

Artikel 14 Abs. 1 IPbpR verlangt die Öffentlichkeit von Verhandlungen und des Urteils. Die Transparenz der Rechtspflege ist ein wichtiges Mittel, um für den Einzelnen und die Gesellschaft Vertrauen in die Justiz zu begründen[71]. Diese Kontrolle kann durch das Interesse begrenzt werden, die Privat- und Familiensphäre der Parteien des Verfahrens, wie z.B. des Opfers eines Verbrechens, davor zu schützen, dass im Zuge der gerichtlichen Auseinandersetzungen persönliche Informationen zur Kenntnis der Öffentlichkeit gelangen. Während der Verhandlungen, die grundsätzlich mündlich geführt werden müssen[72], kann die Öffentlichkeit aus Gründen des Schutzes des Privatlebens einer Partei ausgeschlossen werden.

---

67 Allgemeine Bemerkung Nr. 16/32, § 10.

68 "seek (...) information" bzw. "rechercher (...) des informations".

69 *Gornig*, Äußerungsfreiheit und Informationsfreiheit als Menschenrechte, S. 253; so auch *Nowak*, (Fn. 28), Artikel 19, Rn. 42, der klarstellt, dass es sich dabei um allgemein zugängliche Informationen handelt, wodurch der Informationsbeschaffungsfreiheit ein negatorischer Aspekt innewohnt.

70 *Nowak*, a.a.O. (Fn. 28), Artikel 19, Rn. 42.

71 Allgemeine Bemerkung Nr. 13/21 vom 29.7.1994, Abs. 6.

72 *Nowak* a.a.O. (Fn. 28), Artikel 14, Rn. 23.

Die Ausschlussgründe sind als Schranken des Öffentlichkeitsgrundsatzes zu verstehen. Einen unmittelbaren Anspruch des Einzelnen auf Ausschluss der Öffentlichkeit gewähren sie dagegen nicht. Im Individualbeschwerdeverfahren gemäß dem Fakultativprotokoll zum IPbpR hat dieser Ausschlussgrund bislang keine Rolle gespielt.

Im Gegensatz zur Öffentlichkeit der Verhandlung gilt die Pflicht zur Veröffentlichung des Urteils beinahe uneingeschränkt, vgl. Artikel 14 Abs. 2 IPbpR. Neben der mündlichen Verkündung ist dabei auch die Veröffentlichung der schriftlichen Urteilsausfertigung möglich. Die Öffentlichkeit des Urteils soll die nachträgliche Durchschaubarkeit des vollendeten Verfahrens sicher stellen. Artikel 14 Abs. 1 IPbpR sieht hiervon Ausnahmen vor, wenn der Ausschluss der Öffentlichkeit im Interesse Jugendlicher oder der Parteien in Ehestreitigkeiten oder Vormundschaftsverfahren erforderlich ist. Der Ausnahmenkatalog ist deutlich enger gehalten als bei der Verfahrensöffentlichkeit. Dennoch ist auffällig, dass der Wortlaut des Artikel 6 Abs. 1 EMKR, der hier als Vorbild diente, an dieser Stelle ein absolutes Recht ohne Ausnahmemöglichkeit vorschreibt. In der Literatur wird daraus auf eine großzügigere Handhabung der statischen Öffentlichkeit durch Artikel 14 Abs. 1 IPbpR geschlossen[73]. Bezogen auf den Schutz des Privatlebens bedeutete dies, dass dem Ausschluss der Öffentlichkeit im Verfahren auch durch geeignete Maßnahmen bei Verkündung des Urteils Rechnung getragen werden könnte, etwa durch Anonymisierung oder durch eine gekürzte Fassung des Urteils[74].

c) Ergebnis

Artikel 17 IPbpR gewährt den Schutz des Einzelnen bei Verarbeitung personenbezogener Daten als Teilaspekt des Schutzes des Privatlebens. In der Rechtsprechung des Ausschusses spielten datenschutzrechtliche Sachverhalte bislang keine Rolle. Die Gründe liegen wohl darin, dass der Datenschutz eine eher moderne Thematik darstellt, und dass die Möglichkeit eines Individualbeschwerdeverfahrens gemäß dem 1. Fakultativprotokoll zum IPbpR vergleichsweise zurückhaltend genutzt wird. Dies dürfte auf Überschneidungen mit den territorialen Anwendungsbereichen regionaler Menschenrechtskonventionen, z.B. mit der EMRK, zurückzuführen sein, die ihrerseits eigene Beschwerdeverfahren vorsehen und ungleich populärer sind[75]. Staaten, die beiden Konventionen an-

---

73 So weist *Nowak* auf den logischen Zusammenhang zwischen dynamischer und statischer Öffentlichkeit hin und befürwortet eine Geheimhaltung des Urteils immer dann, wenn zuvor ein legitimes Interesse eines Beteiligten an einem nichtöffentlichen Verfahren anerkannt worden ist, a.a.O. (Fn. 28), Artikel 14, Rn. 31.

74 *Nowak*, a.a.O. (Fn. 28), Artikel 14, Rn. 31.

75 So sieht die EMRK eine Entschädigungspflicht des verurteilten Staates vor. Kommt der Staat dem nicht nach oder sind darüber hinaus Maßnahmen zur Behebung eines Miss-

gehören, behalten sich meist vor, die Zuständigkeit eines Streitentscheidungsorgans dann nicht zu akzeptieren, wenn der Fall bereits von einer vergleichbaren internationalen Stelle entschieden worden ist[76]. Zudem hat die Feststellung einer Verletzung von Gewährleistungen des IPbpR seitens des Ausschusses allenfalls politische Wirkung, da sie nur zu einem Vermerk im Jahresbericht führt, vgl. Artikel 6 des 1. Fakultativprotokolls zum IPbpR.

Als Ausgangspunkt für eine datenschutzrechtliche Interpretation des Artikels 17 IPbpR sind vor allem die Allgemeine Bemerkung des Ausschusses aus dem Jahr 1988 heranziehen. Danach enthält Artikel 17 IPbpR einzelne Prinzipien der Datenverarbeitung, die dem Schutz des Betroffenen dienen. Dazu zählt der *Geheimhaltungsgrundsatz*, (Schutz vor Veröffentlichung gesammelter vertraulicher Daten), der Grundsatz der *Datenqualität* (Verpflichtung des Betreibers der Datensammlung, die Richtigkeit der Daten zu gewährleisten) sowie einige *Betroffenenrechte* (Auskunftsrecht, Korrektur- und Löschungsanspruch). Bei der Kollision mit Interessen der Medienfreiheit genießt der Schutz des Privatlebens Vorrang.

Nicht verallgemeinerungsfähig sind die speziell den Strafprozess betreffenden Verfahrensgarantien, nach der zur Gewährleistung der Vertraulichkeit persönlicher Angaben die Öffentlichkeit vom Verfahren oder von der Kenntnis der Urteilsbegründung ausgeschlossen werden kann.

3.) Die Europäische Menschenrechtskonvention (EMRK)[77]

Die EMRK wurde am 4. November 1950 in Rom unterzeichnet und trat am 3. September 1953 in Kraft. Momentan gehören ihr alle 46 Mitgliedstaaten des Europarates an, somit auch alle EU-Mitgliedstaaten. Die EMRK beinhaltet eine Reihe von objektiven Verpflichtungen der Vertragsstaaten, über deren Durchsetzung die Straßburger Rechtsprechungsinstanzen wachen[78]. Die in der Kon-

---

standes notwendig, kann das Ministerkomitee in Form von Resolutionen seinen Forderungen politisch Nachdruck verleihen.

76 So der Vorbehalt der Bundesrepublik Deutschland zum 1. Fakultativprotokoll zum IPbpR vom 25.8.1993, BGBl. 1994 II S.311.

77 Konvention zum Schutze der Menschenrechte und Grundfreiheiten, vom 4. November 1950, CETS Nr. 5, abgedruckt in deutscher Fassung in BGBl. 1954 II S. 14.

78 Der durch das 11. Zusatzprotokoll vom 11. Mai 1994 geschaffene neue, ständige und mit hauptamtlichen Richtern besetzte Gerichtshof hat seine Arbeit am 3. November 1998 aufgenommen. Er übernahm die Funktionen der Kommission und des alten Gerichtshofs. Gemäß der Übergangsregelung hat die Kommission ihre Arbeit noch in allen Verfahren fortgesetzt, in denen sie bis zum 31. Oktober 1999 einen Bericht nach Artikel 31 (alt) EMRK angenommen hat. Diese Fälle wurden nach der alten Regelung (Entscheidung durch das Ministerkomitee oder den Gerichtshof) behandelt. Alle übrigen anhängigen Beschwerden erreichten direkt den neuen Gerichtshof, desgleichen die beim alten Gerichtshof noch anhängigen Fälle, die der Großen Kammer des neuen Gerichtshofs vorgelegt wurden.

vention anerkannten Individualrechte sind unabhängig von der Anerkennung der Individualbeschwerde mit dem Zeitpunkt der Ratifizierung für den Vertragsstaat verbindlich.[79] Die Stellung der Konvention im innerstaatlichen Recht hängt dabei ab vom jeweils angewandten Kollisionsmodell. In der Bundesrepublik Deutschland hat die Konvention nach ihrer Ratifizierung gemäß Artikel 59 Abs. 2 GG den Rang eines innerstaatlichen Gesetzes[80].

a) Artikel 8 EMRK

Artikel 8 EMRK lautet:

> „(1) Jedermann hat Anspruch auf Achtung seines Privat- und Familienlebens, seiner Wohnung und seines Briefverkehrs.
>
> (2) Der Eingriff einer öffentlichen Behörde in die Ausübung dieses Rechts ist nur statthaft, insoweit dieser Eingriff gesetzlich vorgesehen ist und eine Maßnahme darstellt, die in einer demokratischen Gesellschaft für die nationale Sicherheit, die öffentliche Ruhe uns Ordnung, das wirtschaftliche Wohl des Landes, die Verteidigung der Ordnung und zur Verhinderung von strafbaren Handlungen, zum Schutz der Gesundheit und der Moral oder zum Schutz der Rechte und Freiheiten anderer notwendig ist."

aa) Schutzbereich

Es bestehen einige Gemeinsamkeiten zwischen Artikel 17 Abs. 1 IPbpR und Artikel 8 Abs. 1 EMRK. Tatsächlich hat sich die Fassung des Artikels 17 Abs. 1 IPbpR auch an der Vorschrift der EMRK orientiert[81]. So enthält Artikel 8 EMRK einen Achtungsanspruch, der dem Schutzanspruch des Artikels 17 IPbpR ähnlich ist. Ausgangspunkt beider Normen ist der Begriff des Privatlebens. Hinsichtlich der Auslegung von Artikel 8 EMRK ergeben sich aber gegenüber Artikel 17 IPbpR Besonderheiten, die vor allem auf die umfangreiche Rechtsprechung des Europäischen Gerichtshofs für Menschenrechte (EGMR) zurückzuführen sind. Ihre Analyse wird in einem gesonderten Abschnitt vorgenommen.

aaa) Reichweite

Hinsichtlich des Schutzbereichs sind zwei Funktionen des Artikels 8 Abs. 1 EMRK zu unterscheiden. Zum einen funktioniert Artikel 8 EMRK als klassisches Schutzrecht, das dem Bürger die Abwehr von Eingriffen im vertikalen Verhältnis zum Staat ermöglicht.

Zum anderen legt Artikel 8 Abs. 1 EMRK den Staaten eine Schutzpflicht auf. Diesbezüglich fällt die im Vergleich zu den übrigen Konventionsrechten eigen-

---

79 Urteil EGMR vom 18.1.1978 - Beschw.-Nr. 5310/71 (*Irland/Vereinigtes Königreich*), EuGRZ 1979, 149 (159).

80 Ebenso in Italien, Griechenland, der Türkei und Zypern, vgl. *Frowein/Peukert*, Europäische Menschenrechtskonvention, Einführung, Rn. 6.

81 *Nowak*, (Fn. 28), Artikel 17, Rn. 6.

artige Formulierung des Abs. 1 auf. Statt eines Ge- oder Verbots wird jedermann ein Anspruch auf Achtung seiner privaten Sphäre eingeräumt. Von einem Achtungsanspruch spricht die Konvention sonst nur beim allgemeinen Schutz des Eigentums (aufgeführt im Ersten Zusatzprotokoll) und dem elterlichen Recht auf Kindeserziehung im Gegensatz zum staatlichen Erziehungsrecht. Gegenüber einem Ge- oder Verbot erscheint ein Recht auf Achtung eher diffus. Tatsächlich handelt es sich bei dieser Formulierung wohl um einen Kompromiss. So sollten wohl auf internationaler Ebene die Schwierigkeiten bei der Bestimmung des Schutzbereichs umgangen werden, die hinsichtlich der genannten Rechtsgüter bereits in den nationalen Rechtsordnungen bestanden[82].

Für die Vertragsstaaten folgt aus dem Achtungsanspruch eine Schutzverpflichtung[83]. Wie bei der entsprechenden Bestimmung des IPbpR erschöpft sich diese nicht darin, Verletzungen zu unterlassen, sondern verpflichtet den Staat darüber hinaus zu positiven Schutzmaßnahmen. Hierzu wird vertreten, dass sich diese Pflicht ausschließlich auf den öffentlich-rechtlichen Bereich beschränkt. Dies wird aus der Eingriffsbestimmung des Abs. 2 geschlossen, welcher nur Akte der öffentlichen Gewalt nennt[84]. Dieses Argument überzeugt aber letztlich nicht. Zwar mag anerkannt sein, dass Artikel 8 EMKR keine unmittelbare Wirkung für private Dritte entfaltet[85]. Jedoch ist der Rückschluss von der Schrankenbestimmung systematisch fragwürdig, da auf diese Weise die Schutzbereichsbestimmung mit der Ausgestaltung der Schranken vermischt wird. Richtigerweise muss daher angenommen werden, dass der Wortlaut des Abs. 1 - wie bei Artikel 17 IPbpR - nicht auf einer Einschränkung hinsichtlich eines bestimmten Teils der Rechtsordnung schließen lässt. Dafür spricht auch das Ziel der Konvention, Menschenrechtsschutz auf effektive Weise zu gewährleisten[86]. Die Schutz-

---

82 *Evers*, Der Schutz des Privatlebens und das Grundrecht auf Datenschutz in Österreich, in: EuGRZ 1984, 281 (284), unter Verweis auf ähnliche Schwierigkeiten bei der Regelung von Eigentum und Planung sowie elterlichem und staatlichem Erziehungsrecht.

83 Hierzu umfassend *Dröge*, Positive Verpflichtungen der Staaten in der Europäischen Menschenrechtskonvention, S. 4 ff.

84 *Hoffmann-Remy*, Die Möglichkeiten der Grundrechtseinschränkung nach den Artt. 8-11 der Europäischen Menschenrechtskonvention, S. 84, 97; *Wochner*, a.a.O. (Fn. 27), S. 27; *Guradze*, Die Europäische Menschenrechtskonvention, Artikel 8 Anm. 4; *Bergmann*, Grenzüberschreitende Datenschutz, S. 69.

85 *Breitenmoser*, Der Schutz der Privatsphäre gemäß Artikel 8 EMRK, S. 68.

86 Vgl. dazu der Hinweis in Abs. 2 der Präambel auf die Universalität der Menschenrechte gemäß der Erklärung der Vereinten Nationen. Weiterhin stellt Artikel 1 EMRK klar, dass die Staaten die Konventionsrechte innerhalb ihrer Hoheitsgewalt gewähren, zu der die gesamte in der Zuständigkeit der Staaten liegende Rechtsordnung zählt.

pflicht erstreckt sich daher auf die gesamte innerstaatliche Rechtsordnung, so auch auf das Privatrecht[87].

Bei der Entscheidung, ob und welche Maßnahmen ergriffen werden, hat der Staat einen weiten Einschätzungsspielraum. Das Ermessen kann sich auf Null reduzieren, wenn sich im Zusammenhang mit der Regelung von Verhältnissen des Privatbereiches Beeinträchtigungen im höchstpersönlichen Bereich ergeben, die dem Einzelnen unzumutbar sind[88]. Die Nichtbeachtung muss dann konsequenterweise als Eingriff bewertet werden[89]. Ob der Eingriff gerechtfertigt werden kann, hängt von den Umständen des Einzelfalles ab. Im Falle, dass die Beeinträchtigung, vor der zu schützen es der Staat unterlassen hat, von einem Dritten ausging, dürften die Rechtfertigungsgründe des Abs. 2 aber selten einschlägig sein[90].

Wie Artikel 17 IPbpR ist das Recht auf staatliche Schutzmaßnahmen ein negatorisch ausgerichtetes Recht, dessen praktische Durchsetzung eine positive staatliche Tätigkeit erfordert. Der Bürger kann dem Staat daher nur dann einen Verstoß gegen Artikel 8 EMRK entgegenhalten, wenn dieser es unterlassen hat, für eine der Norm entsprechende Rechtslage und deren Beachtung durch öffentliche Verwaltung und Gerichte zu sorgen. Ein konkreter Anspruch auf Erbringung einer bestimmten Leistung (etwa auf Geldzahlung oder Gewährung von Sachmitteln) kann aus Artikel 8 EMKR dagegen nicht abgeleitet werden[91].

bbb) Schutz des Privatlebens

Der Schutz des Privatlebens gemäß Artikel 8 EMRK unterliegt einer stetigen Entwicklung. Die Vorschrift räumt dem Einzelnen einen Anspruch auf Achtung hinsichtlich seines Privat- und Familienlebens, seiner Wohnung und seines

87 Im Ergebnis so auch *Van Dijk/van Hoof*, Theory and Practice of the European Convention on Human Rights, S. 372; zustimmend auch *Ellger*, a.a.O. (Fn. 21), S. 140, der hier von „mittelbarer Drittwirkung" spricht und auf die vielfältigen Gefahren durch private Datenverarbeitung hinweist.

88 Urteile EGMR vom 13.6.1979 - Beschw.-Nr 6833/74 (*Marckx/Belgien*), Rn. 31, EuGRZ 1979, S. 454 (455); EGMR vom 9.10.1979 - Beschw.-Nr. 6289/73 (*Airey/Irland*), Rn. 33, EuGRZ 1979, S. 625 (629); EGMR vom 26.3.1985 - Beschw.-Nr. 8978/80 (*X und Y/Niederlande*), Rn. 23, 27, EuGRZ 1985, S 297 (298); EGMR vom 9.12.1994 - Beschw.-Nr. 16798/90 (*Lopez Ostra/Spanien*), Rn. 55-58.

89 *Wildhaber/Breitenmoser*, in: IntKomm, Artikel 8 EMRK, Rn. 55; dem zustimmend *Frowein/Peukert*, a.a.O. (Fn. 80), Artikel 8, Rn. 11.; einschränkend *Gusy*, Der Schutz der Privatsphäre in der Europäischen Menschenrechtskonvention Artikel 8, in: DVR 1984, S. 289 (297), der eine Handlungspflicht des Staates nur dann sieht, wenn ein einschränkendes Gesetz den Anforderungen der Schrankenbestimmungen nicht entspricht.

90 *Frowein/Peukert*, a.a.O. (Fn. 80), Artikel 8, Rn. 11.

91 So auch noch *Gollwitzer*, in: *Rieß* (Hrsg.), *Löwe/Rosenberg*, Art. 8 EMRK/Art. 17 IPbpR, Rn. 6.

Briefverkehrs ein[92]. Trotz entsprechender Anregungen[93] umfasst Artikel 8 EMRK damit nicht ausdrücklich den Schutz personenbezogener Daten. Wie bei Artikel 17 IPbpR kann auch hier zwischen dem Privatleben im engeren und im weiteren Sinne unterschieden werden. In seiner weiteren Bedeutung umfasst das Privatleben alle in Abs. 1 aufgezählten Tatbestände. Das Privatleben im engeren Sinne fungiert dagegen wegen seiner unbestimmten Abgrenzung als Auffangtatbestand[94] für die Aspekte der persönlichen Entfaltung, die Artikel 8 Abs. 1 EMRK nicht ausdrücklich aufführt. Wie bereits dargestellt, ist eine abschließende Definition dieses Begriffs nicht möglich. Fest steht, dass der Begriff des Privatlebens sich nicht in der Aufzählung der in Artikel 8 Abs. 1 EMRK genannten Tatbestände erschöpft. Die Konventionsorgane machen dies deutlich, indem sie bisweilen offen lassen, welche konkrete Alternative auf den betreffenden Sachverhalt anzuwenden ist[95].

Weiterführend ist allenfalls eine Auslegung unter Berücksichtigung der Entstehungsgeschichte des Artikels 8 EMRK. Wie Artikel 17 IPbpR historisch eine Reaktion auf die Praktiken eines totalitären Staates[96] hat Artikel 8 EMRK die Anerkennung der Integrität des Menschen zum Ziel[97]. Der Mensch gehört zunächst sich selbst[98]. Seine physische, seelische und geistige Existenz[99] bilden den Ausgangspunkt seines Handelns und stehen damit im Vordergrund des Schutzes. Im konkreten Fall ist danach entscheidend, ob die zu beurteilende Situation mehr oder weniger der Selbstverwirklichung dient. Damit ist der Schutzbereich deutlich weiter gefasst als nach der oben angesprochenen räumlich schematischen Betrachtung, da auch soziale Interaktionen als Teil der Selbstverwirklichung betrachtet werden können. Der Schutz des Privatlebens

---

92 Dieser sehr weite Ansatz hat nicht selten Kritik hervorgerufen. So wurde darauf hingewiesen, dass eine Konvention mit überwiegend weit gefassten Schutzrechten Gefahr läuft, dass sich die einzelnen Tatbestände gegenseitig überflüssig machen, *Janis/Kay/Bradley*, European Human Rights Law - Text and Materials, S. 230 f.

93 Vgl. dazu die Diskussion um die Aufnahme des Begriffs „Datenschutz" als Tatbestandsmerkmal in Artikel 8 EMRK, Punkt 5 der Entschließung Nr. 1165 (1998) der Parlamentarischen Versammlung des Europarates, abgedruckt in BT-Drucksache 14/507 S. 27.

94 *Mähring*, Das Recht auf informationelle Selbstbestimmung im europäischen Gemeinschaftsrecht, in: EuR 1991, S. 369 (373); *Gusy*, a.a.O. (Fn. 89), S. 289; a.A. *Schwan*, Amtsgeheimnis oder Aktenöffentlichkeit? Der Auskunftsanspruch des Betroffenen, das Grundrecht auf Datenschutz und das Prinzip der Aktenöffentlichkeit (DVR, Beiheft Nr. 15), S. 225.

95 *Gusy*, a.a.O. (Fn. 89), S. 297.

96 *Janis/Kay/Bradley*, a.a.O. (Fn. 92), S. 229.

97 *Arndt*, Der Rechtsstaat und sein polizeilicher Verfassungsschutz, in: NJW 1961, 897 (898).

98 *Arndt*, a.a.O. (Fn. 97), S. 898.

99 *Evers*, a.a.O. (Fn. 82), S. 285.

soll dem Individuum eine Sphäre sichern, in der es die Entwicklung und Erfüllung seiner Persönlichkeit anstreben kann[100].

Die Konventionsorgane trugen dem Rechnung und betrachten das Recht auf Schutz persönlicher Daten als Teilaspekt des Rechts auf Achtung des Privatlebens[101]. Danach fällt die Sammlung und Speicherung von Daten in den Intimbereich einer Person und bedarf einer Rechtfertigung nach Abs. 2 [102]. Aufgrund der Eigenheiten der Straßburger Rechtsprechung kann aus der Spruchpraxis jedoch nur bedingt auf den Umfang des Schutzbereichs geschlossen werden[103]. So unterziehen Kommission und Gerichtshof in Zweifelsfällen den Schutzbereich keiner weiteren Prüfung, wenn ein etwaiger Eingriff jedenfalls nach Abs. 2 gerechtfertigt wäre. Erschwerend kommt hinzu, dass Kommission und Gerichtshof die Begriffe Datenschutz und informationelle Selbstbestimmung vermeiden und bei ihren Ausführungen allein den Terminus des Privatlebens verwenden. So wurden Fälle, in denen es um die geheime Erhebung personenbezogener Daten ging, von Kommission und Gerichtshof allein unter dem Aspekt des Privatlebens geprüft, ohne dass konkrete Teilgewährleistungen herausgebildet wurden[104]. Diese Fälle wurden, wenn überhaupt, nach den Umständen des Eingriffs - meist polizeiliche Telefonüberwachungsmaßnahmen - kategorisiert.

In der Literatur dagegen wurde bereits früh vom Recht auf Datenschutz oder informationelle Selbstbestimmung gesprochen. Erstmals zu Beginn der 60er Jahre wurde die Frage aufgeworfen, inwieweit Artikel 8 EMRK Speicherung und Gebrauch persönlicher Informationen zulässt, und mit Besorgnis über die Gefahren gesprochen, die für die Privatsphäre durch den Einsatz von Computern von staatlicher wie auch von privater Seite aus entstehen können[105].

Ein entscheidender Schritt fand anlässlich der Beschwerden von *Leander* und *Gaskin* statt. In beiden Fällen hatte der Gerichtshof über ein Zugangsrecht zu durch Behörden gesammelte persönliche Daten der Beschwerdeführer zu entscheiden. Wie noch näher darzustellen sein wird, erkannte der Gerichtshof mit dem Zugangsrecht eine Rechtsposition an, die nach heutigem Verständnis zum Kernbestand des Rechts auf informationelle Selbstbestimmung gehört[106]. Die

---

100 Entscheidung der Kommission vom 12.7.1977 - Beschw.-Nr.6959/75 (*Brüggemann u. Scheuten/Deutschland*), Rn. 55, EuGRZ 1978, S. 199.

101 Vgl. die unten ausführlich besprochenen Fälle Klass, Malone, McVeigh, British Census Regulations 1980, Gaskin und Amann.

102 Vgl. Urteil EGMR im Fall *Leander*, dazu unten.

103 *Unger*, a.a.O. (Fn. 12), S. 132.

104 Vgl. die Fälle *McVeigh*, *Klass* und *Malone*, dazu unten.

105 *Jacobs*, The European Convention on Human Rights, S. 128; *Bleckmann*, a.a.O. (Fn. 46), S. 9 ff.

106 Zum Begriff der Privatsphäre Urteil BVerfG *Volkszählungsgesetz*, a.a.O. (Fn. 9), S. 41 ff.

Weiterentwicklung in der Rechtsprechung des Gerichtshofs spiegelte die gewachsene Sensibilität hinsichtlich des Schutzes persönlicher Geheimnisse wieder, die sich auch in den in dieser Zeit entstandenen internationalen Instrumenten wie der Datenschutzkonvention Nr. 108 des Europarates und der Datenschutzleitlinien der OECD sowie der Datenschutzrichtlinien der Vereinten Nationen[107] ausdrückte. Mittlerweile lässt der Gerichtshof keinen Zweifel daran, dass Artikel 8 EMRK dem Einzelnen das Recht auf Schutz der personenbezogenen Daten verleiht[108].

bb) Einschränkungen

Artikel 8 EMRK lässt Eingriffe unter den besonderen Voraussetzungen des Abs. 2 zu. Eingriffe dürfen danach nur aufgrund einer gesetzlichen Grundlage erfolgen. Was in diesem Sinne als Rechtsnorm zu verstehen ist, bestimmt sich nach dem innerstaatlichen Verständnis[109]. Als gesetzliche Grundlage akzeptiert der Gerichtshof folglich neben dem geschriebenen auch das ungeschriebene Recht[110], was dem traditionellen Rechtsverständnis des *Common Law* in Großbritannien und Irland entspricht. Hier herrschen allerdings erhöhte Anforderungen an die Bestimmtheit. So erfordert es die Rechtssicherheit, dass sich ein Bürger gegebenenfalls nach juristischer Beratung über Inhalt und Tragweite der ihn betreffenden Regelungen informieren kann.

Eingriffe dürfen weiterhin nur zur Erfüllung eines in Abs. 2 abschließend[111] aufgeführten Eingriffszwecks erfolgen. Im Zusammenhang mit Eingriffen in die Privatsphäre kommt den Eingriffszwecken des Schutzes der nationalen und öffentlichen Sicherheit und Ordnung besondere Bedeutung zu.

Ein entscheidendes Kriterium ist schließlich die Notwendigkeit in einer demokratischen Gesellschaft. Trotz eines grundsätzlichen Ermessensspielraums der Staaten prüft der Gerichtshof die „Notwenigkeit" nach eignen Maßstäben im Sinne einer Verhältnismäßigkeitsprüfung, nach der die betroffenen Interessen in einem angemessenen Verhältnis[112] zueinander abgewogen worden sein müssen.

---

107 OECD, Recommendation of the Council Concerning Guidelines Governing the Protection Privacy and Transborder Flows of Personal Data, Ratsbeschluss vom 23.9.1980; Vereinte Nationen, Guidelines Concerning Computerized Personal Data Files, von der Generalversammlung beschlossen am 14.12.1990.

108 Vgl. Urteil EGMR *Amann*, dazu unten; auch *Meyer-Ladewig*, EMRK-Handkommentar, Artikel 8 Rn. 11.

109 *Frowein/Peukert*, a.a.O. (Fn. 80), Vorbemerkung zu Artikel 8-11, Rn. 4.

110 Urteil EGMR vom 26.4.1979 - Beschw.-Nr. 6538/74 (*Sunday Times/Vereinigtes Königreich*), Rn. 63, EuGRZ 1979, S. 386 ff.

111 *Frowein/Peukert*, a.a.O. (Fn. 80), Vorbemerkung zu Artikel 8-11, Rn. 11.

112 Urteil EGMR vom 18.2.1991 - Beschw.-Nr. 12313/86 (*Moustaquim/Belgien*), Rn. 46, EuGRZ 1993, S. 552 (554).

Weiterhin ermöglicht Abs. 2 Einschränkungen aufgrund von Rechten Dritter. Im vorliegenden Zusammenhang ist es naheliegend, hier das Interesse auf Verarbeitung personenbezogener Daten heranzuziehen. Dieses Interesse kann von der Freiheit der Informationsweitergabe gemäß Artikel 10 EMRK geschützt sein[113]. Der menschenrechtliche Status der Informationsweitergabe verbietet es, die Datenverarbeitung grundsätzlich völlig zu unterbinden. Im Rahmen einer Abwägung ist es aber zulässig, einen weitgehenden Datenschutz zuzulassen, der im Einzelfall eine Verarbeitung verbietet[114].

b) Schutz der Privatsphäre im Verfahren gemäß Artikel 6 Abs. 1 Satz 2 EMRK

Eine besondere Regelung zum Schutz des Privatlebens enthalten auch die Verfahrensgarantien des Artikels 6 EMRK. Die relevante Passage des Abs. 1 Satz 2 lautet:

> „Das Urteil muss öffentlich verkündet werden, jedoch kann die Presse und die Öffentlichkeit während der gesamten Verhandlungen oder eines Teiles derselben (...) ausgeschlossen werden, (...) wenn (...) der Schutz des Privatlebens der Prozessparteien es verlangen (...)."

Wie im Zusammenhang mit Artikel 14 IPbpR bereits erwähnt, dient der Grundsatz der Öffentlichkeit des Verfahrens dem Schutz der Verfahrensbeteiligten, indem Verlauf und Ergebnis eines Prozesses der öffentlichen Kontrolle unterstellt werden. Gleichzeitig soll dies Vertrauen in die Rechtsprechung etablieren[115].

Zweifelhaft ist, ob der in Artikel 6 Abs. 1 EMRK enthaltene Ausschluss aus Gründen des Privatlebens einen Anspruch auf Nichtöffentlichkeit einräumt[116]. Dies betrifft den Fall, dass eine Prozesspartei in einem öffentlichen Verfahren den Ausschluss der Öffentlichkeit beantragt, bzw. gegen einen auf Zulassung der Öffentlichkeit gerichteten Beschluss vorgeht. Tatsächlich spricht Artikel 6 Abs. 1 EMRK nur davon, dass die Öffentlichkeit ausgeschlossen werden kann. Dies ermöglicht es den Mitgliedstaaten, Ausnahmevorschriften gemäß den Ausschlussgründen des Artikel 6 Abs. 1 EMKR zu erlassen, ohne damit gegen den Grundsatz der Öffentlichkeit zu verstoßen. Ein absolutes Recht des Einzelnen ist darin jedoch nicht zu sehen. In einem Fall[117] wies die Kommission darauf hin, dass der Beschwerdeführer sich gegen die Verlesung seines Vorstrafenre-

---

113 Vgl. *Ellger*, a.a.O. (Fn. 21), S. 142 ff.

114 *Ellger*, a.a.O. (Fn. 21), S. 144 f.

115 Vgl. Urteile EGMR vom 21.2.1975 - Beschw.-Nr. 4451/70 (*Golder/Vereinigtes Königreich*), Serie A Nr. 18, S. 18, Rn. 36; vom 14.11.1960 - Beschw.-Nr. 332/57 (*Lawless/Irland*), Serie A Nr. 1, S. 13.

116 Ablehnend *Frowein/Peukert*, a.a.O. (Fn. 80), Artikel 6, Rn. 121; wohl auch *Steinmann*, Anmerkung zum Grundsatz der Öffentlichkeit des Verfahrens, in: EuGRZ 1994, S. 172 (173). Beide verweisen diesbezüglich auf Artikel 8 Abs. 1 EMRK.

117 Entscheidung der Kommission vom 4.7.1978, - Beschw.-Nr. 7945/75.

gisters im Rahmen einer öffentlichen Strafverhandlung auf Artikels 8 Abs. 1 EMKR berufen könne. Dem stehe auch nicht der Grundsatz der Öffentlichkeit entgegen, da Artikel 6 Abs. 1 EMKR den Ausschluss aus Gründen des Privatlebens ausdrücklich erlaube.

c) *Rechtsprechung der Konventionsorgane*

Der folgende Abschnitt bietet einen Überblick über datenschutzrelevante Entscheidungen von Kommission und Gerichtshof. Mehreren Fällen liegen Eingriffe des Staates in die Kommunikation des Bürgers zugrunde. Davon sind hier jedoch nur die Fälle relevant, in denen der Kommunikationseingriff zum Zweck der Informationsbeschaffung erfolgte. Schließlich müssen die gewonnenen Informationen Aufschluss über die Persönlichkeit des Betroffenen geben können oder zumindest zu diesem Zweck verwendet worden sein. Nicht in diesen Zusammenhang gehören daher Eingriffe zur bloßen Unterbrechung oder Unterbindung von Kommunikation, da aus den abgefangenen Informationen in der Regel keine weiteren Erkenntnisse über die Person des Betroffenen gewonnen werden sollten. Hierzu gehören Fälle das Abfangen von Strafgefangenenkorrespondenz, zu dem Kommission und Gerichtshof mehrfach Stellung genommen haben[118]. Diese Sachverhalte wurden lediglich unter dem Aspekt des Schutzes des Briefverkehrs gemäß Artikel 8 Abs. 1 EMRK geprüft. Kennzeichnend für die Auffassung der Organe, dass datenschutzrechtliche Belange berührt sind, ist die Einbeziehung des Schutzes des Privatlebens in den Prüfungsmaßstab.

Die datenschutzrelevanten Entscheidungen der Konventionsorgane können in drei Gruppen dahingehend unterteilt werden, unter welche Teilgewährleistung des Artikels 8 EMRK der zu entscheidenden Fall subsumiert wurde. So entwickelten die Konventionsorgane aus einer Kombination der Garantien des Briefverkehrs und des Privatlebens die Garantie des Fernmeldegeheimnisses, anhand derer der Gerichtshof zahlreiche Telefonüberwachungsmaßnahmen auf ihre Vereinbarkeit mit der Konvention geprüft hatte. Eine zweite Gruppe von Fällen, in denen es um die Beschlagnahme von Dokumenten im Zuge von Hausdurchsuchungen ging, subsumierte er unter den Schutz der Wohnung und des Privatlebens. Charakteristisch für beide Gruppen ist, dass im Vordergrund eine Einmischung des Staates in die private Kommunikation steht. Die datenschutzrechtliche Bedeutung dieser Fälle liegt darin, dass die Maßnahmen letztlich der Sammlung von Informationen dienen, was einen Teilaspekt der Datenverarbeitung darstellt. Eine dritte Gruppe von Fällen schließlich betrifft Fragen der Aufbewahrung und der Verwendung persönlicher Informationen und deren Zugänglichkeit durch die Betroffenen. Diese Fälle betreffen unmittelbar die Selbstbe-

---

118 Vgl. nur Urteile EGMR vom 9.5.1977 - Beschw.-Nr. 7736/77 (*X./Schweiz*); EGMR vom 25.3.1983 - Beschw.-Nr. 5947/72 (*Silver* u.a./*Vereinigtes Königreich*), Serie A 1983, Nr. 61 (=EuGRZ 1984, S. 149); EGMR vom 28.6.1984 - Beschw.-Nr. 7819/77 (*Campbell* und *Fell*/*Vereinigtes Königreich*), EuGRZ 1985, S. 534.

stimmung über die persönlichen Daten und können deshalb als „klassische“ Datenschutzsachverhalte angesehen werden. Kommission und Gerichtshof prüften diese Fälle allein unter dem Aspekt des Schutzes des Privatlebens.

aa) Schutz des Fernmeldegeheimnisses

Der Schutz des Fernmeldegeheimnisses wird durch die Konvention nicht ausdrücklich gewährt. Im Zuge ihrer Auseinandersetzung mit mehreren Beschwerden über geheime telefonische Abhörmaßnahmen haben Kommission und Gerichtshof diesen Schutztatbestand im Wege der Rechtsfortbildung entwickelt, indem sie die den Schutzgegenstand des Briefverkehrs mit dem des Privatlebens kombinierten. Mittlerweile kann daher von einem diesbezüglichen Schutz der EMRK ausgegangen werden[119]. Fragen des Datenschutzes werden in diesen Fällen insofern berührt, als solche Maßnahmen der Sammlung von Informationen dienen und den Betroffenen infolge ihrer Unkenntnis die Kontrolle über die Verwendung ihrer Daten faktisch verwehrt ist.

aaa) Klass ./. Deutschland[120]

Im Fall *Klass* rügten die Beschwerdeführer, dass der am 24. Juni 1968 neugefasste Artikel 10 GG i.V.m. dem Ausführungsgesetz (G 10 – Gesetz) die Möglichkeit vorsah, Eingriffe in das Brief-, Post- und Fernmeldegeheimnis vorzunehmen, ohne dass diese dem Betroffenen zwingend mitgeteilt werden müssen. Artikel 10 Abs. 2 GG bestimmte, dass aus Gründen des Schutzes der Freiheitlichen Demokratischen Grundordnung sowie des Schutzes von Bund oder Ländern eine Benachrichtigung versagt bleiben könnte. In seinen näheren Bestimmungen räumte das G 10 – Gesetz den Behörden einen weiten Einschätzungsspielraum hinsichtlich der Notwendigkeit der Geheimhaltung ergangener Maßnahmen ein. So konnte nach Ablauf von 5 Jahren nach der Überwachung auf eine Mitteilung gänzlich verzichtet werden (Artikel 1 § 5 Abs. 5 Satz 3 G 10 a.F.).

Der Gerichtshof wies zunächst auf die Gefahr hin, dass bei Geheimhaltung von Eingriffen das Recht auf Achtung der Privatsphäre nach Artikel 8 EMRK unterlaufen werden könnte, da die Betroffenen aufgrund ihrer Unkenntnis der Möglichkeit auf Rechtsschutz faktisch beraubt sind[121]. Weiterhin bestätigte er die Auffassung der Kommission, dass Telefongespräche von den in Artikel 8 EMRK genannten Begriffen des Privatlebens und des Briefverkehrs mit erfasst sind[122].

---

119 Anders noch *Breitenmoser*, a.a.O. (Fn. 85), S. 322.

120 Urteil EGMR vom 6.9.1978 - Beschw.-Nr. 5029/71, Serie A 1978, Nr. 28 (= EuGRZ 1979, 278 ff.)

121 Urteilsgründe Rn. 36.

122 Urteilsgründe Rn. 41.

Im Rahmen der Rechtfertigung geheimer Abhörmaßnahmen gemäß Artikel 8 Abs. 2 EMKR nahm er zu der Frage Stellung, ob das G 10 der Anforderung der Verhältnismäßigkeit genügte („notwendig in einer demokratischen Gesellschaft"). Er folgte darin der Argumentation der deutschen Regierung und bestätigte zunächst das außerordentliche Interesse an effektiven Ermittlungsmethoden im Hinblick auf den technischen Fortschritt der Mittel der Spionage und die Entwicklung des Terrorismus[123]. Trotz eines gewissen Ermessensspielraums bei der Ausgestaltung des Überwachungssystems müssten die Mitgliedstaaten aber angemessene und wirksame Garantien gegen Missbrauch vorsehen[124]. Nach Artikel 10 Abs. 2 GG und dem G 10 sind Rechtsschutzmöglichkeiten des Betroffenen während der Phasen der Anordnung und der Durchführung der Überwachungsmaßnahmen nicht vorgesehen. Als eine wirksame Garantie gegen Missbrauch sah der Gerichtshof jedoch das sog. Ersatzverfahren an, in dem sich ein – informierter – Betroffener zur nachträglichen Überprüfung der Maßnahmen an ein Gremium wenden kann (G-10 Kommission). Gegen Missbräuche während der Phasen der Anordnung und Durchführung schütze zusätzlich die Einrichtung eines regelmäßig zu unterrichtenden Gremiums, das aus Mitgliedern des Parlamentes gebildet wird (Artikel 10 Abs. 2 GG, Artikel 1 § 9 Abs. 1 G 10) [125].

In der Frage der nachträglichen Benachrichtigung des Betroffenen wies der Gerichtshof dem Kriterium der Zweckgefährdung sowie dem Interesse an der Geheimhaltung von Ermittlungsmethoden und der Identität von Agenten hohes Gewicht zu[126]. Im Ergebnis hielt er die deutsche Rechtslage für verhältnismäßig im Sinne des Artikels 8 Abs. 2 EMRK.

Die Ausführungen des Gerichtshofs, in denen er Einschränkungen der privaten Sphäre im Interesse einer effektiven Verbrechensbekämpfung billigte, sind deshalb bemerkenswert, weil sie sich auf alle Bereiche des Privatlebens übertragen lassen. Anders als zuvor das Bundesverfassungsgericht, dessen sogenanntes Abhörurteil[127] an das Spezialgrundrecht des Brief-, Post- und Fernmeldegeheimnisses nach Artikel 10 GG anknüpfte[128], nahm der EGMR eine Prüfung nach den allgemeinen Maßstäben des Artikels 8 EMRK vor. Indem der Gerichtshof von der Kommunikationsfreiheit und der Freiheit vor Überwachungs-

---

[123] Urteilsgründe Rn. 48.

[124] Der Gerichtshof betont seitdem, dass insbesondere eine verfahrensmäßige Ausgestaltung (*rule of law*) geeignet sei, solche Garantien zu schaffen, vgl. Urteil EGMR vom 4.5.200 - Beschw.-Nr. 28341/95 (*Rotaru*/Rumänien), Rn. 59.

[125] Urteilsgründe Rn. 56.

[126] Urteilsgründe Rn. 59.

[127] BVerfG (G-10) Urteil vom 15.12.1970 - 2 BvR 1/69, 2 BvR 629/68, E 30, S. 1 ff. (= NJW 1971, S. 275 ff.).

[128] zur Kritik an diesem Urteil vgl. *Schwan*, Das Abhörurteil des Europäischen Gerichtshofs für Menschenrechte, in: NJW 1980, S. 1992, Fußnote 2.

maßnahmen sprach[129], bezog er seine Ausführungen so auf den gesamten Schutzbereich des Artikels 8 EMRK[130] und erstreckte die Aussage auch auf den Bereich des Datenschutzes. Danach muss ein Betroffener im Falle der geheimen Erhebung und Verwendung seiner Daten hiervon benachrichtigt werden, damit er von seinen Abwehrrechten Gebrauch machen kann[131]. Das Urteil ist daher zu Recht als Anerkennung des Rechts auf Achtung auf den Schutz personenbezogener Daten unter Artikel 8 EMRK interpretiert worden[132].

bbb) Malone ./. Vereinigtes Königreich [133]

Ein ähnlich gelagerter Sachverhalt lag dem Fall *Malone* zugrunde. Gegenüber dem Beschwerdeführer, der im Verdacht der Hehlerei stand, wurden heimliche Ermittlungsmaßnahmen vorgenommen. Vor dem Gerichtshof wurden Vorwürfe des Beschwerdeführers geprüft, nach denen sein Briefverkehr sowie seine Telefongespräche ohne sein Wissen überwacht worden waren. Zudem seien die Telefongespräche mit Hilfe einer technischen Vorrichtung registriert worden, die automatisch alle gewählten Telefonnummern aufzeichnet.

Im Zusammenhang mit dem ersten Verfahrensgegenstand – dem heimlichen Abhören von Telefongesprächen – bezog sich der Gerichtshof ausdrücklich auf das ca. sechs Jahre vorher ergangene Urteil *Klass* und subsumierte Telefongespräche unter die Begriffe Privatleben und Briefverkehr im Sinne des Artikels 8 Abs. 1 EMRK[134]. Die Frage, ob die Telefongespräche des Beschwerdeführers tatsächlich in dem von ihm behaupteten Umfang abgehört worden waren, ließ er offen. Bereits die in England und Wales geltende Rechtslage, die ein geheimes Überwachungssystem für den Telefonverkehr erlaubten und etablierten, stellten für sich selbst gesehen einen Eingriff in die Rechte des Betroffenen aus Artikel 8 EMRK dar[135].

---

129 Urteilsgründe Rn. 41.

130 Vgl. Urteilsgründe Rn. 41, worin der GH die Frage, ob auch das Recht auf Achtung der Wohnung betroffen sei, ausdrücklich offen ließ.

131 *Arndt*, Anmerkung zum Urteil EGMR vom 6.9.1978 (*Klass/Deutschland*), in: NJW 1979, S. 1760; *Breitenmoser*, a.a.O. (Fn. 85), S. 247.

132 *Unger*, a.a.O. (Fn. 12), S. 134; *Mähring*, a.a.O. (Fn. 94), S. 371; *Schwan*, a.a.O. (Fn. 128), S. 1997, der sogar vom „wichtigste(n) und folgenträchtigste(n) Datenschutzurteil" spricht; zurückhaltender *Breitenmoser*, a.a.O. (Fn. 85), S. 247, nach dessen Ansicht die im Urteil *Klass* aufgestellten Grundsätze unproblematisch auf Datenschutzsachverhalte übertragen werden können; Sondervotum des Richters *Pettiti* im Fall *Malone/Vereinigtes Königreich*, der ausführt, dass ein untrennbarer Zusammenhang zwischen Abhörmaßnahmen und Datenverarbeitung existiert, da Abhören nichts anderes als Datenerhebung ist.

133 Urteil EGMR vom 2.8.1984 - Beschw.-Nr. 8691/79, EuGRZ 1985, S. 17 ff.

134 Urteilsgründe Rn. 64.

135 Urteilsgründe Rn. 64.

Hinsichtlich der konventionsinternen Schranken des Rechts auf Achtung des Privatlebens übertrug der Gerichtshof die in den Fällen *Silver*[136] und *Sunday Times*[137] aufgestellten Grundsätze auf den vorliegenden Fall: Die Voraussetzung gemäß Artikel 8 Abs. 2 EMRK, nach der einschränkende Maßnahmen vom Gesetz vorgesehen sein müssen, konkretisierte er um zwei materielle Erfordernisse dahingehend, dass das betreffende Gesetz dem Bürger zugänglich und es darüber hinaus hinreichend bestimmt sein muss. Der Bürger muss demnach in der Lage sein, die Norm als für seinen Fall relevant zu erkennen, sowie – ggf. nach entsprechender Beratung – die Folgen eines bestimmten Verhaltens vorherzusehen[138]. Die britische Rechtslage erfüllte diese Anforderungen nicht. Eine entscheidende Rolle spielte die Frage, ob das einschlägige Richterrecht den Anforderungen des Begriffs „Gesetz" im Sinne des Artikels 8 Abs. 2 EMRK erfüllte[139].

Zum zweiten Verfahrensgegenstand – der Registrierung der Verbindungsdaten durch die Post und deren Weitergabe an die Polizeibehörden – führte der Gerichtshof aus, dass eine Erfassung der Informationen durch die Post aus Abrechnungsgründen nicht zu beanstanden sei. Es sei jedoch zu berücksichtigen, dass die betreffenden Daten – insbesondere die angewählten Nummern – Aufschluss über den Inhalt der Gespräche geben könnten, weshalb sie als persönliche Information über den Betroffenen anzusehen seien und damit dem Schutzbereich des Artikel 8 Abs. 1 EMKR unterfielen[140]. Wenngleich die Registrierung durch den Betreiber des Telefonnetzes aufgrund der Zustimmung des Benutzers keine Verletzung von Konventionsrechten darstellte, verhalte es sich bei einer Weitergabe dieser Informationen an Ermittlungsbehörden anders, da die Daten nunmehr zur Durchführung eines Verfahrens gegen den Betroffenen verwendet würden. Die Zulässigkeit einer solchen Zweckänderung bei der Verarbeitung von Daten müsse daher an Artikel 8 Abs. 2 EMKR gemessen werden.

Im Ergebnis sah der Gerichtshof die britische Rechtslage auch in diesem Punkt als nicht zureichend an, da es an einer zugänglichen und bestimmten Regelung im Sinne des Artikels 8 Abs. 2 EMRK fehlte[141].

---

136 Urteil EGMR vom 25.3.1983 - Beschw.-Nr. 5947/72 (*Silver* u.a./*Vereinigtes Königreich*), Serie A 1983, Nr. 61 (=EuGRZ 1984, S. 149).

137 Urteil EGMR vom 26.4.1979 - Beschw.-Nr. 6538/74 (*Sunday Times*/*Vereinigtes Königreich*), Serie A 1979, Nr. 30 (=EuGRZ 1979, S. 386 ff.).

138 Urteilsgründe Rn. 66.

139 *Loveland*, Constitutional Law, Administrative Law and Human Rights, S. 549 f.; *Michael*, a.a.O. (Fn. 18), S. 29.

140 Urteilsgründe Rn. 84.

141 Urteilsgründe Rn. 86.

ccc) Huvig ./. Frankreich [142]

In diesem Fall bestätigte der Gerichtshof inzident, dass der Begriff des Privatlebens weit auszulegen ist, indem er sowohl privaten Telefongesprächen als auch solchen mit Bezug zur gewerblichen Tätigkeit des Beschwerdeführers den Schutz des Artikels 8 EMRK zuteil werden ließ[143].

Ausführlich ging er auf die Prüfung der gesetzlichen Grundlage ein. Die französische Praxis, nach der Abhörmaßnahmen im wesentlichen richterrechtlich geregelt ist, hielt er für prinzipiell mit der Konvention vereinbar, da es sich um eine langjährige und gefestigte Übung handelte[144]. Den materiellen Anforderungen einer Gesetzesgrundlage genügte das französische *Caselaw* hingegen nicht. So fehlte es nach Ansicht des Gerichtshofs an Sicherheitsvorkehrungen gegen die willkürliche Anordnung von Überwachungsmaßnahmen, da weder die Voraussetzungen solcher Anordnungen (ein bestimmter Tatverdacht oder eine bestimmte Art oder Schwere des betreffenden Delikts) noch deren Umfang genau geregelt waren[145].

ddd) A. ./. Frankreich [146]

Mit diesem Urteil bestätigte der Gerichtshof die Meinung der Kommission, die zuvor einer Argumentation der Regierung entgegengetreten war, nach der ein Telefongespräch, in dessen Verlauf ein Verbrechen verabredet wird, keinerlei privaten Charakter mehr besitzt und daher nicht dem Schutz des Artikels 8 Abs. 1 EMRK unterfällt. Der Bericht der Kommission hatte demgegenüber klargestellt, dass das öffentliche Interesse an einer wirksamen Verbrechensbekämpfung die Privatheit eines Gespräches nicht aufzuheben vermag[147]. Andernfalls, so die Argumentation der Kommission, liefe der Schutz des Artikels 8 EMRK im Wesentlichen leer. Zudem ist bei Beschluss der Abhörmaßnahme der Inhalt eines Gespräches nicht bekannt, so dass im Zweifel ohnehin von dessen privaten Charakter ausgegangen werden müsste.

Schließlich spreche gegen das Vorbringen der Regierung die Systematik des Artikels 8 Abs. 2 EMRK, der verschiedene Ausprägungen des öffentlichen Interesses als Grundlagen für einen Eingriff vorsieht. Dies wäre überflüssig, wenn

---

142 Urteil EGMR vom 24.4.1990 - Beschw.-Nr. 11105/84.

143 Urteilsgründe Rn. 25; dazu auch die unten besprochenen Urteile des EGMR in den Fällen *Klass/Deutschland*, *Niemietz/Deutschland*, *A./Frankreich*, *Halford/Vereinigtes Königreich*, *Kopp/Schweiz* und *Amann/Schweiz*.

144 Urteilsgründe Rn. 28; dazu auch Urteil EGMR vom 24.4.1990 - Beschw.-Nr. 11801/85 (*Kruslin/Frankreich*), Rn. 29.

145 Urteilsgründe § 34; auch Urteil EGMR *Kruslin/Frankreich*, a.a.O. (Fn. 144).

146 Urteil EGMR vom 23.11.1993 - Beschw.-Nr. 14838/89, Serie A 1993, Nr. 277-B.

147 § 35 des Berichts der Kommission vom 2.9.1992, Anhang zum Urteil des Gerichtshofs.

bereits der Schutzbereich aus Gründen des öffentlichen Interesses nicht eröffnet ist.

eee) Peignier ./. Frankreich [148]

Die Kommission bewertete einen Eingriff in das Fernmeldegeheimnis auf Grundlage eines internen ministeriellen Erlasses als konventionswidrig, da er die Anforderungen an ein Gesetz im Sinne des Artikels 8 Abs. 2 EMRK nicht erfüllte. Einem solchen internen Instrument fehlte es an der Zugänglichkeit und an der Außenwirkung, so dass für Betroffene keine Möglichkeit einer Anfechtbarkeit bestand[149].

fff) Kopp ./. Schweiz [150]

Gegen den Beschwerdeführer, der eine Rechtsanwaltskanzlei betrieb, wurden aufgrund des Verdachts der Geldwäsche sowie der Beteiligung an einem Geheimnisverrat eine Hausdurchsuchung und die Abhörung seines Telefonverkehrs angeordnet. Die dem zugrunde liegende schweizerische Rechtslage stimmte nach Ansicht des Gerichtshofs nicht mit der Konvention überein. Er beanstandete, dass die betreffenden Regelungen das Erfordernis der Vorhersehbarkeit nicht erfüllten, da die Art der zu erwartenden Maßnahmen nicht hinreichend klar seien. Weiterhin fehlte es an gesetzlichen Bestimmungen darüber, durch wen die Telefonüberwachung durchgeführt und wie dabei das Berufsgeheimnis gewahrt wird. Als Sicherheitsmaßnahme empfahl der Gerichtshof die Einrichtung einer Kontrollinstanz, die über die Einhaltung dieser Vorschriften wacht[151].

bb) Schutz der Wohnung und des Privatlebens

Die zweite Gruppe relevanter Fälle betrifft die Datenerhebung in der Variante der Hausdurchsuchung. Obwohl Artikel 8 Abs. 1 EMRK ausdrücklich den Schutz der Wohnung vorsieht, subsumieren die Konventionsorgane diese Fälle unter die Kombination der Begriffe „Wohnung“ und „Privatleben“. Dies zeigt, dass den Eingriffen neben dem Charakter des staatlichen Eindringens in die räumliche Abgeschiedenheit der eigenen vier Wände noch ein weiterer Aspekt beigemessen wird, welcher darin liegt, dass die Maßnahmen zusätzlich der Informationsbeschaffung dienen.

---

148 Bericht der Kommission vom 5.7.1994 - Beschw.-Nr. 20408/92.

149 Gründe Rn. 44; auch Bericht der Kommission vom 14.1.1998 - Beschw.-Nr. 27237/95 (*Govell/Vereinigtes Königreich*), Rn. 62.

150 Urteil EGMR vom 25.3.1998 - Beschw.-Nr. 23224/94.

151 Urteilsgründe Rn. 72 ff.

aaa) Chappell ./. Vereinigtes Königreich [152]

Der Beschwerdeführer betrieb einen An- und Verkauf von Videofilmen. Wegen des Verdachts der Verletzung von Urheberrechten wurden seine Geschäftsräume auf der Grundlage einer einstweiligen Anordnung nach belastendem Material durchsucht. Der Beschwerdeführer rügte die gleichzeitige Sichtung privater Dokumente sowie das Fehlen einer Rechtsgrundlage für die einstweilige Anordnung. Während der Gerichtshof aus prozessualen Gründen zum ersten Punkt keine Stellung bezog[153], bestätigte er, wie bereits im Zusammenhang mit Abhörmaßnahmen, dass richterrechtliche Praxis eine gesetzliche Grundlage im Sinne des Artikels 8 Abs. 2 EMRK darstellen kann, sofern sie auf einer dem Betroffenen bekannten Rechtstradition basiert und ausreichende Sicherheitsvorkehrungen gegen Missbrauch vorsieht[154]. Beides sah der Gerichtshof als gegeben an.

bbb) Niemietz ./. Deutschland [155]

Im Fall Niemietz nahm der Gerichtshof ausführlich Stellung zum Schutz privater und geschäftlich genutzter Räume durch Artikel 8 EMRK. Wohnung und Geschäftsräume eines Rechtsanwalts, wurden durchsucht, um Aufschluss über die Identität eines anonymen Drohbriefschreibers zu erhalten. Dabei wurde u.a. die Mandantenkartei des Beschwerdeführers durchgesehen. Er rügte dies als Verletzung seiner privaten Sphäre und seines Berufsgeheimnisses.

Auch wenn es ihm nicht möglich erschien, den Begriff des Privatlebens genau zu definieren, lehnte der Gerichtshof es zumindest ab, seine Bedeutung auf einen „inneren" Kreis zu beschränken. Zum Wesen des Privatlebens gehöre zwingend auch die Interaktion mit der Außenwelt. Die Gelegenheit, Beziehungen zu anderen Menschen herzustellen und zu unterhalten, sei nicht nur im streng privaten, sondern vor allem auch im Berufsleben gegeben. Erst dort ergäben sich für die meisten Leute weitreichende Möglichkeiten sozialer Kontakte. Eine Trennung zwischen rein privaten und rein geschäftlichen Bereichen sei daher nahezu unmöglich[156]. Der Gerichtshof zog als Beleg für diese Auslegung den Wortlaut der Originalfassungen der EMRK heran. Im Französischen habe „*domicile*" einen weiteren Bedeutungsumfang und kann sich auch auf die Büroräume eines Berufstätigen erstrecken[157]. Außerdem sei in der englischen Fassung vermerkt, dass der Begriff „*home*" auch Geschäftsräume umfassen soll.

---

[152] Urteil EGMR vom 30.3.1989 - Beschw.-Nr. 10461/83.

[153] Die Parteien hatten einen Eingriff in Artikel 8 EMRK einvernehmlich zugestanden, vgl. *Philippi*, Divergenzen im Grundrechtsschutz zwischen EuGH und EGMR, in: Zeitschrift für Europäische Studien (ZEUS) 2000, S. 97 (110).

[154] Urteilsgründe Rn. 52 ff.

[155] Urteil EGMR vom 16.12.1992 - Beschw.-Nr. 13710/88, EuGRZ 1993, S. 65 ff.

[156] Urteilsgründe Rn. 29.

[157] Urteilsgründe Rn. 30.

Eine davon abweichende Einengung der Bedeutung brächte die Gefahr der Ungleichbehandlung und damit der Willkür mit sich. Bezogen auf die Durchsicht der Mandantenkartei wies der Gerichthof darauf hin, dass der Wortlaut des Artikels 8 Abs. 1 EMRK im Zusammenhang mit dem Schutz des Briefverkehrs erst recht keine Differenzierung zwischen privatem und beruflichem zulässt, da der einschränkende Zusatz „privat“ beim Briefverkehr nicht vorhanden ist[158].

cc) Schutz des Privatlebens – Datenschutz im engeren Sinne

Der Schutz personenbezogener Daten als Recht des Einzelnen, selbst über die Verwendung ihn betreffender Informationen zu bestimmen, leiten die Konventionsorgane aus dem Schutz der Intimität als Teilbereich des Privatlebens ab. Hieraus können sich für den Staat konkrete Gewährleistungspflichten ergeben, mittels derer der Einzelne gegen Willkürakte abgesichert werden soll.

aaa) McVeigh u.a. ./. Vereinigtes Königreich [159]

Die drei aus Nordirland stammenden Beschwerdeführer wurden von der britischen Polizei bei der Einreise nach Großbritannien kurzfristig verhaftet, um sie erkennungsdienstlichen Maßnahmen zu unterziehen. Dies erfolgte auf Grundlage des Gesetzes gegen den Terrorismus von 1976 und war ohne besondere Verdachtsmomente zulässig. Unter anderem wurden Fotografien und Fingerabdrücke aufgenommen, zudem wurden die Verhöre protokolliert. Die Beschwerden richteten sich gegen die weitere Aufbewahrung dieser Daten durch die Polizei nach Beendigung der Haft. Die Kommission hielt dies im Hinblick auf die besondere Lage in Nordirland für verhältnismäßig im Sinne des Artikels 8 Abs. 2 EMRK[160]. Danach sei die Verfügbarkeit solcher Informationen im Kampf gegen den Terrorismus ein angemessenes Mittel, um die nationale Sicherheit zu garantieren und strafbare Handlungen zu verhindern[161]. Trotz dieser Ausführungen könne es aber offen bleiben, ob mit den gerügten Maßnahmen ein Eingriff in Artikel 8 EMRK vorlag.

---

158 Urteilsgründe Rn. 32; vgl. auch Entscheidung der Kommission vom 3.5.1993 - Beschw.-Nr. 15220/89 (*S./Österreich*), DR 75, S. 30: Geheime Überwachungsmaßnahmen sind dabei selbst dann als Eingriff in die Privatsphäre zu bewerten, wenn sie außerhalb privater Räume in der Öffentlichkeit vorgenommen werden.

159 Entscheidung der Kommission vom 8.12.1979 - Beschw.-Nr. 8022/77; Bericht der Kommission vom 18.3.1981, DR 25, S. 15 ff. (= EuGRZ 1983, S. 430 f.).

160 Das Ministerkomitee bestätigte diese Einschätzung in der Resolution DH (82) 1 vom 24.3.1982.

161 Vgl. Bericht der Kommission vom 4.5.1979 - Beschw.-Nr. 7464/76 (*X./Österreich*): Ohne auf das Problem des Eingriffs näher einzugehen, bestätigte hier die Kommission, dass das Anlegen eines Dossiers über eine Person und das Zurverfügungstellen der gesammelten Informationen im Rahmen eines Strafverfahrens aus Gründen der Gefahrenvorsorge nach Artikel 8 Abs. 2 EMRK gerechtfertigt ist.

bbb) X ./. Deutschland[162]

Diese Feststellung traf die Kommission dafür wenig später im Fall *X ./.* Deutschland. Ähnlich wie im Fall *McVeigh* wurden auch hier polizeiliche Ermittlungsakten über die Dauer des ursprünglichen Strafverfahrens hinaus aufbewahrt und in einem späteren Prozess wieder zur Verfügung gestellt. Die Kommission stimmte dem Beschwerdeführer dahingehend zu, dass durch die Aufbewahrung und spätere Verwendung der Ermittlungsakten ohne Zustimmung des Betroffenen das Recht auf Datenschutz gemäß Artikel 8 Abs. 1 EMRK berührt worden sei. Da der Beschwerdeführer jedoch im Laufe des zweiten Verfahrens Kenntnis von den betreffenden Vorgängen erhielt ohne aber dagegen vorzugehen, wurde dieser Teil der Beschwerde wegen Nichterschöpfung des Rechtsweges für unzulässig erklärt.

ccc) X ./. Vereinigtes Königreich (British Census Regulations 1980)[163]

Im Zusammenhang mit der Durchführung einer Volkszählung verpflichtete das britische Volkszählungsgesetz die Haushaltsvorstände, bestimmte Angaben über die in ihrem Haushalt lebenden Personen zu machen. Diese Angaben betrafen deren Namen, Geschlecht, Geburtsdatum und -ort, Personenstand, Beziehungen zum Haushaltsvorstand sowie ihre berufliche Tätigkeit. Der Beschwerdeführer rügte diese Verpflichtung als einen Verstoß gegen Artikel 8 EMRK. Zwar sah die Kommission in der Verpflichtung einen Eingriff in das Recht auf Achtung des Privatlebens der Betroffenen, hielt ihn jedoch im Hinblick auf den Zweck der Volkszählung und der gesetzlich vorgesehenen Maßnahmen zur Vertraulichkeit der gewonnen Informationen für gerechtfertigt[164]. So sollten die Erhebungsbögen vor ihrer Archivierung 100 Jahre lang unter Verschluss aufbewahrt werden und ausschließlich anonymisierte Angaben in den Volkszählungscomputer gelangen. Um zu verhindern, dass vertrauliche Angaben anderen Mitgliedern desselben Haushalts zur Kenntnis gelangten, konnte auf Wunsch die Abgabe der Informationen geheim durchgeführt werden.

Anders als das Bundesverfassungsgericht[165], das einen ähnlichen Sachverhalt zum Anlass nahm, aus Artikel 2 Abs. 1 i.V.m. Artikel 1 Abs. 1 GG ein Recht auf informationelle Selbstbestimmung als Teilgewährleistung des allgemeinen Persönlichkeitsrechtes zu entwickeln, beschränkte sich die Kommission auf die strikte Auslegung des Rechts auf Achtung des Privatlebens und unterließ es, einen neuen Rechtsbegriff zu schaffen. Trotzdem wurde in dieser Entscheidung

---

162 Entscheidung der Kommission vom 7.5.1981 - Beschw.-Nr. 8334/78, DR 24, S. 103.

163 Entscheidung der Kommission vom 6.10.1982, Beschw.-Nr. 9702/81, DR 30, S. 239 (=EuGRZ 1983, 410).

164 Entscheidungsgründe Rn. 1.

165 Urteil BVerfG *Volkszählungsgesetz*, a.a.O. (Fn. 9).

eine Anerkennung des Rechts auf informationelle Selbstbestimmung erkannt[166]. Eine solche Anerkennung ist jedoch allenfalls sinngemäß erfolgt. Dies wird durch eine spätere Entscheidung bestätigt, in der die Kommission zu einem schwedischen Volkszählungsgesetz Stellung nahm[167]. Auch dort blieb es bei der Feststellung, dass die obligatorische Abgabe von Personendaten und deren Verarbeitung im Rahmen der Volkszählung einen Eingriff in das Recht auf Achtung des Privatlebens darstellten.

ddd) Lundvall ./. Schweden [168]

In diesem Fall hatte die Kommission über die Beschwerde eines schwedischen Staatsbürgers zu entscheiden, der seine – zu Unrecht erfolgte – Nennung als säumiger Steuerschuldner in einem öffentlich zugänglichen Register als Verletzung seines Persönlichkeitsrechtes gerügt hatte. Nach Kenntnisnahme von den vermeintlichen Schulden befand eine Bank den Beschwerdeführer für nicht kreditwürdig und verweigerte ein Darlehen.

Nach Ansicht der Kommission stellte die Einstellung der Daten des Beschwerdeführers in das öffentlich zugängliche Steuerschuldnerregister einen Eingriff in das Recht auf Achtung des Privatlebens dar. Dieser sei jedoch gerechtfertigt, da öffentlicher Zugang zu amtlichen Dokumenten in Schweden eine lange Tradition habe. Ferner hätten in Schweden Rechtsmittel gegen Steuerbescheide keine aufschiebende Wirkung, so dass eine festgesetzte Steuerschuld zu begleichen sei, egal ob der Schuldner dagegen Einspruch erhoben hat oder nicht. Das Register treffe somit keine definitive Aussage über den tatsächlichen Bestand der Steuerschuld. Der dem Beschwerdeführer damit entstandene Ansehensverlust sei daher als geringfügig anzusehen. Schließlich sei dem Beschwerdeführer im Ergebnis auch finanziell kein großer Schaden entstanden.

Im Zusammenhang mit dem schwedischen Meldesystem prüfte die Kommission auch die Zulässigkeit der Verwendung von PIN-Nummern zum Zweck der Personenidentifizierung. Obwohl im konkreten Fall ein Eingriff in das Recht auf Achtung des Privatlebens im Ergebnis mangels individueller Betroffenheit verneint wurde, stellte sie fest, dass das mit persönlichen Kennziffern arbeitende automatisierte Meldesystem den Schutzbereich des Datenschutzes und damit des Artikels 8 EMRK berührt.

eee) Leander ./. Schweden [169]

Der Beschwerdeführer, ein schwedischer Staatsbürger, war als Museumstechniker in einem Marinemuseum zunächst auf Probe beschäftigt. Im Rahmen einer

---

166 *Unger*, a.a.O. (Fn. 12), S, 136.

167 Entscheidung der Kommission vom 29.6.1992 - Beschw.-Nr. 16892/90 (*Grafström/Schweden*).

168 Entscheidung der Kommission vom 11.12.1985, Beschw.-Nr. 10473/83, DR 45, S. 121.

169 Urteil EGMR vom 26.3.1987 - Beschw.-Nr. 9248/81, Serie A 1987, Nr. 116.

Sicherheitsüberprüfung, die gemäß einer Personalkontrollverordnung im Zusammenhang mit für die nationale Sicherheit wichtigen Tätigkeiten durchgeführt wurde, bekam die Museumsleitung Kenntnis vom Inhalt einer als geheim eingestuften Datensammlung, die Informationen über die politischen Betätigungen des Beschwerdeführers enthielten. Weil man ihn für ein Sicherheitsrisiko für bestimmte gefährdete Bereiche des Museums hielt, wurde das Arbeitsverhältnis des Beschwerdeführers nicht verlängert. Aus Sicherheitsgründen wurde ihm darüber hinaus die Einsicht in die Akte verweigert. Eine solche Einsichtnahme war in Ausnahmefällen gesetzlich vorgesehen, die Voraussetzungen dafür wurden im konkreten Fall aber verneint.

Der Vorgang wurde vom Gerichtshof unter das Recht auf Achtung des Privatlebens subsumiert[170]. Unbestritten wurden die in der geheimen Datenbank enthaltenen Informationen als dem Privatleben des Beschwerdeführers zugehörig qualifiziert[171]. Ebenso ließ der Gerichtshof keinen Zweifel daran, dass die Sammlung und der Gebrauch der Daten zusammen mit der Konsequenz des Verlustes der Arbeitsstelle sowie die Verweigerung einer Einsichtnahme einen Eingriff in dieses Recht darstellten[172]. Obwohl es sich um ein „echtes" Datenschutzurteil handelte, erwähnten Kommission und Gerichtshof weder die Europäische Datenschutzkonvention noch die OECD-Richtlinien. Der Schwerpunkt der Urteilsbegründung galt der Frage, ob der Eingriff nach Artikel 8 Abs. 2 EMRK gerechtfertigt war. Unproblematisch habe eine gesetzliche Grundlage bestanden. Zu jenen Regelungen habe jeder Bürger ungehinderten Zugang gehabt, so dass die damit verbundenen Rechtsfolgen nicht als unvorhersehbar zu bewerten seien. Im Rahmen der Verhältnismäßigkeit billigte der Gerichtshof dem Staat einen weiten Ermessenspielraum dahingehend zu, die Interessen der nationalen Sicherheit mit den Interessen des Betroffenen abzuwägen[173]. Die Regierung sei letztlich zutreffend davon ausgegangen, dass die in der Personalkontrollverordnung vorgesehenen Selbstkontrollmechanismen hinsichtlich der Personalüberprüfungen einen ausreichenden Schutz gewährten[174].

fff) Hewitt u. Harman ./. Vereinigtes Königreich [175]

Eine erste Beschwerde richtete sich allgemein gegen die Aufbewahrung von persönlichen Informationen in geheimen Registern. Dies sah die Kommission in Anlehnung an das *Leander*-Urteil als Verletzung in Bezug auf Artikel 8 EMRK

---

170 Vgl. hierzu auch das Urteil des EGMR vom 14.2.2006 – Beschw.-Nr. 57986/00 (*Turek/Slowakische Republik*), dem ein ähnlicher Sachverhalt zugrunde lag.

171 Urteilsgründe Rn. 48.

172 Urteilsgründe Rn. 48.

173 Urteilsgründe Rn. 59.

174 Urteilsgründe Rn. 66 f.

175 Entscheidung der Kommission vom 1.9.1993 - Beschw.-Nr. 20317/92.

an[176], insbesondere weil es keine gesetzliche Grundlage für das Sammeln von Daten gab. Während des Verfahrens vor dem Ministerkomitee erließ der britische Gesetzgeber jedoch ein Gesetz über den Geheimdienst, welches auch umfangreiche Verfahrens- und Schutzvorschriften enthielt. Das Verfahren galt damit als erledigt[177].

In einem zweiten Verfahren sahen die Beschwerdeführerinnen eine Verletzung ihrer Rechte nach Artikel 8 EMRK darin, dass Daten, die im Zuge der geheimdienstlichen Überwachung gesammelt worden waren, nach deren Beendigung weiter aufbewahrt und verwendet wurden. Die zweite Beschwerdeführerin trug in diesem Zusammenhang vor, dass sie nach ihrer Wahl in das Abgeordnetenhaus vor ihrer Teilnahme an Sitzungen bestimmter Parlamentsausschüsse zunächst einer Sicherheitsüberprüfung auf Grundlage der geheimdienstlichen Akten unterzogen worden wäre. Wie in den Fällen *Malone* und *Klass* bestand die Kommission nicht darauf, dass die Beschwerdeführer ihr Vorbringen bewiesen, da ein solcher Beweis von einem Betroffenen im Bereich der geheimdienstlichen Maßnahmen schwerlich erwartet werden kann. Stattdessen ließ sie eine „begründete Wahrscheinlichkeit" für die Annahme eines Eingriffs genügen.

Zur Klärung der Frage, ob der Eingriff gerechtfertigt war, unterzog die Kommission die gerügten Vorschriften des nunmehr bestehenden Geheimdienstgesetzes einer Prüfung nach den Maßstäben der Urteile *Klass* und *Leander*. Danach war das Geheimdienstgesetz so präzise formuliert, dass für den Bürger die Voraussetzungen sowie das Ausmaß der Überwachungsmaßnahmen erkennbar waren. Im Hinblick auf die im Geheimdienstgesetz vorgesehenen Maßnahmen zur Verhütung von Missbrauch stellte die Kommission fest, dass die Regelungen einen Kompromiss zwischen dem Schutz der demokratischen Gesellschaft und dem Schutz des Individuums darstellten. Wie schon in vorhergehenden Entscheidungen[178] wurden somit Regelungen, die geheimdienstliche Tätigkeiten betrafen, als „notwendig in einer demokratischen Gesellschaft" im Sinne des Artikels 8 Abs. 2 EMRK gewertet.

ggg) Gaskin ./. Vereinigtes Königreich [179]

Der Beschwerdeführer, eine Halbwaise, stand bis zum Erreichen der Volljährigkeit unter Vormundschaft des Jugendamts. Einen Großteil dieser Zeit verbrachte er in der Obhut verschiedener Pflegeeltern. Entsprechend einer gesetzlichen Bestimmung führte das Jugendamt Dossiers mit vertraulichen Informatio-

---

176 Bericht der Kommission vom 9.5.1989 - Beschw.-Nr. 12175/86.

177 Resolution des Ministerkomitees DH (90) 36 vom 13.12.1990.

178 Urteile EGMR in den Fällen *Klass* und *Malone*, a.a.O. (Fn. 120 und 133); Entscheidung der Kommission vom 2.4.1993 - Beschw.-Nr. 18601/91 (*Esbester/Vereinigtes Königreich*).

179 Urteil EGMR vom 7.7.1989 - Beschw.-Nr. 10454/83, Serie A Nr. 160.

nen über den Beschwerdeführer und seine Pflegschaft. Darin enthalten waren u.a. Gutachten von Psychologen und Erziehern sowie Aussagen des Jugendamtpersonals über die Entwicklung des Kindes. Nach Erreichen der Volljährigkeit begehrte der Beschwerdeführer Einsicht in die Aufzeichnungen, um angebliche Misshandlungen während der Zeit seiner Pflegschaft zu beweisen. Weil sie befürchteten, in Rechtsstreitigkeiten hineingezogen zu werden, verweigerten einige Verfasser der in den Akten enthaltenen Gutachten ihr Einverständnis. Auch wurde angenommen, dass eine Offenlegung die Unbefangenheit der Gutachter und damit die künftige Arbeit der Erzieher negativ beeinflussen könnte. Der Antrag wurde hinsichtlich der meisten Akten abgelehnt.

Kommission und Gerichtshof stellten übereinstimmend fest, dass die Frage des Zugangs zu derart persönlichen Informationen in den Schutzbereich des Artikels 8 Abs. 1 EMRK fällt[180]. Der Gerichtshof betonte jedoch ausdrücklich den Einzelfallcharakter dieser Bewertung[181]. Ein generelles Recht auf Zugang zu gesammelten persönlichen Daten sei mit diesem Urteil nicht anerkannt[182].

Obwohl es der Gerichtshof unterließ, grundsätzliche Ausführungen über das Zugangsrecht zu machen, ergänzte er die im Fall *Leander* entwickelten Prinzipien. Anders als bei *Leander*, dessen Akte eine Sammlung eigener Äußerungen und Aufzeichnungen über seine Tätigkeiten enthielt, wurden im Fall *Gaskin* nunmehr auch den Beschwerdeführer betreffende Äußerungen Dritter als Informationen anerkannt, auf dessen Kenntnis der Betroffene ein Recht hat. Er sollte demnach nicht nur erfahren können, was andere über ihn wissen, sondern auch, wie sie seine Persönlichkeit beurteilen. Diese Ausweitung des Schutzes von personenbezogenen Fakten zu personenbezogenen Werturteilen wurde mit den besonderen Umständen des Einzelfalles gerechtfertigt. So hätte der Beschwerdeführer ohne die Dossiers keine Möglichkeit gehabt, Informationen über die Ereignisse während seiner Kindheit zu erhalten[183].

Bemerkenswert ist ferner, dass der Gerichtshof den Eingriff nicht in der Weigerung der Behörde über den Zugang zu den Akten sah, sondern in der Untätigkeit des Staates, eine konkrete Verfahrensregelung für Fälle wie den vorliegenden

---

180 Urteilsgründe Rn. 37.

181 Vgl. den ähnlichen Ausnahmefall in Urteil EGMR vom 24.9.2002 - Beschw.-Nr. 39393/98 (*M.G./Vereinigtes Königreich*), Rn. 29 ff.

182 Der Gerichtshof hat inzwischen ein Recht auf Zugang zu vertraulichen medizinischen Informationen anerkannt, Urteil EGMR vom 19.10.2005 – Beschw.-Nr. 32555/96 (*Roche/Vereinigtes Königreich*). Der Gerichtshof kritisierte, dass der Zugang zu Testergebnissen für einen Teilnehmer an einem militärischen Kampfstoff-Testprogramm nicht im Einklang mit den Anforderungen des Artikels 8 EMRK ausgestaltet war.

183 Urteilsgründe Rn. 41.

zu schaffen[184]. Er betonte damit den Achtungsanspruch des Artikels 8 EMRK in der Lesart eines Rechtsetzungsauftrages.

Weiterhin fällt auf, dass es der Gerichtshof hier wie im Fall *Leander* unterließ, die Europäische Datenschutzkonvention heranzuziehen, obwohl aus der Konvention Auskunfts-, Berechtigungs- und Löschungsansprüche hätten hergeleitet werden können[185].

hhh) Church of Scientology Paris ./. Frankreich [186]

In diesem Fall bestätigte die Kommission die in den Fällen *Open Door and Dublin Well Woman*[187] getroffenen Feststellungen, wonach einer Personengesellschaft kein Auskunftsrecht bezüglich gesammelter Personendaten einzelner Mitglieder zusteht. Die Kommission führte aus, die Rechte nach Artikel 8 EMRK hätten in erster Linie einen individuellen Charakter. Daraus folgte, dass die Betroffenen, über die im Auftrag des französischen Kriminalamts Informationen gesammelt worden waren, zunächst selbst ihre Auskunftsrechte wahrnehmen müssten. Im vorliegenden Fall hatte die Scientology-Organisation sich an das französische Innenministerium gewandt, um Einsicht in die Dossiers ihrer Mitglieder zu erlangen. Ihre Beschwerde gegen die Ablehnung dieses Antrages beschied die Kommission mangels Betroffenheit der Organisation als solcher als unbegründet.

iii) Amann ./. Schweiz [188]

Mit seinem Urteil im Fall *Amann* machte der Gerichtshof in seiner Rechtsprechung einen bemerkenswerten Schritt. Der Beschwerdeführer führte im Rahmen seines Geschäftsbetriebes ein Telefongespräch mit einem Mitglied der Sowjetischen Botschaft in Bern. Im Auftrag der Staatsanwaltschaft wurde das Gespräch abgehört und sein Inhalt zwecks weiterer Ermittlungen an die zuständige Staatsschutzbehörde übermittelt. Nachdem die Ermittlungen nicht zu einem konkreten Tatvorwurf führten, wurde der Vorgang im staatsanwaltschaftlichen Register erfasst und archiviert. Nach Bekanntwerden dieses Archivs forderte der Beschwerdeführer Einsicht in seine Akte, was ihm teilweise gewährt wurde. In

---

184 Urteilsgründe Rn. 49; dagegen die abweichenden Meinungen der Richter *Ryssdal, Cremona, Gölcüklü, Matscher* und *Evans*, die die bestehende Rechtslage und das von den britischen Behörden gewählte Vorgehen für ausreichend erachteten. Vgl. aber das Urteil EGMR vom 13.2.2003 - Beschw.-Nr. 42326/98 (*Odièvre/Frankreich*), Rn. 49, in dem der Gerichtshof einen Auskunftsanspruch in einem ähnlich gelagerten Fall unter Hinweis auf die konkrete französische Rechtslage verneinte.

185 *Breitenmoser*, a.a.O. (Fn. 85), S. 239 ff; *Wildhaber*, in: IntKomm, Artikel 8 EMRK, Rn. 330.

186 Entscheidung der Kommission vom 9.1.1995 - Beschw.-Nr. 19509/92.

187 Urteil EGMR vom 29.10.1992 - Beschw.-Nr. 14234/88, Serie A Nr. 246-B, S. 61; Bericht der Kommission vom 7.3.1991, Rn. 64.

188 Urteil EGMR vom 16.2.2000 - Beschw.-Nr. 27798/95.

seiner Beschwerde rügte er sowohl die Abhörmaßnahmen als auch die darauffolgende Registrierung als Verstoß gegen Artikel 8 EMRK.

Zum ersten Teil der Beschwerde stellte der Gerichtshof fest, dass die Abhörmaßnahme aufgrund einer den Anforderungen des Artikels 8 Abs. 2 EMRK nicht genügenden Gesetzesgrundlage eine Verletzung der Konvention darstellte, da eine Regelung über die Verarbeitung von Daten nichtverdächtiger Gesprächsteilnehmer fehlte[189].

Im zweiten Teil der Klage stand das Gericht vor der Frage, ob der Schutz der Privatsphäre auch die geschäftlichen Aktivitäten des Betroffenen umfasst. Dies bejahte der Gerichtshof unter Hinweis auf die Urteile in den Fällen *Niemietz* und *Halford*[190]. Die weite Auslegung des Schutzbereiches des Artikels 8 EMRK rechtfertigte der Gerichtshof damit, dass sie mit Artikel 2 der Datenschutzkonvention des Europarates übereinstimme, in dem personenbezogene Daten definiert werden als „jede Information über eine bestimmte oder bestimmbare natürliche Person (Betroffener)“[191].

Überraschend hieran ist nach den vorgenannten Urteilen weniger das Ergebnis als mehr der Umstand, dass der Gerichtshof erstmals die Europäische Datenschutzkonvention in seine Erwägungen über datenschutzrechtliche Fragen mit einbezog.

jjj) Z. ./. Finnland[192]

Die Beschwerdeführerin war Ehefrau eines wegen mehrerer Sexualdelikte und versuchten Totschlags mittels HIV-Infektion angeklagten Mannes. Im Zuge seines Strafverfahrens wurde mehrfach die HIV-Infektion der Beschwerdeführerin zur Sprache gebracht. Der Arzt der Beschwerdeführerin wurde entgegen seinem ausdrücklichen Widerspruch angewiesen auszusagen, weiterhin wurden ihre Krankenakten beschlagnahmt. Die Verwertung der Beweismittel geschah zum Teil in öffentlicher Verhandlung, so dass schließlich auch die Presse, die an dem Fall regen Anteil nahm, darüber berichtete. Die Beschwerdeführerin sah darin eine unverhältnismäßige Beeinträchtigung ihres Rechts auf Privatleben.

Der Gerichtshof stellte fest, dass der Transparenzgrundsatz insbesondere bei Strafverfahren einen zulässigen Zweck im Sinne des Abs. 2 darstelle. Der Umfang der Beweisaufnahme und die Frage der Relevanz des untersuchten Be-

---

189 Urteilsgründe Rn. 57 ff.

190 Urteil EGMR vom 25.6.1997 - Beschw.-Nr. 20605/92, Urteilsgründe Rn. 65.

191 Urteilsgründe Rn. 65. Unter Hinweis auf die Datenschutzkonvention stellte der Gerichtshof in einem anderen Verfahren fest, dass es für die Eröffnung des Schutzbereiches keinen Unterschied macht, ob die gewonnen Informationen für das Strafverfahren relevant sind oder nicht, Urteil EGMR vom 25.9.2001 - Beschw.-Nr. 44787/98 (*P.G. und J.H./Vereinigtes Königreich*), Rn. 57.

192 Urteil EGMR vom 25.2.1997 - Beschw.-Nr. 2009/93 (*Z./Finnland*).

weismaterials seien ex ante richtig bestimmt worden[193]. Der Gesundheitszustand der Beschwerdeführerin sei als relevant eingeschätzt worden, da er auf eine Vorsatz- oder Fahrlässigkeitsschuld des Angeklagten habe hindeuten können.

Im Hinblick auf die Verhältnismäßigkeit der Maßnahmen hielt es der Gerichtshof unter Hinweis auf die Einschränkungsmöglichkeit nach Artikel 9 der Europäischen Datenschutzkonvention für entscheidend, wie das involvierte Interesse an Vertraulichkeit von Gesundheitsdaten einerseits und an der Öffentlichkeit von Gerichtsverhandlungen andererseits gewichtet worden sei[194]. Zum Schutz ihrer Privatsphäre hätte die Beschwerdeführerin bestehende Schutzmöglichkeiten nutzen können, wie z.B. die Beschlagnahme ihrer Krankenakten juristisch anzugreifen oder - wie teilweise geschehen – Zeugenvernehmungen in-camera durchführen zu lassen[195]. Als unverhältnismäßig kritisierte er aber die kurze Geheimhaltungsfrist der Gerichtsakten sowie den Umstand, dass die Beschwerdeführerin betreffende Einzelheiten an die Presse weitergegeben wurden[196].

kkk) Perry ./. Vereinigte Königreich [197]

Der Beschwerdeführer rügte die während seines Aufenthalts in einer polizeilichen Arrestzelle gemachten Videoaufnahmen von ihm als Beeinträchtigung seiner Privatsphäre. Unter anderem wurden die Aufnahmen Zeugen zur Identifizierung sowie in einem anschließenden Strafprozess als Beweismittel vorgeführt.

Der Gerichtshof stellte fest, dass die heimlich und für den Beschwerdeführer überraschend gemachten Aufnahmen wegen der Abgeschlossenheit der Arrestzelle einen Eingriff in die Privatsphäre darstellten und damit dem Sammeln und Aufbewahren von personenbezogenen Daten gleichwertig seien[198]. Die Polizei habe es aber unterlassen, den Beschwerdeführer von den Aufnahmen zu unterrichten, sich diese genehmigen zu lassen sowie sein Einverständnis hinsichtlich der weiteren Nutzung einzuholen[199]. Damit seien die Maßnahmen schon nach dem einschlägigen nationalen Recht nicht zulässig gewesen.

---

193 Urteilsgründe Rn. 77.

194 Urteilsgründe Rn. 97.

195 Urteilsgründe Rn. 101-110.; ausreichende Schutzmöglichkeiten sah der Gerichtshof bei der Übermittlung umfangreicher Krankendaten durch eine Klinik an eine Versicherung, die einen angeblichen Betriebsunfall zu untersuchen hatte, Urteil EGMR vom 27.8.1997 - Beschw.-Nr. 20837/92 (*M.S./Schweden*), Rn. 41-44.

196 Urteilsgründe Rn. 113; zu geringe Schutzmaßnahmen stellte der Gerichtshof auch im Urteil vom 17.7.2003 - Beschw.-Nr. 25337/94 (*Craxi/Italien*), Rn. 75 f., fest.

197 Urteil EGMR vom 17.7.2003 - Beschw.-Nr. 63737/00.

198 Urteilsgründe Rn. 40 f.; vgl. dazu die Beschwerde Nr. 15225/89 (*Friedl/Österreich*), der ebenfalls die polizeiliche Verwendung von Fotografien des Beschwerdeführers zugrunde lag. Der Fall endete mit einem Vergleich (Entscheidung EGMR vom 31.1.1995).

199 Urteilsgründe Rn. 47.

d) *Zusammenfassung der Rechtsprechung*

Die Rechtsprechung der Konventionsorgane zeigt, dass der Schutz personenbezogener Daten als Teilgewährleistung des Rechts auf Achtung des Privatlebens von Artikel 8 EMRK erfasst werden kann.

aa) Zum Schutzbereich

Kommission und Gerichtshof legen den Anwendungsbereich weit aus. Der Bürger wird in allen Situationen geschützt, aus denen sich persönliche Informationen ableiten lassen. Dazu zählen zunächst die speziell in Artikel 8 Abs. 1 EMRK erwähnten Tatbestände des Verweilens in der eigenen Wohnung sowie der Korrespondenz. Unter den Schutz des Artikels 8 EMRK fallen weiterhin Informationen des Betroffenen aus seinem privaten wie beruflichen Bereich. Im Wege der Rechtsfortbildung haben die Organe auch die in der Konvention nicht eigens erwähnte Telekommunikation zum Gegenstand des Artikels 8 EMRK gemacht.

Die Organe haben mehrfach betont, dass ein bestehendes öffentliches Interesse an einem dem Artikel 8 EMRK unterfallenden Sachverhalt dessen privaten Charakter nicht aufheben kann, etwa mit der Folge, dass der Schutz der Konvention versagt bliebe. Öffentliche Interessen sind vielmehr im Rahmen des Artikels 8 Abs. 2 EMRK heranzuziehen.

In einem jüngeren Urteil über die Zulässigkeit der Errichtung einer manuellen Datensammlung bezog sich der Gerichtshof auf den Datenbegriff der Europäischen Datenschutzkonvention[200]. Nach deren Artikel 2 gelten Daten dann als personenbezogen, wenn sie Informationen über eine bestimmte oder bestimmbare Person[201] beinhalten.

bb) Zu den Eingriffsvoraussetzungen

Qualitative Anforderungen entwickelte die Rechtsprechung der Konventionsorgane für die Rechtfertigung von Eingriffen:

So gelten für die gesetzliche Eingriffsermächtigung die Grundsätze der *Bestimmbarkeit* und *Zugänglichkeit.* Danach muss der Bürger Kenntnis davon nehmen können, ob und in welchem Umfang für seinen Fall das Risiko eines Eingriffs besteht. Je nach Rechtstradition lässt der Gerichtshof hier auch gewohnheitsrechtliche oder auf Rechtsfortbildung beruhende Eingriffsermächtigungen genügen, sofern sie den genannten Anforderungen genügen.

---

200 Dies verwundert insofern, als der Anwendungsbereich der EuDSK Datenverarbeitung grundsätzlich nur dann erfasst, wenn diese ganz oder teilweise mit Hilfe automatischer Verfahren durchgeführt wird. Allerdings will die Konvention hier nur einen Minimalstandard setzen und erlaubt es den Staaten, den Anwendungsbereich auch auf rein manuelle Vorgänge zu erweitern.

201 Dazu unten Kapitel B II. 4.) d) aa).

Die Rechtsgrundlage für Eingriffe muss weiterhin einer gerichtlichen Überprüfung zugänglich sein. Bloße Verwaltungsvorschriften genügen dem nicht, da sie als verwaltungsinterne Reglements keine rechtliche Außenwirkung besitzen.

Speziell zur Verarbeitung von Daten lässt sich in der Rechtsprechung von Kommission und Gerichtshof die Entwicklung folgender Grundsätze erkennen:

Zu einem bestimmten Zweck gesammelte Daten dürfen grundsätzlich nicht zu anderen Zwecken weiterverwendet werden. Das Prinzip der *Zweckbindung* erfordert zumindest eine Benachrichtigung des Betroffenen über die Weiterverwendung seiner Daten, je nach Sensibilität dieser Daten auch dessen Einwilligung.

Eine Pflicht zur *Benachrichtigung* des Betroffenen besteht grundsätzlich bei jeder Sammlung persönlicher Informationen, um die Möglichkeit einer gerichtlichen Überprüfung zu gewährleisten. Eine besondere Gefahr für die Privatsphäre besteht daher in der heimlichen Informationsbeschaffung. In diesen Fällen halten Kommission und Gerichtshof die Einrichtung unabhängiger Kontrollinstanzen für erforderlich, um willkürliche Eingriffe zu verhindern. Sobald es der Zweck des Eingriffes erlaubt, muss der Betroffene von den Maßnahmen unterrichtet werden.

Einen generellen Anspruch auf *Auskunft* über den Umfang der registrierten Daten bzw. auf *Zugang* zu Datensammlungen gewährt Artikel 8 EMRK in der Auslegung der Konventionsorgane nicht. Diese haben sich jedoch vorbehalten, über solche Ansprüche im jeweiligen Einzelfall zu entscheiden. Dabei wurde bereits ein Anspruch auf Einsicht in Akten mit persönlichen Informationen wie auch Zugang zu einem Dossier mit psychologischen Gutachten über die betroffene Person festgestellt.

Das Prinzip der *Datensicherheit* erfordert Maßnahmen zur Garantie der Vertraulichkeit. Danach sollen persönliche Daten nicht von Dritten eingesehen werden können. Der Gerichtshof hat aber zu erkennen gegeben, dass die Anwendung abhängig von nationalen Besonderheiten beim öffentlichen Zugang zu Registern kann.

Je nach Intensität des Eingriffs stellt der Grundsatz der *Verhältnismäßigkeit* hohe Anforderungen an die beteiligten öffentlichen Interessen. Dabei haben Kommission und Gerichtshof häufig Eingriffe zum Zweck der Terrorismus- und Verbrechensbekämpfung als zulässig angesehen. Dazu gehörte u.a. das Weiterverwenden von Daten, obwohl sich deren ursprünglicher Zweck – eine routinemäßige Identitätsüberprüfung – erledigt hatte.

cc) Bewertung der Rechsprechung

Es ist bemerkenswert, dass Kommission und Gerichtshof die vorgenannten Prinzipien allein aus Artikel 8 EMRK und den den einzelnen Sachverhalten zugrundeliegenden nationalen Datenschutzregelungen heraus entwickelt haben. Die Organe bewiesen damit ein hohes Feingefühl für die unterschiedlichen Belange des Datenschutzes. Gleichwohl ist Artikel 8 EMRK noch weit davon entfernt, ein Recht auf informationelle Selbstbestimmung zu gewährleisten[202]. Schon aufgrund der Behandlung des Themas Datenschutz im Wege von Einzelfallentscheidungen kann kein System aufeinander abgestimmter Detailnormen erwartet werden. Zudem vermag die Möglichkeit einer Individualbeschwerde keinen präventiven Schutz zu vermitteln[203]. Ferner bleiben bestimmte fachspezifische Zusammenhänge noch unbeleuchtet[204]. Die Funktion des Artikels 8 EMRK beschränkt sich außerdem bisher auf die Abwehr staatlicher Eingriffe[205]. Die dargestellten Fälle zeigen aber, dass die Organe in Artikel 8 EMRK vereinzelt einen Gesetzgebungsauftrag erkennen, wenn das Fehlen von Betroffenenrechten (etwa Ansprüche auf Löschung, Korrektur oder Benachrichtigung) einen Eingriff als unverhältnismäßig erscheinen lässt[206].

Der datenschutzspezifischen Auslegung des Artikels 8 EMRK widerspricht auch nicht, dass verschiedentlich erwogen wurde, einen eigenen Datenschutztatbestand in die Konvention einzufügen[207]. Wie *Breitenmoser* feststellt, ist aus derartigen Bestrebungen nicht abzuleiten, dass der Datenschutz durch die Konvention in ihrer jetzigen Form nicht gewährleistet wird. Eine Verankerung zusätzlicher detaillierter Datenschutzregelungen in der Konvention würde den bestehenden Schutzbereich des Artikels 8 EMRK lediglich konkretisieren[208]. Das Fehlen detaillierterer Datenschutzregelungen in der Konvention führt nicht

---

202 so auch *Ellger*, a.a.O. (Fn. 21), S. 138.

203 *Ellger*, a.a.O. (Fn. 21), S. 141.

204 Etwa die Frage, ob ein Auskunftsanspruch ohne Benachrichtigungspflicht unvollkommen wäre, vgl. *Breitenmoser*, a.a.O. (Fn. 85), S. 247.

205 Kritisch dazu *Evans*, European Data Protection Law, in: AJCL, Vol 29 (1981), S. 571 (572); *Wildhaber*, in: IntKomm, Artikel 8 EMRK, Rn. 336, der eine zusätzliche Beschränkung auf Sachverhalte mit besonderem familiären Bezug erkennen will. Dies ist m.E. nicht so, vgl. Ausführungen zum Schutzbereich Kapitel B I. 3.) a) aa) aaa).

206 Vgl. Kapitel B I. 3.) a) aa) aaa); a.A. offenbar *Wildhaber*, in: IntKomm, Artikel 8 EMRK, Rn. 337.

207 Zu diesen Bestrebungen vgl. Empfehlung (80) 13 des Ministerkomitees an die Mitgliedstaaten vom 18. September 1980; Entschließung (74) 29 des Ministerkomitees über den Schutz der Privatsphäre natürlicher Personen gegenüber elektronischen Datenbanken öffentlichen Charakters vom 20 September 1974; Entschließung (73) 22 des Ministerkomitees über Schutz der Privatsphäre natürlicher Personen gegenüber elektronischen Datenbanken im privaten Bereich vom 26. September 1973; Empfehlung 890 (1980) über den Schutz persönlicher Daten vom 1. Februar 1980; Entschließung des Europäischen Parlaments v. 9. März 1982, EuGRZ 1982, 140; 17 Grundsätze zum Datenschutz, Entschließung und Empfehlung des Europäischen Parlaments vom 8. Mai 1979, EuGRZ 1979, 446.

208 *Breitenmoser*, a.a.O. (Fn. 85), S. 245; *Mähring*, a.a.O. (Fn. 94), S. 373.

zwingend zu einem geringeren Schutzniveau bei Informationseingriffen[209]. Die unbestimmten Rechtsbegriffe in Artikel 8 EMRK zwingen die Rechtsprechung dazu, in jedem Einzelfall eine individuelle Abwägung vorzunehmen. Wie dargestellt hat sich daraus ein nach den Umständen des Einzelfalles typisiertes Fallrecht herausgebildet. Der Gerichtshof hat gezeigt, dass er den Spielraum, den ihm die Formulierungen des Artikels 8 EMRK bieten, für die Berücksichtigung der besonderen Rechtslage im beklagten Staat nutzt. Damit wird er der Tatsache gerecht, dass in den 46 Mitgliedstaaten der EMRK immer noch gravierende Unterschiede bei der Gewährleistung des Datenschutzes bestehen[210].

Auffällig ist, dass Kommission und Gerichtshof nur selten von der Möglichkeit Gebrauch machten, internationale Datenschutzregelungen in ihre Erwägungen mit einzubeziehen. Dabei ist den Organen die Methode der rechtsvergleichenden Auslegung nicht fremd. So gaben im Fall *Marckx*[211] das Brüsseler Übereinkommen über die Feststellung der mütterlichen Abstammung unehelicher Kinder[212] und das Europäische Übereinkommen über die Rechtstellung der außerhalb der Ehe geborenen Kinder[213] den entscheidenden Impuls, eine in Belgien praktizierte Ungleichbehandlung von ehelichen und nichtehelichen Kindern als konventionswidrig zu bewerten. Hinter dieser Zurückhaltung könnte die Absicht von Kommission und Gerichtshof stehen, sich ausschließlich im Rahmen der Konvention zu bewegen und deren Formulierungen nicht durch außertextliche Bezüge zu verwischen. Dafür spricht jedenfalls, dass die Konvention im Gegensatz zu den genannten Datenschutzinstrumenten dem Einzelnen in Form des Individualbeschwerderechts den größeren Schutz bietet. Dagegen schützt die Datenschutzkonvention die Privatsphäre der Bürger vor Missbrauch persönlicher Daten lediglich indirekt, indem sie die nationalen Gesetzgeber zur Umsetzung verpflichtet[214]. Für eine rechtsvergleichende Betrachtung stand den Konventionsorganen auch kein einschlägiges Gemeinschaftsrecht zur Verfügung, da das Schicksal der EG-Datenschutzrichtlinie lange Zeit nicht absehbar war. Ein Heranziehen dieser Bestimmungen bei der Auslegung der EMRK wäre außerdem aufgrund der unterschiedlichen räumlichen Anwendungsbereiche dieser Instrumente ohnehin problematisch, da die Straßburger Instanzen nur für

---

209 so ansatzweise *Evers*, a.a.O. (Fn. 82), S. 290.

210 Vgl. *Damann/Simitis*, Dokumentation zum BDSG, Bd. 2; Übersicht zur Frage 1 a), erstellt von der Konferenz der Datenschutzbeauftragten des Bundes und der Länder, in: Stellungnahme zur Anhörung der Europaausschüsse des Bundestages und des Bundesrates „Charta der Grundrechte der Europäischen Union“ am 5. April 2000.

211 Urteil EGMR vom 13.6.1979 - Beschw.-Nr. 6833/74 (*Marckx/Belgien*), Serie A/31, Rn. 41 (= EuGRZ 1979, S. 454 (457)); näheres zur Auslegungsmethode des Gerichtshofs in diesem Fall bei *Wildhaber/Breitenmoser*, in: IntKomm, Artikel 8 EMRK, Rn. 24.

212 Übereinkommen vom 12.9.1962, BGBl. 1965 II S. 17, 23.

213 Übereinkommen vom 15.10.1975, European Treaty Series 85.

214 *Breitenmoser*, a.a.O. (Fn. 85), S. 244.

den Geltungsbereich der Konvention zuständig sind, der mit den Rechtsräumen der Europäischen Gemeinschaften bzw. der OECD nur teilweise übereinstimmt. Selbst die Datenschutzkonvention als ein Instrument des Europarates ist zum gegenwärtigen Zeitpunkt von fünf der 46 EMRK-Mitgliedstaaten noch nicht gezeichnet und von vier weiteren Staaten noch nicht ratifiziert worden.

Problematisch könnte ferner die unterschiedliche Orientierung der EMRK und der genannten Datenschutzinstrumente sein. Während die Menschenrechtskonvention einen grundrechtsschützenden Auftrag hat, verfolgen die genannten Datenschutzinstrumente gleichzeitig einen wirtschaftsfördernden Zweck. Danach soll durch Festlegung von Mindeststandards im Bereich grenzüberschreitender Datenflüsse sichergestellt werden, dass ein Informationsaustausch europaweit ungehindert im Rahmen angeglichener Regelungen vollzogen werden kann. Ein Heranziehen dieser Regelungen könnte unter Umständen mit dem Zweck der EMRK dort kollidieren, wo ein Interessengegensatz zugunsten wirtschaftlicher Aspekte gelöst wird.

Es deutet sich allerdings eine Orientierung der Rechtsprechung des EGMR in Richtung der Datenschutzkonvention an. So verweist er in jüngerer Zeit auch verstärkt auf Vorschriften aus der Datenschutzkonvention, um die selbst entwickelten Grundsätze zu untermauern[215]. In einem weiteren Urteil zog der Gerichtshof den Betroffenenbegriff des Artikels 2 a) EuDSK heran und löste mit ihm die Frage, wann der personelle Schutzbereich des Artikels 8 EMRK eröffnet sei. Problematisch ist dies insofern, als die Datenschutzkonvention grundsätzlich nur für automatische oder teilweise automatische Verarbeitungsvorgänge anwendbar sein soll. In jenem Fall war jedoch eine Aktensammlung, also eine manuelle Datensammlung betroffen[216]. Dies zeigt, auf welch dünnem Eis sich der Gerichtshof stets bewegt, wenn er auf externe Regelungen zurückgreift. Zu wünschen wäre eine Entwicklung, nach der das Fehlen von Betroffenenrechten wie Auskunfts-, Berichtigungs- und Löschungsmöglichkeit künftig als Verletzung der positiven Schutzverpflichtung bewertet wird[217].

Zusammenfassend ist festzuhalten, dass der durch Artikel 8 Abs. 1 EMRK gewährleistete Schutz der Privatsphäre die Befugnis des einzelnen umfasst, grundsätzlich selbst über Verwendung und Preisgabe seiner Daten zu bestimmen[218]. Von dieser Befugnis kann er aber lediglich gegenüber Maßnahmen des

---

215 Vgl. Urteil EGMR (*Z./Finnland*), a.a.O. (Fn. 192), Rn. 95.

216 Allerdings gewährt Artikel 3 Abs. 2 lit. c) DSK den Staaten die Möglichkeit, den Anwendungsbereich auch auf manuelle Datenverarbeitungsvorgänge auszudehnen, dazu unten Kapitel B II. 4.) d) aa).

217 *Wildhaber*, in: IntKomm, Artikel 8 EMRK, Rn. 337.

218 *Breitenmoser*, a.a.O. (Fn. 85), S. 246 insbesondere Fußnote 577; *Mähring*, a.a.O. (Fn. 94), S. 373; *Müller*, Grundrechte in der Demokratie, in: EuGRZ 1983, S. 337 (342).

Staates Gebrauch machen, wobei dieser sich im Einzelfall auf umfangreiche Rechtfertigungsmöglichkeiten berufen kann.

II. Datenschutz in spezifischen internationalen Datenschutzinstrumenten

Auf internationaler Ebene existieren auch speziell dem Datenschutz gewidmete Instrumente. Hierzu zählen die Datenschutzrichtlinien der Vereinten Nationen, die OECD-Leitlinien zum Datenschutz sowie die Europäische Datenschutzkonvention des Europarates, die im Folgenden näher dargestellt werden.

1.) Die Richtlinien der Vereinten Nationen betreffend personenbezogene Daten in automatisierten Dateien[219]

Die Richtlinien der Vereinten Nationen sind die räumlich umfassendsten Regelungen zum Datenschutz. Als eine Resolution der Generalversammlung nach Artikel 10 der VN-Charta haben die Bestimmungen den Charakter von Empfehlungen.

Ausgehend von einem Beschluss der Menschenrechtskonferenz in Teheran 1968[220] begannen die Vereinten Nationen, sich mit dem Thema Datenschutz zu befassen. Nach zwei Studien des Generalsekretärs[221] im Auftrag der Generalversammlung und der Menschenrechtskommission[222], wurde die Menschenrechtskommission mit der weiteren Ausarbeitung beauftragt[223]. Prägend für die späteren Datenschutzrichtlinien wurden schließlich die Studien des Sonderberichterstatters *Louis Joinet*, der seine Ergebnisse in den Jahren 1983 und 1988 vorlegte[224]. Ihm gelang es, die Interessen der Mitgliedsaaten zusammenzufassen und schließlich einen Vorschlag für die Richtlinien zu erarbeiten, der im Wesentlichen übernommen wurde.

---

219 Guidelines on the Use of Computerized Personal Data Flow, Resolution der Generalversammlung 44/132, am 14. Dezember 1990 beschlossen, VN-Dokument E/CN.4/Sub.2/1988/22.

220 Final Act of the International Conference on Human Rights, VN-Dokument A/Conf. 32/41, 12.

221 Commission on Human Rights, Human Rights and Scientific and Technological Developments, Report of the Secretary General, VN-Dokument E/CN.4/1028, Add. 1-6; UN Economic and Social Council, Report of the Secretary General, vom 31.1.1974, VN-Dokument E/CN. 4/1192.

222 Resolution der Generalversammlung, angenommen am 24.9.-21.12.1968, VN-Dokument A/72/8, und Resolution der Kommission, angenommen am 22.2.- 26.3.1971, VN-Dokument E/4949, E/CN. 4/1068.

223 Resolution der Generalversammlung 3026 (XXVII) B.

224 Study of the relevant Guidelines in the field of Computerized Personnel files, E/CN.4/Sub.2/1983/18 vom 30.6.1983, sowie Schlussbericht E/CN.4/Sub.2/1988/22 vom 21.7.1988.

a) Anwendungsbereich

Der Geltungsbereich ist weit gefasst. Sofern sich ihnen ein Staat freiwillig unterwirft und vorbehaltlich spezifischer Anpassungen, erfassen die Richtlinien alle automatisierten und manuellen Dateien von öffentlichen sowie privaten[225] Stellen. Auf diese Weise sollen auch juristische Personen in den Schutzbereich einbezogen werden, insbesondere dann, wenn die diesbezüglichen Dateien auch Angaben über natürliche Personen enthalten.[226]

b) Datenschutzgrundsätze

Die Richtlinien enthalten einen Katalog rudimentär ausgestalteter Verarbeitungsgrundsätze. Die Einleitung und die Überschrift des Teils A machen deutlich, dass es sich dabei nur um einen als Mindeststandard gekennzeichneten Handlungsimpuls an die Staaten handelt, entsprechende eigene Bestimmungen zu erlassen.

Im Einzelnen verbieten die Regelungen das Erheben oder Verarbeiten personenbezogene Informationen unter Verstoß gegen Treu und Glauben oder auf rechtswidrige Weise. Die Richtlinien setzen damit bereits beim Sammeln von Daten an und nicht erst bei ihrer weiteren Verarbeitung. Der Verwendungszweck soll den Grundsätzen der Charta der Vereinten Nationen nicht widersprechen.[227] Des weiteren haben die für die Verarbeitung Verantwortlichen auf die Richtigkeit der Daten zu achten und diese regelmäßig zu überprüfen.[228] Ziffer 3 ordnet die Rechtmäßigkeit und Bestimmtheit des Verwendungszwecks sowie die grundsätzliche Transparenz von Dateien an, um den Betroffenen eine Kenntnisnahme zu ermöglichen. Diese soll sicherstellen, dass Umfang und Art der Daten nicht außer Verhältnis zum Verwendungszweck stehen. Eine zweckfremde Verwendung soll vorbehaltlich der Zustimmung des Betroffenen unzulässig sein. Die Speicherungsdauer soll ebenfalls vom Verwendungszweck abhängen.

Ferner ist die Möglichkeit des Betroffenen zur Einsichtnahme vorgesehen. Die Formulierung deutet auf einen Auskunftsanspruch hin, so dass der Betroffene initiativ werden muss[229]. Ihm soll weiterhin die Möglichkeit der Berichtigung und der Löschung sowie, im Falle einer Weitergabe der Daten, der Nennung des Empfängers eingeräumt werden.

Einen Schutz sensibler Daten sieht Ziffer 5 vor, indem auf die Erfassung solcher Daten, die die Gefahr einer diskriminierenden Behandlung des Betroffenen ber-

---

225 Der Entwurf hat sich demgegenüber nur auf die Verarbeitung durch öffentliche Stellen erstreckt, kritisch dazu *Ellger*, a.a.O. (Fn. 21), S. 565.

226 Guidelines, Teil B 10.

227 Guidelines, Teil B 1.

228 Guidelines, Teil B 2.

229 Guidelines, Teil B 4; so auch *Ellger*, a.a.O. (Fn. 21), S. 569.

gen, grundsätzlich verzichtet werden soll. Genannt werden u.a. Angaben über die rassische oder ethnische Herkunft[230], das Sexualleben sowie die politische Anschauung und die Mitgliedschaft in Vereinigungen.

Schließlich werden die Staaten aufgefordert, geeignete Sicherheitsmaßnahmen zu ergreifen, um Daten vor physischer Beeinträchtigung sowie vor Missbrauch zu schützen.[231]

Zur Überwachung der Grundsätze sollen die Staaten unparteiliche, unabhängige und fachlich kompetente Stellen einrichten[232]. Für den Fall der Verletzung der Grundsätze sind angemessene Sanktionen bis hin zu strafrechtlichen Maßnahmen zu erlassen.[233]

c) Ausnahmen

Von den ersten vier genannten Grundsätzen darf abgewichen werden, sofern dies zum Schutz der nationalen Sicherheit, der öffentlichen Ordnung, der öffentlichen Gesundheit oder Moral wie auch der Rechte und Freiheiten anderer, insbesondere verfolgter Personen erforderlich ist. Abweichungen müssen nach dem nationalen Recht vorgesehen und hinreichend bestimmt sein sowie angemessenen Schutz gewährleisten.[234] Der Ausnahmekatalog ist allerdings derart weit gefasst, dass ein gleichwertiges Schutzniveau in den Mitgliedstaaten schwer vorstellbar erscheint[235]. Einen größeren Schutz vor Abweichungen genießen die Regelungen über sensible Daten. Von ihnen darf nur abgewichen werden, wenn dies im Einklang mit internationalen Rechtsinstrumenten zum Schutz der Menschenrechte und zur Verhütung von Diskriminierungen steht. Die Bedeutung dieser Formel erschließt sich nicht auf den ersten Blick. Tatsächlich bezieht sie sich auch auf die Tätigkeit der Menschenrechtskommission und deren Arbeit mit Flüchtlingsdaten, die ohne entsprechende Ausnahmeregelung enorm erschwert worden wäre[236].

d) Grenzüberschreitender Datenverkehr

Ziffer 9 stellt klar, dass der Datenverkehr zwischen Staaten mit vergleichbarem Schutzniveau ungehindert stattfinden soll. Fehlt es im Empfängerstaat daran,

---

230 Zu den Problemen, die die Menschenrechtskommission hinsichtlich ihrer humanitären Tätigkeiten in dieser Regelung sah, vgl. *Unger*, a.a.O. (Fn. 12), S. 81.

231 Guidelines, Teil B 7.

232 Mit dieser Regelung wurden die Erfahrungen aufgegriffen, die die europäischen Gesetzgeber mit der Einrichtung von Datenschutzkontrollorganen gemacht haben, *Ellger*, a.a.O. (Fn. 21), S. 570.

233 Guidelines, Teil B 8.

234 Guidelines, Teil B 6.

235 *Wuermeling*, Handelshemmnis Datenschutz, S. 13.

236 *Simitis*, in: Simitis/Dammann u.a., BDSG § 1, Rn. 150; zur Stellungnahme des UNHCHR zum Richtlinienentwurf vgl. *Unger*, a.a.O. (Fn. 12), S. 82.

dürfen Datenflüsse soweit eingeschränkt werden, wie es der Schutz der Privatsphäre erfordert. Einem allzu großen Rechtsschutzgefälle kann somit durch eine Billigkeitserwägung Rechnung getragen werden[237].

e) Datenverarbeitung in internationalen staatlichen Organisationen

Die Geltung der Richtlinie wird auch für internationale staatliche Organisationen vorgeschlagen. Dabei sollen spezifische Regelungen gefunden werden für die Behandlung von internen Daten - etwa für eigenes Personal - einerseits und den Daten externer Personen, mit der die Organisation in Kontakt steht, andererseits.[238] Interne Stellen sollten die Einhaltung der Grundsätze überwachen. Eine spezielle Ausnahmemöglichkeit sollte für Daten gelten, die dem Individualrechtsschutz oder der humanitären Hilfe dienen[239].

f) Bewertung

Es fällt auf, dass der Text von Generalklauseln und abstrakten Begriffen geprägt ist. Trotz des auf den ersten Blick weiten Anwendungsbereichs drohen die Regelungen dadurch zu verwässern. Die offenen Formulierungen resultieren aus dem Versuch, die enormen Unterschiede in den technischen Gegebenheiten[240] und rechtlichen Vorstellungen der zahlreichen Mitgliedstaaten[241] zu überbrücken[242]. Kritikwürdig ist ferner die Regelung des grenzüberschreitenden Datenverkehrs. Maßstab ist hier lediglich ein *vergleichbarer*[243] *Schutz* im Empfängerstaat, nicht aber ein gleichwertiges Niveau, wodurch im Ergebnis keine allzu hohen Anforderungen an die Rechtslage des Empfängerstaates bestehen. Gelungen ist dagegen die Formulierung, nach der Beschränkungen nur aufgrund des Schutzes des Persönlichkeitsrechts erfolgen dürfen. Dadurch wird einem Missbrauch der Schutzvorschriften im Sinne eines nicht-tarifären Handelshemmnisses vorgebeugt.

Die Regelung der Datenschutzgrundsätze erscheinen durchaus ambitioniert, bemerkenswert ist vor allem die Einrichtung von Kontrollstellen. Allerdings verkörpern die Richtlinien zu sehr ihr grundsätzliches Anliegen, die Lücke zwischen Entwicklungs- und Industrieländern hinsichtlich des Schutzes des Persönlichkeitsrechts zu füllen[244]. Da die Richtlinien als nicht verbindliche Empfeh-

---

237 *Bothe/Kilian*, Rechtsfragen grenzüberschreitender Datenflüsse, S. 553.

238 Guidelines, Teil C.

239 Bei dieser Bestimmung dürften sich die Vereinten Nationen selbst im Blick gehabt haben; zu der vielfältigen Nutzung von Daten durch die VN *Unger*, a.a.O. (Fn. 12), S. 68 f.

240 *Meister*, Entwicklungen im europäischen Datenrecht, in: RIW, 1982, S. 481 (484).

241 Bei Verabschiedung der Richtlinien gehörten 158 Staaten den Vereinten Nationen an. Diese Zahl ist nunmehr auf 191 angestiegen.

242 *Ellger*, a.a.O. (Fn. 21), S. 565 f.

243 In der englischen Originalfassung "*comparable*".

244 *Meister*, a.a.O. (Fn. 240), S. 484.

lung konzipiert worden ist, fehlt es letztlich auch an einer Vollzugskontrolle, so dass nicht nachvollzogen werden kann, inwieweit die einzelnen Grundsätze tatsächlich befolgt werden. Als Vorbild eignen sich die Richtlinien der Vereinten Nationen damit ebenso wenig wie als Maßstab für einen internationalen Datenschutzstandard.

2.) Die Leitlinien der OECD für den Schutz des Persönlichkeitsrechts und den grenzüberschreitenden Verkehr personenbezogener Daten[245]

Die Leitlinien der OECD sind ihrer Natur nach eine Empfehlung des Rates gemäß Artikel 5 lit. b) der OECD-Konvention[246]. Als solche verfügen sie zwar nicht über die Verbindlichkeit eines internationalen Übereinkommens, stellen aber immerhin einen Handlungsanreiz an die Mitgliedstaaten dar. Wie die Vereinten Nationen begann sich die OECD Ende der 60er Jahre mit dem Thema des Datenschutzes im grenzüberschreitenden Datenverkehr zu befassen. Die Vorarbeiten standen unter der Prämisse, völkerrechtlich unverbindliche Datenschutzleitlinien zu entwickeln, die eine spätere verbindliche Konvention nicht behindern sollten[247]. Aus diesem Grund kennzeichnet Teil 1, Ziffer 6 der Leitlinien diese auch ausdrücklich als Mindestnormen.

Die Richtlinien werden mittlerweile flankiert durch weitere Instrumente der O-ECD: Mit der Erklärung zum grenzüberschreitenden Datenverkehr[248] bekundeten die Regierungen ihre Absicht, den internationalen Datenaustausch sowie die Transparenz von Datenschutzregelungen zu fördern und Hindernisse abzubauen. Im Rahmen eines Workshops zum Schutz der Privatsphäre in der globalen vernetzten Gesellschaft[249] stellte die Arbeitsgruppe für Informationssicherheit und Privatsphäre fest, dass das allgemeine Bewusstsein hinsichtlich der Bedeutung des Persönlichkeitsschutzes und der technischen Möglichkeiten computergestützter Datenverarbeitung noch nicht weit genug entwickelt sei. In einer weiteren Erklärung bekräftigten die Regierungen ihre Bereitschaft, den Schutz der Privatsphäre auf globalen Netzen zu implementieren und schlugen u.a. vor, Datenschutz-Regularien, sog. *privacy policies*, zu entwickeln. Parallel dazu wur-

---

245 Guidelines governing the Protection of Privacy and Transborder Flow of Personal Data, Anlage zur Empfehlung des Rates vom 23.9.1980, OECD-Dokument C (80) 58 (Final). In der Bundesrepublik Deutschland bekannt gemacht am 5.11.1981, Bundesanzeiger Nr. 215/81.

246 Übereinkommen vom 14.12.1960 über die Organisation für wirtschaftliche Zusammenarbeit und Entwicklung (OECD), in deutscher Fassung abgedruckt in BGBl. 1961 II S. 1150.

247 Vgl. *Ellger*, a.a.O. (Fn. 21), S. 514.

248 Declaration on transborder Data Flows, von den Mitgliedstaaten angenommen am 11.4.1985.

249 Workshop on Privacy Protection in a global networked Society, veranstaltet von der Direktion für Wissenschaft, Technologie und Industrie in Paris vom 16.-17.2.1998, OECD-Dokument Nr. DSTI/ICCP/Reg(98)5/FINAL.

den von der Arbeitsgruppe für Informationssicherheit und Privatsphäre Vorschläge dazu entwickelt, wie der Schutz personenbezogener Daten mit Hilfe von privatrechtlichen Verträgen gewährleistet werden könnte[250]. Mit den Richtlinien für die Sicherheit von Informationssystemen und Netzen[251] reagierte der Rat auf das abnehmende öffentliche Bewusstsein für die Risiken, die mit der zunehmenden Nutzung elektronischer Medien verbunden sind.

a) Anwendungsbereich

Mit den Leitlinien werden alle personenbezogenen Daten natürlicher Personen erfasst, sofern diese Daten in einer Weise verarbeitet werden, die eine Gefahr für den Persönlichkeitsbereich und die Grundfreiheiten bedeutet. Die Definition rückt ab von den bekannten Begriffen der automatischen oder manuellen Verarbeitung, indem sie allein die Gefährlichkeit der konkreten Verarbeitung in den Vordergrund stellt[252]. Allerdings steht es den Mitgliedstaaten offen, die Leitlinien ausschließlich auf automatisierte Daten anzuwenden[253] (Teil 1, Ziffer 3 lit. c) der Leitlinien). Sie gelten aber unterschiedslos im öffentlichen und im privaten Bereich. Schließlich wurde klargestellt, dass auch andere als die vorgeschlagenen Schutzmaßnahmen zulässig sind, sofern die besondere Art der Daten dies erfordert. Es steht damit den Mitgliedstaaten anheim, etwa sensiblen Daten unter einen besonderen Schutz zu stellen[254].

b) Datenschutzgrundsätze

Teil 2 der Leitlinien enthält acht als Grundsätze betitelte Datenverarbeitungsvorschriften, an denen sich die später erlassenen Grundsätze der Vereinten Nationen orientiert haben:

- Mit dem Grundsatz der Beschränkung der Datenbeschaffung soll eine sparsame Sammlung von Daten unter Berücksichtigung der Grundsätze der Rechtmäßigkeit und von Treu und Glauben sowie gegebenenfalls im Einverständnis mit dem Betroffenen gewährleistet werden.

---

250 Transborder Data Flow Contracts in the wider Framework of Mechanisms for Privacy Protection on Global Networks, Arbeitsgruppe der Direktion für Wissenschaft, Technologie und Industrie, OECD-Dokument Nr. DSTI/ICCP/Reg(99)15/FINAL; vgl. auch die spezifischen Vorschläge der Arbeitsgruppe für den Bereich der Gesundheitsdaten, Data Protection in Transborder Flows of Health Research Data, OECD-Dokument Nr. DSTI/STP/BIO(99)3/FINAL.

251 OECD Guidelines for the Security of Information Systems and Networks: Towards a Culture of Security, Empfehlung des Rates vom 25.7.2002, ersetzen die Sicherheitsrichtlinien von 1992; vgl. auch die Empfehlung des Rates R(67)92/FINAL vom 27.3.1997, Recommendation of the Council Concerning Guidelines for Cryptography Policy.

252 Erläuternder Bericht zu den Leitlinien, Ziffer 43.

253 Erläuternder Bericht, ebd.

254 *Ellger*, a.a.O. (Fn. 21), S. 517.

- Nach dem Grundsatz der Datenqualität sollen Daten in Bezug auf ihren Verwendungszweck erheblich sowie richtig und möglichst auf dem neuesten Stand sein.

- Daten werden unter Angabe des Verwendungszwecks erhoben und dürfen nicht zu einem mit diesem unvereinbaren Zweck weiterverwendet werden.

- Die Verwendung der Daten ist auf den ursprünglichen oder zulässigerweise geänderten Zweck beschränkt, sofern nicht der Betroffene einer anderweitigen Verwendung zugestimmt hat oder diese aufgrund gesetzlicher Ermächtigung erlaubt ist.

- Personenbezogene Daten sind gegen physische Beeinträchtigung und Missbrauch zu sichern.

- Die Umstände der Verarbeitung unterliegen dem Gebot größtmöglicher Transparenz. Das Vorhandensein von Daten, ihre Art, ihre Verwendungszwecke sowie die Person des Verantwortlichen sollen jederzeit festgestellt werden können.

- Der Betroffene hat ein Auskunftsrecht, ob und welche Daten über ihn Gegenstand einer Verarbeitung sind. Gegen die Ablehnung eines Auskunftsersuchens soll ihm eine effektive Anfechtungsmöglichkeit zur Verfügung stehen.

- Der Verantwortliche für die Datenverarbeitung soll im Falle der Nichtachtung dieser Grundsätze rechtlich vorgesehenen Sanktionen unterliegen.

c) Ausnahmen

Nach Teil 1, Ziffer 4 der Leitlinien sind Abweichungen von den Grundsätzen zulässig, sofern sie zahlenmäßig möglichst gering und öffentlich bekannt sind. Damit werden weder besondere Ausnahmegründe[255] vorgegeben, noch bestehen Anforderungen an eine bestimmte Art der gesetzlichen Umsetzung[256]. Allerdings kann Ziffer 4 in Verbindung mit Ziffer 19 der Leitlinien so ausgelegt werden, dass auch hinsichtlich der Einschränkbarkeit angemessene innerstaatliche Rechtsvorschriften einzuführen sind. Im Unterschied zu den VN-Richtlinien wird auf die Errichtung einer Kontrollstelle verzichtet[257].

---

[255] Die Gründe der nationalen Souveränität, der nationalen Sicherheit und der öffentlichen Ordnung werden zwar hervorgehoben, ihre Nennung hat aber keinen abschließenden Charakter.

[256] Den Autoren erschienen allzu genaue Vorschriften über Ausnahmeregelungen angesichts der Unverbindlichkeit der Leitlinien überflüssig, vgl. Erläuternder Bericht, Ziffer 46.

[257] Kritisch dazu *Ellger*, a.a.O. (Fn. 21), S. 573.

d) Grenzüberschreitender Datenverkehr

Zwischen den Mitgliedstaaten sollen grenzüberschreitende Übermittlungen von Daten grundsätzlich ungehindert stattfinden. Abweichungen sind zulässig, wenn das Schutzniveau im Empfängerstaat wesentlich niedriger ist, oder wenn die Gefahr besteht, dass die Exportbestimmungen des Ursprungsstaates auf dem Umweg über einen anderen Mitgliedstaat umgangen werden. Das gilt auch dann, wenn im Ursprungsstaat bestimmte Datenarten einen besonderen Schutz genießen, der im Empfängerstaat nicht besteht, Ziffern 15 ff. der Leitlinien. Schließlich appelliert Ziffer 18 der Leitlinien an die Staaten, nicht durch unangemessen hohe Datenschutzanforderungen Handelshemmnisse zu erzeugen.

Diese Regelungen sowie die oben dargestellten Grundsätze sollen nach Ziffer 19 der Leitlinien durch angemessene innerstaatliche Rechtsvorschriften umgesetzt und mit effektiven Rechtsschutzmöglichkeiten für den Betroffenen ausgestaltet werden.

e) Bewertung

Im Wesentlichen sind die OECD-Leitlinien mit den Richtlinien der Vereinten Nationen vergleichbar, was unter anderem daran liegt, dass das federführende Gremium der Menschenrechtskommission die OECD-Regelungen als Vorbild heranzog. Hinsichtlich der Bewertung ergeben sich deshalb kaum Unterschiede. Auch hier besteht die Schwierigkeit, dass die Grundsätze im Einzelnen aufgrund ihrer wenig konkreten Fassung[258] in den Mitgliedsstaaten kaum einen signifikanten Eindruck hinterlassen haben[259]. Im Ergebnis haben die OECD-Leitlinien daher nur eine beschränkte Wirkung: Mangels einer Vollzugskontrolle ist eine von ihnen ausgehende Rechtskultur nur schwer nachweisbar. Die ungewöhnlich vielen Ausnahmeregelungen legen praktisch alle relevanten Entscheidungen in die Hand der Mitgliedstaaten und lassen ihnen viel Spielraum[260].

Als weitere Schwäche ist die oberflächliche Regelung sensibler Daten zu werten. So lässt Teil1, Ziffer 3 lit. b) der Leitlinien es zu, dass sogenannte Trivialdaten aus dem Anwendungsbereich ausgeschlossen werden können. Dies wurde zu Recht kritisiert[261], da die Leitlinien einerseits keine Definition solcher Daten vorgeben und andererseits die Überzeugung verbreitet ist, dass jede personen-

---

258 *Mayer*, Datenschutz und Europol, S. 48.

259 Zur geringen Relevanz der Leitlinien z.B. in Groß-Britannien *Jay/Hamilton*, Data Protection - Law and Practice, S. 5.

260 *Wuermeling*, a.a.O. (Fn. 235), S. 8; kritisch auch *Evans*, a.a.O. (Fn. 205), S. 581.

261 *Evans*, a.a.O. (Fn. 205), S. 581, sieht hierin in Verbindung mit den weiten Ausnahmemöglichkeiten die Gefahr des Missbrauchs.

bezogene Information prinzipiell eine Gefahr für das Persönlichkeitsrecht darstellt[262].

Es fällt ferner auf, dass nach dem Grundsatz der Richtigkeit eine Berichtigung nur dann erfolgen muss, wenn dies nach dem Verwendungszweck erforderlich ist. Dabei wird außer Acht gelassen, dass ein unrichtiges personenbezogenes Datum deshalb gefährlich ist, weil es den Anschein der Richtigkeit besitzt. Auch hier unterstellen die Leitlinien, dass es wichtige, sprich gefährliche, und unwichtige Daten gibt.

Ähnlich wie die VN-Richtlinien leiden auch die OECD-Leitlinien unter der Heterogenität der beteiligten Mitgliedstaaten. Wo die VN-Richtlinien wegen des Gefälles zwischen Industrie- und Entwicklungsländern nur vage Vorschriften zustande brachten, müssen die OECD-Leitlinien überall dort unbestimmt bleiben, wo unterschiedliche mitgliedstaatliche Vorstellungen über die Realisierung von Datenschutz herrschen[263]. So wird Datenschutz in Europa als Aufgabe des öffentlichen Gesetzgebers angesehen, wohingegen man in den USA eher auf Selbstregulierung vertraut[264]. Die Leitlinien sind daher ein Indiz für die internationale Verbreitung bestimmter Datenschutzgrundsätze. Einen vollständigen Standard auf hohem Schutzniveau bieten sie nicht.

3.) Die Datenschutzkonvention des Europarates vom 28. Januar 1981 [265]

Das Übereinkommen zum Schutz des Menschen bei der automatischen Verarbeitung personenbezogener Daten vom 28. Januar 1981 (DSK) ist ein multilaterales Abkommen der Mitgliedstaaten des Europarates. Derzeit gehören ihr 38 Mitgliedstaaten des Europarats an, darunter alle Mitgliedstaaten der EG, vier Europarats-Mitglieder haben die Konvention bisher lediglich gezeichnet, von fünf weiteren Staaten liegt keine Zeichnung vor.

Mit der DSK wurde erstmals eine verbindliche völkerrechtliche Regelung auf dem Gebiet des Datenschutzes getroffen[266]. Sie wurde ausdrücklich als offene

---

262 *Ellger*, a.a.O. (Fn. 21), S. 517 unter Hinweis auf die Entscheidung des BVerfG (Volkszählung), a.a.O. (Fn. 9), S. 45.

263 *Michael*, a.a.O. (Fn. 18), S. 40 und 134; *Hondius*, Emerging Data Protection in Europe, S. 59, sieht in dem sich auf vier Kontinente erstreckenden Wirkungsbereich der OECD immerhin den Vorteil, dass ein fachlicher Austausch zwischen den unterschiedlichen Datenschutzpolitiken der Staaten zustande kam.

264 Vgl. *Ellger*, a.a.O. (Fn. 21), S. 531; auch *Bothe/Kilian*, a.a.O. (Fn. 237), S. 552, die auf die große Akzeptanz der Leitlinien in den USA hinweisen.

265 Übereinkommen Nr. 108 zum Schutz des Menschen bei der automatischen Verarbeitung personenbezogener Daten, vom 28. Januar 1981, deutsche Fassung in BGBl. 1985 II S 538; Änderungen vom 15.6.1999, die den Europäischen Gemeinschaften den Beitritt ermöglichen und Zusatzprotokoll vom 8.11.2001 betreffend Kontrollstellen und grenzüberschreitenden Datenverkehr, deutsche Fassungen in BGBl. 2002 II S. 1882.

Vereinbarung konzipiert, um den Beitritt von Nicht-Mitgliedstaaten zu ermöglichen. Die Beitrittsklausel des Artikels 23 DSK bringt den Wunsch zum Ausdruck, den in der Konvention verankerten Standards eine möglichst weite räumliche Verbreitung zu verschaffen. Der Erläuternde Bericht hebt in diesem Zusammenhang die Kooperation mit den außereuropäischen Mitgliedstaaten der OECD bei der Erarbeitung der Konvention hervor[267]. Insbesondere wurde Artikel 23 DSK als Beitrittsangebot an die Mitgliedstaaten der Europäischen Gemeinschaften verstanden, die bis 1995 über keine eigenen gemeinschaftlichen Datenschutzregelungen verfügten. Dem Beitritt der EG als solchen stand allerdings der Wortlaut dieser Bestimmung entgegengehalten, der lediglich einen Beitritt einzelner Staaten vorsah[268]. Mittlerweile wurde die Konvention durch Zusätze insbesondere zu den Artikeln 3 und 23 so geändert, dass die EG ausdrücklich als Beitrittskandidat erwähnt wird[269].

Die Konvention ist in sieben Kapitel gegliedert, von denen die ersten drei Kapitel die wesentlichen Regelungen enthalten. Kapitel 1 umfasst Bestimmungen allgemeinen Charakters. Mit den einzelnen Datenschutzgrundsätzen bildet Kapitel 2 das Kernstück der Konvention. Den einzelnen Standards, die jeweils Gegenstand eines Artikels sind, folgt in Artikel 9 eine generelle Schrankenregelung. Kapitel 3 enthält Regelungen zum grenzüberschreitenden Datenverkehr.

a) *Vorgeschichte*

Ausgehend von einer durch das Ministerkomitee initiierten Untersuchung über die Wirksamkeit des Schutzes, den EMRK und nationalen Datenschutzgesetze gegen die Gefahren moderner Datenverarbeitungstechnologie boten, verabschiedete der Europarat in den Jahren 1973 und 1974 drei Entschließungen, die sich mit dem Schutz der Privatsphäre befassten[270]. Rechtlich unverbindlich, doch mit präzisen Grundsätzen versehen, sollten sie verhindern, dass sich in den

---

266 *Auernhammer*, Die Europäische Datenschutz-Konvention und ihre Auswirkungen auf den grenzüberschreitenden Datenverkehr, in: DuD 1985, 7; vgl. auch Denkschrift zum Übereinkommen, BT-Drucksache 10/2118, S. 29.

267 Erläuternder Bericht zum Übereinkommen § 90.

268 *Henke*, Die Datenschutzkonvention des Europarates, S. 66.

269 Amendments to the Convention for the protection of individuals with regard to automatic processing of personal data (ETS No. 108) allowing the European Communities to accede, angenommen vom Ministerkomitee am 15.6.1999, deutsche Fassung a.a.O. (Fn. 266).

270 Entschließung Nr. (73) 22 vom 26.9.1973 über den Schutz der Privatsphäre bei Datenverarbeitung im nichtöffentlichen Bereich; Entschließung Nr. (73) 23 vom 26.9.1973 über Harmonisierungsmaßnahmen auf dem Gebiet des Datenschutzes insgesamt; Entschließung Nr. (74) 29 vom 20.9.1974 über den Schutz der Privatsphäre im öffentlichen Bereich. In inoffizieller deutscher Übersetzung veröffentlicht bei *Mengel*, Internationale Organisationen und transnationaler Datenschutz, 1984, S. 30 ff.

Mitgliedstaaten widersprechende Datenschutzbestimmungen entwickelten[271]. Dieses Ziel eines gesetzgeberischen Stillhaltens wurde erreicht[272].

Der Auftrag zur Erarbeitung einer Konvention erging 1977 und war zunächst auf den Datenschutz bei der Verarbeitung im Ausland und bei grenzüberschreitender Datenverarbeitung beschränkt. Nachdem im Mai 1979 ein Entwurf über eine Konvention zum Schutz des Einzelnen bei der automatischen Verarbeitung personenbezogener Daten vorgelegt wurde, beschloss der Hauptausschuss des Ministerkomitees für juristische Zusammenarbeit (CDCJ) in seiner Sitzung vom 23. bis 27. Juni 1980, den Entwurf dem Ministerkomitee vorzulegen. Die Konvention wurde am 17. September 1980 angenommen und am 28. Januar 1981 zur Zeichnung aufgelegt. Sie trat am 1.10.1985 in Kraft.

b) Ziel der Konvention

Als wesentliches Anliegen der Konvention bezeichnet die Präambel die Harmonisierung der Belange des Persönlichkeitsschutzes und der Informationsfreiheit in den Unterzeichnerstaaten[273]. Der in der Konvention formulierte Mindeststandard dient dazu, den freien Datenverkehr zwischen den Unterzeichnerstaaten zu gewährleisten und ihn von Verboten und Genehmigungserfordernissen unabhängig zu machen[274]. Die Konvention trägt damit der wirtschaftlichen Bedeutung des transnationalen Datenverkehrs Rechnung, der durch divergierende nationale Datenschutzregelungen gehemmt werden kann. Die Freiheit des Datenverkehrs sollte aber nicht zu einer Schmälerung des Individualschutzes der Betroffenen führen. So ist die DSK ist in enger Anbindung an die EMRK entstanden[275]. Das größere Gewicht legt die Konvention somit auch auf den Individualschutz[276], der gemäß Abs. 3 der Präambel angesichts des zunehmenden grenzüberschreitenden Verkehrs automatisch verarbeiteter personenbezogener Daten erweiterungsbedürftig sei. Der Erläuternde Bericht hebt hervor, dass Einschränkungen aus anderen Motiven, insbesondere aus protektionistischen Erwägungen, unzulässig seien[277].

Zweck der Regelungen war nicht, über die damals bestehenden Regelungen hinaus zu gehen, sondern eine weitgehende Abweichung von den Lösungen der zur damaligen Zeit in Kraft befindlichen Datenschutzgesetze zu vermeiden[278].

---

271 Vgl. Abs. 2 der Präambel der Resolution Nr. (73) 20 an.

272 *Ellger*, CR 1994, S. 558 (562); *Henke*, a.a.O. (Fn. 268) S. 45.

273 Abs. 2 und 3 der Präambel.

274 *Ellger*, a.a.O. (Fn. 272), S. 562.

275 *Mähring*, a.a.O. (Fn. 94), S. 373, sieht darin den datenschutzrechtlichen Einschlag jener Norm bewiesen.

276 Vgl. Abs. 4 und 7 der Präambel der Resolution des Ministerkomitees vom 20.9.1974, Res (74) 29, die sich ausdrücklich auf Artikel 8 EMRK beziehen.

277 Erläuternder Bericht § 25.

278 *Ellger*, a.a.O. (Fn. 272), S. 562.

So sollte kein neues materielles Datenschutzrecht geschaffen werden, was durch die Charakterisierung der Bestimmungen als Mindestnormen deutlich wird[279]. Die Konvention diente so dem Erhalt des Status Quo als Ausdruck eines kleinsten gemeinsamen Nenners[280].

c) Umsetzungsauftrag

Artikel 4 DSK macht deutlich, dass die Bestimmungen der Konvention zunächst eines staatlichen Transformationsaktes bedürfen, um innerstaatliche Geltung zu erlangen. Es handelt sich somit um ein *non-self-executing* Abkommen[281].

Artikel 4 DSK verpflichtet die Vertragsparteien zur Umsetzung der in der Konvention enthaltenen Datenschutzgrundsätze in nationales Recht. Der Begriff Recht („*domestic law*", „*droit interne*") ist im materiellen Sinne zu verstehen und beinhaltet auch Verordnungen und Verwaltungsvorschriften. Wie der EGMR hinsichtlich der gesetzlichen Eingriffsgrundlage forderten die Autoren der Konvention die rechtliche Verbindlichkeit der Umsetzungsnorm. Ausnahmevorschriften müssen hinreichend bestimmt sein[282]. Die Wahl des Umsetzungsmittels liegt bei den Vertragsstaaten. Das hohes Maß an Freiheit, das die Konvention den Unterzeichnerstaaten gewährt, sollte deren Beitrittsbereitschaft erhöhen, da zum Zeitpunkt der Beratungen auf nationaler Ebene bereits unterschiedliche Konzepte verfolgt und teilweise verwirklicht worden waren[283].

d) Materielles Datenschutzrecht

aa) Anwendungsbereich

Der personelle Anwendungsbereich wird durch Artikel 1 DSK weit gefasst. Im Hoheitsgebiet einer Vertragspartei soll „jedermann ungeachtet seiner Staatsangehörigkeit oder seines Wohnortes" geschützt werden. Artikel 2 lit. a) DSK beschränkt den Bereich der in Betracht kommenden Daten auf natürliche Perso-

---

279 *Auernhammer*, a.a.O. (Fn. 266), S. 8; *Henke*, a.a.O. (Fn. 268), S. 57 f.

280 *Simitis*, Datenschutz und Europäische Gemeinschaft, in: RDV 1990, S. 3 (9f.); *Ellger*, a.a.O. (Fn. 272), S. 562.

281 *Auernhammer*, a.a.O. (Fn. 266), S. 7 (8); *Burkert*, Die Konvention des Europarates zum Datenschutz, Rückblick und Ausblick, in: CR 1988, S. 751 (755); *Ellger*, a.a.O. (Fn. 272), S. 560; *Henke*, a.a.O. (Fn. 268), S. 60; für eine teilweise unmittelbare Anwendbarkeit *Schweizer*, Europäisches Datenschutzrecht: Was zu tun bleibt, in: DuD 1989, S. 542 (543): danach komme es vor allem auf eine hinreichende Bestimmtheit und Klarheit der jeweiligen Bestimmung an. Justiziabel und damit einer unmittelbaren Anwendbarkeit fähig seien daher mindestens die Elemente der Artikel 5 und 8 DSK. Dem widerspricht jedoch der Wortlaut des Artikels 4 DSK, der die in Kapitel II aufgestellten Grundsätze zum Gegenstand staatlicher Verwirklichungsmaßnahmen macht. So auch *Simitis*, in: Simitis/Dammann u.a., BDSG § 1, Rn. 122.

282 Erläuternder Bericht § 35.

283 Begründung zum Konventionsentwurf 1976, Directorate of Legal Affairs.

nen[284]. Allerdings haben die Vertragsstaaten gemäß Artikel 3 Abs. 2 lit. b) DSK die Möglichkeit, in ihrem Hoheitsbereich das Übereinkommen auch auf juristische Personen anzuwenden. Hiervon haben bislang fünf Staaten Gebraucht gemacht[285].

Als personenbezogene Daten definiert Artikel 2 lit. a) DSK jede Information über eine bestimmte oder bestimmbare natürliche Person. Die Begriffe Datum und Information werden in der Konvention meist synonym verwandt.

Der sachliche Anwendungsbereich ist gemäß Artikel 1, 2 lit. b) DSK auf Fälle der automatischen Verarbeitung beschränkt. Dem liegt die Einschätzung zugrunde, dass die automatisierte Datenverarbeitung für den Betroffenen besondere Gefahren mit sich bringt[286]. Gemäß Artikel 2 lit. c) DSK zählen zur automatischen Verarbeitung Vorgänge, die ganz oder teilweise mit Hilfe automatischer Verfahren durchgeführt werden. Die Formulierung erlaubt es, auch andere als elektronische Prozeduren mit einzubeziehen, etwa biochemische Identifikationsvorgänge. Auch eine teilweise manuelle Verarbeitung fällt so in den Anwendungsbereich der Konvention. Rein manuelle Vorgänge, wie das Führen von Personenakten oder -karteien werden dagegen nicht erfasst. Schwierig ist die Einordnung des Sammelns von Daten. Es erfolgt überwiegend manuell und liegt damit außerhalb des Anwendungsbereiches der Konvention. Ist mit dem Sammeln jedoch eine gleichzeitige Speicherung beispielsweise auf einem elektronischen Datenträger verbunden, unterliegt der gesamte Vorgang den Konventionsregelungen[287].

Die Beschränkung auf automatisierte Daten ist durch die Konvention jedoch an mehreren Stellen gelockert: Zum einen erfordert Artikel 5 lit. a) DSK, dass personenbezogene Daten nach Treu und Glauben beschafft werden müssen, was auch die manuelle Beschaffung einschließt. Zum anderen gelten die Regelungen über grenzüberschreitenden Datenverkehr nach Artikel 12 DSK auch für bestimmte manuell gepflegte Datenbestände. Schließlich kann ein Vertragsstaat gemäß Artikel 3 Abs. 2 lit. c) DSK selbst den Anwendungsbereich der Konvention durch die Erklärung erweitern, dass er nicht automatisch verarbeitete Daten unter den Schutz der Konvention stellt.

---

284 Diese Einschränkung folgt konsequent dem in der Präambel festgelegten Konventionszweck, den Individualschutz zu erweitern.

285 Österreich, Erklärung vom 30.3.1988; Italien, Erklärung vom 28.3.1997; Schweiz, Erklärung vom 2.10.1997; Liechtenstein, Erklärung vom 11.2.2004; Albanien, Erklärung vom 11.5.2005.

286 Vgl. Erläuternder Bericht § 1.

287 Vgl. *Wochner*, a.a.O. (Fn. 27), S. 248.

Artikel 3 Abs. 2 lit. a) DSK erlaubt es den Staaten, bestimmte Arten personenbezogener Daten vom Anwendungsbereich auszunehmen[288]. Dieser relativ große Spielraum der Staaten ist Ausdruck eines Kompromisses und macht die Schwierigkeiten deutlich, die hinsichtlich der Festlegung des Umfangs der Konvention bestanden[289].

Die konkreten Verhaltenspflichten nach der Konvention richten sich an den für die Verarbeitung Verantwortlichen. Er wird durch Artikel 2 lit. d) DSK als derjenige definiert, der die Entscheidungsgewalt über die Verarbeitung und den Verarbeitungszweck inne hat. Im Falle von Pflichtverletzungen ist auf diese Weise eine klare Verantwortlichkeit sichergestellt. Hinsichtlich untergeordneten Sachbearbeitern oder beauftragten Serviceunternehmen obliegt dem Verantwortlichen somit eine Aufsichtspflicht.

bb) Die einzelnen Datenschutzgrundsätze der DSK

Die Konvention enthält nur ein Minimalprogramm an materiellen Datenschutzvorschriften[290]. Tatsächlich diente die DSK nicht dazu, jegliche legislative Aktivitäten der Staaten vorweg zu nehmen. Sie war damit keine Alternative zu nationalen Regelungen. Sie gab lediglich einen Anreiz für gesetzgeberische Tätigkeiten der Mitgliedstaaten[291]. Artikel 11 DSK verdeutlicht dies, indem er die Konventionsrechte als Mindeststandards darstellt. Die Staaten sind nicht daran gehindert, Vorschriften zu erlassen, die über das Maß der in der Konvention niedergeschriebenen Regelungen hinausgehen. Konkrete Vorschläge zur Erweiterung des sachlichen Geltungsbereichs der Konvention enthalten etwa die Artikel 3 Abs. 2 lit. b) und c) DSK mit der Möglichkeit, den Anwendungsbereich auf juristische Personen und manuelle Daten auszuweiten.

aaa) Grundsatz der Qualität der Daten

Artikel 5 DSK konkretisiert das Prinzip der Datenqualität anhand von fünf Fallgruppen.

Gemäß Artikel 5 lit. a) DSK müssen Daten nach dem Grundsatz von Treu und Glauben sowie rechtmäßig beschafft und verarbeitet werden. Damit wurden bereits bestehende nationale Regelungen für die Datenbeschaffung berücksichtigt,

---

288 Hiervon haben Albanien, Belgien, Estland, Irland, Italien, Lettland, Liechtenstein, Luxemburg, Malta, Mazedonien, Montenegro, Niederlande, Norwegen, Rumänien, Schweiz, Serbien, und das Vereinigte Königreich Gebrauch gemacht.

289 *Mengel*, Die Datenschutzkonvention des Europarates vom 28. Januar 1981, Einführung und Übersetzung, in: EuGRZ 1981, S. 376 (378); *Meister*, Europäische Harmonisierung des Datenschutzes, in: DuD 1980, S. 9 (13), der angesichts solcher Sollbruchstellen den Sinn der gesamten Konvention anzweifelt; *Henke*, a.a.O. (Fn. 268), S. 88.

290 *Auernhammer*, a.a.O. (Fn. 266), S. 8; *Burkert*, a.a.O. (Fn. 266), S. 753; *Ellger*, a.a.O. (Fn. 272), S. 562.

291 *Simitis*, a.a.O., (Fn. 280), S. 9.

nach denen es zur Sammlung von personenbezogenen Daten der Kenntnis oder der Einwilligung des Betroffenen bedurfte[292]. Offensichtlich beabsichtigte der Europarat, den Bereich der Datenbeschaffung, für den die Konvention grundsätzlich nicht gilt, zumindest an die jeweiligen innerstaatlichen Grundsätze der Rechtmäßigkeit zu binden[293]. Letztlich handelt es sich aber um einen sehr vagen Maßstab, dessen konkrete Ausgestaltung den nationalen Regelungen vorbehalten bleibt.

Artikel 5 lit. b) DSK enthält das Gebot der Beachtung des Verarbeitungszwecks. Danach müssen Daten für festgelegte und rechtmäßige Zwecke gespeichert sein und dürfen nicht in einer damit unvereinbaren Weise verwendet werden. Die Vorschrift dient der Transparenz[294]: Der Betroffene soll – gegebenenfalls nach vorhergehender Beratung – ersehen können, in welchen sachlichen Zusammenhängen die ihn betreffenden Daten möglicherweise verwendet werden. Der Staat trägt dafür Sorge, dass der Betroffene spätestens zum Zeitpunkt der Speicherung über deren Zweck in Kenntnis gesetzt wird[295]. Jede Speicherung und Weiterverwendung ohne Kundgabe an den Betroffenen ist demzufolge mit Artikel 5 lit. b) DSK unvereinbar.

Weitere Anhaltspunkte für eine Unvereinbarkeit enthalten die bereichsspezifischen Empfehlungen des Ministerkomitees, welche für die jeweiligen Sektoren festlegen, welche Zwecke noch miteinander vereinbar sind und welche nicht[296].

Gemäß Artikel 5 lit. c) DSK muss jede Datenverarbeitung nach Art und Umfang dem Speicherungszweck entsprechen, für ihn erheblich sein und nicht über ihn hinausgehen. Die Bestimmung betont den Zweck als Auswahlkriterium der zu speichernden Daten. Zu prüfen ist jeweils, ob eine Speicherung im Hinblick auf den Zweck geeignet und erforderlich ist. Aber auch für die weitere Verwendung bildet der Speicherungszweck den Maßstab. Kriterien hierfür enthalten die zahlreichen Empfehlungen des Ministerkomitees[297].

---

292 Erläuternder Bericht § 40; der Grundsatz des Sammelns nach Treu und Glauben findet sich bereits im Anhang zur Resolution (73) 22 vom 26.9.1973, § 3: „*The information should not be obtained by fraudulent or unfair means.*“. Weiterhin im Anhang zur Resolution (74) 29 vom 20.9.1974, § 2a: „*The information stored should be obtained by lawful and fair means.*“.

293 *Henke*, a.a.O. (Fn. 268), S. 101.

294 Vgl. *Tinnefeld/Ehmann*, Einführung in das Datenschutzrecht, S. 314.

295 Erläuternder Bericht § 41.

296 Vgl. nur Empfehlung Nr. R (81) 1 vom 23.1.1981, Nr. 5; Empfehlung Nr. R (83) 10 vom 23.9.1983, Nr. 4.

297 Z.B. Empfehlung Nr. R (81) 1 vom 23.1.1981, Nr. 4.1. (wissenschaftliche Zwecke); Empfehlung Nr. (85) 20 vom 25.10.1985, Nr. 3 (Direktmarketing); Empfehlung Nr. R (86) 1 vom 23.1.1986, Nr. 4 (Sozialversicherung); Empfehlung Nr. R (99) 5 vom 23.2.1999, Nr. 10 (Internet-Provider).

Artikel 5 lit. d) DSK dient dazu, den Einzelnen vor der Verarbeitung ihn betreffender unrichtiger Daten zu schützen, indem er vorsieht, dass Daten sachlich richtig und nötigenfalls auf dem neuesten Stand sein müssen. Dies trägt dem Effekt Rechnung, dass von automatisierten Dateien der Anschein von Korrektheit ausgeht[298]. Obwohl die Bestimmung diesen Fall nicht erwähnt, dürfte auch eine unvollständige Information unter Umständen als nicht korrekt anzusehen sein. Eine Unrichtigkeit liegt vor, wenn die zweckgemäße Verarbeitung zu einem anderen Ergebnis führt als eine Verarbeitung mit der vollständigen Information[299].

Artikel 5 lit. e) DSK bestimmt, dass Betroffene nicht länger identifizierbar sein dürfen, als dies der Zweck der Speicherung erfordert. Daten sind, nachdem sie ihren Zweck erfüllt haben, durch Anonymisierung unbrauchbar zu machen. Dies erfordert nicht notwendigerweise die Löschung des Namens oder sonstiger Identifikationsmerkmale[300]. Vielmehr genügt es, die Verknüpfungen zwischen diesen Merkmalen und den übrigen Informationen aufzuheben, so dass eine Identifizierung unmöglich ist. Im Hinblick auf den Grundsatz der Beachtung des Verarbeitungszwecks erscheint allerdings eine fehlende Verpflichtung zur Vernichtung von Daten, deren Zweck sich erledigt hat, inkonsequent[301].

bbb) Schutz sensibler Daten, Artikel 6 DSK

Artikel 6 DSK verpflichtet die Staaten, durch geeignete Maßnahmen den besonderen Schutz von Daten mit Bezug zu rassischer Herkunft, politischer Anschauung, religiöser oder anderer Überzeugung, Gesundheit und Sexualleben sowie Strafurteile der Betroffenen zu gewährleisten. Wie Artikel 11 DSK verdeutlicht, sind die Staaten nicht daran gehindert, weitere Arten von Daten unter den besonderen Schutz des Artikels 6 DSK zu stellen. Indem sie bestimmte Inhalte von Daten unter Schutz stellt, weicht die Konvention von ihrer bisherigen Anschauung ab, dass allein der Speicherungs- bzw. Verwendungszweck zur Quelle einer Gefahr für den einzelnen werden kann. Die besondere Gefahr sensibler Daten wird darin gesehen, dass sie in die Hände Unbefugter gelangen können[302]. Aus diesem Grund sind geeignete Vorkehrungen gegen unbefugten

---

298 *Henke*, a.a.O. (Fn. 268), S. 109; vgl. *Gola/Schomerus*, BDSG-Kommentar, § 20, Rn. 2.

299 So auch *Henke*, a.a.O. (Fn. 268), S. 109 f.

300 Erläuternder Bericht § 42.

301 Langfristiges Lagern birgt die Gefahr, dass Daten nicht sorgfältig vor dem Zugriff Unberechtigter geschützt werden oder anderweitig außer Kontrolle des Verantwortlichen geraten; zu Bedenken sind auch mögliche Eigeninteressen des Verantwortlichen, beispielsweise die Verwendung von Arbeitnehmerdaten für Zwecke einer künftigen Weiterbeschäftigung, vgl. *Henke*, a.a.O. (Fn. 268), S. 106 f.

302 Erläuternder Bericht § 43.

Zugriff geboten. Die Definition sensibler Datenarten sowie die Gestaltung geeigneter Schutzmaßnahen obliegen den Staaten[303].

ccc) Grundsatz der Datensicherung, Artikel 7 DSK

Artikel 7 DSK verpflichtet die Staaten, Sorgfalt im Umgang mit personenbezogenen Daten hinsichtlich des ungewollten Datenverlusts und der Vertraulichkeit zu gewährleisten. Gespeicherte Daten sollen gegen Zerstörung, zufälligen Verlust oder unbefugten Zugang, Veränderung und Bekanntgabe durch Nichtberechtigte gesichert sein. Die Vorschrift zählt die möglichen Gefahrenquellen auf, die mit der Benutzung von Dateien/Datenbanken und dem Rechner selbst sowie mit dem mit der Datenverarbeitung betrauten Personal zusammenhängen. Die Aufzählung ist mit Blick auf Artikel 11 DSK, der die Gewährleistungen der Konvention ausdrücklich als Mindeststandard kennzeichnet, nicht abschließend.

Der Begriff „Zerstörung" bezieht sich auf die physische Unbrauchbarmachung der Datenverarbeitungsanlagen, „Verlust" meint demgegenüber eine schwerwiegende Beschädigung oder Löschung von Software, also Verarbeitungsprogramme oder die Dateien selbst[304]. Auch hier ist es den Staaten überlassen, welche Maßnahmen im konkreten Fall als geeignet anzusehen sind[305]. Aus der Wortwahl wird deutlich, dass der Umfang der Sicherungsmaßnahmen grundsätzlich nicht ins Verhältnis mit den damit verbundenen Kosten gesetzt werden soll[306]. Als Schutzmaßnahmen kommen bauliche Vorkehrungen in Betracht, die ein Eindringen Nichtberechtigter verhindern, als auch organisatorische Maßnahmen, etwa Verhaltensregeln für das Personal[307]. Den Staaten steht es auch offen, eine betriebliche oder überbetriebliche Aufsichtsinstanz zur Kontrolle über die Einhaltung der Sicherheitsauflagen einzuführen.

Die relativ unpräzisen Vorgaben des Artikels 7 DSK haben immerhin den Vorteil, auf die sich rasch ändernden technischen Verhältnisse angewandt werden zu können[308].

ddd) Beteiligung betroffener Personen, Artikel 8 DSK

Artikel 8 DSK regelt den Umfang, in dem die Staaten den Betroffenen subjektive Rechte einräumen müssen[309].

---

303 Dadurch kann es in diesem gefahrenträchtigen Bereich zu unterschiedlichen nationalen Regelungen kommen; kritisch dazu *Ellger*, a.a.O. (Fn. 21), S. 466.

304 *Henke*, a.a.O. (Fn. 268), S. 124.

305 Erläuternder Bericht § 49.

306 Henke, a.a.O. (Fn. 268), S. 125; a.A. offenbar *Wochner*, a.a.O. (Fn. 27), S. 253

307 Vgl. dazu Anlage zu § 9 BDSG.

308 Der Erläuternder Bericht verweist auf den jeweiligen Stand der Technik und macht damit deutlich, dass der Vorschrift das Machbarkeitsprinzip zugrunde liegt, § 49.

309 *Schweizer* geht entgegen dem Wortlaut der Artikel 8 und 9 DSK von einer unmittelbaren Wirkung der Regelung über den Auskunfts- und Berichtigungsanspruch aus, a.a.O.

Zu den Betroffenenrechten gehören:

- Die Möglichkeit der Kenntnisnahme von der Existenz eigener personenbezogener Daten in automatisierter Form, von den Hauptzwecken der Verarbeitung sowie nähere Angaben über die Verantwortlichen für die Datei/Datensammlung (Artikel 8 lit. a) DSK).

Die Möglichkeit der Kenntnisnahme ist deshalb von entscheidender Bedeutung, weil ein „Unwissender" mangels Kenntnis auch nicht von weiteren Betroffenenrechten Gebrauch machen wird[310]. Denkbar sind insbesondere die Einrichtung eines Auskunftsanspruchs nach Anfrage oder eine individuelle Benachrichtigungspflicht des Verantwortlichen[311].

- Das Recht, unter angemessenen Umständen eine Bestätigung darüber zu erhalten, ob eigene personenbezogene Daten gespeichert sind, sowie das Recht auf Mitteilung dieser Daten in verständlicher Form (Artikel 8 lit. b) DSK).

Die Bestimmung ergänzt den Auskunftsanspruch um ein wesentliches Element, indem er sicherstellt, dass auf konkretes Anfragen des Betroffenen eine umfassende Antwort erfolgen muss. Die vorherige Kenntnis über eine Speicherung persönlicher Daten ist dabei eine logische Voraussetzung für das Auskunftsbegehren über Art und Umfang der gespeicherten Informationen. Der Auskunftsanspruch wird auch als Kernstück der Datenschutzregelungen betrachtet[312], da bereits seine grundsätzliche Gewährung präventive Wirkung gegen den Aufbau geheimer Datensammlungen zeitigt[313].

Nach dem Wortlaut können die Modalitäten der Auskunftsgewährung gewissen Beschränkungen unterliegen, soweit diese zumutbar sind. Maßgeblich im jeweiligen Einzelfall ist vor allem die Bedeutung der Daten, d.h. der Verarbeitungszweck oder der besondere Inhalt, beispielsweise bei sensiblen Daten. Ähnliches gilt für Bearbeitungsgebühren, die erhoben werden dürfen, solange sie nicht übermäßig sind[314]. Beschränkt wird der Auskunftsanspruch schließlich durch Artikel 9 Abs. 3 DSK, wonach die Rechte nach Artikel 8 lit. b), c) und d) DSK gesetzlich zum Zweck der Statistik oder der wissenschaftlichen Forschung be-

---

(Fn. 281), S. 543. Sein Hinweis, Artikel 9 Abs. 3 DSK erwähne schließlich nicht die Rechte nach Artikel 8 lit. a) DSK lässt außer Acht, dass Artikel 9 nur von gesetzgeberischen Maßnahmen zur Einschränkung der genannten Rechte spricht. Die fehlende Einschränkungsmöglichkeit macht aus Artikel 8 lit. a) DSK aber keine Norm mit *self-executing*-Charakter.

310 Eingehend zu diesem Zusammenhang: Urteil EGMR *Klass/Deutschland.*, a.a.O. (Fn. 120).

311 Vgl. §§ 19, 19a, 33 und 34 BDSG.

312 *Kirby*, Stanford Journal of International Law, Bd. 16, 1980, S. 29.

313 *Henke*, a.a.O. (Fn. 268), S. 135.

314 Vgl. die Regelung des § 34 Abs. 5 und 6 BDSG.

grenzt werden dürfen. Voraussetzung ist jedoch, dass bei der Nichtgewährung keine Gefahr für das Persönlichkeitsrecht des Betroffenen besteht.

- Das Recht auf Berichtigung oder Löschung von gespeicherten personenbezogenen Daten, wenn diese entgegen den Grundsätzen der Datenqualität oder dem Schutz sensibler Daten gespeichert worden sind (Artikel 8 lit. c) DSK).

Diese Vorschrift verlagert die Kontrolle über die Einhaltung der genannten Prinzipien in den Bereich des Individualrechtsschutzes. Die nationalen Rechtsordnungen sollen vorsehen, dass jeder Betroffene selbst über die Qualität und korrekte Verwendung seiner Daten wachen kann. Auch für diese Bestimmung gilt die Einschränkbarkeit nach Artikel 9 Abs. 3 DSK.

- Die Möglichkeit, gegen ablehnende Entscheidungen Rechtsmittel einzulegen (Artikel 8 lit. d) DSK).

eee) Sanktionen und Rechtsmittel, Artikel 10 DSK

Die Betroffenenrechte werden durch Maßnahmen flankiert, die die Vertragsparteien für den Fall von Verletzungen vorsehen müssen. Die vorgenannten Rechte müssen dem Betroffenen in Form gerichtlich durchsetzbarer Ansprüche gewährt werden, so dass ihm der reguläre Instanzenzug zur Verfügung steht. Die Autoren der Konvention berücksichtigten damit die enormen Gefahren, die für den Einzelnen bei Nichtbeachtung der Standards entstehen können[315]. Den Staaten steht die Einführung von zivil-, straf- oder verwaltungsrechtlichen Sanktionen frei. Vorgaben hinsichtlich Art und Umfang der Sanktionen gibt Artikel 10 DSK nicht. Offen ist damit auch die Frage, ob für eine Verletzung im Sinne der Bestimmung Vorsatz erforderlich ist oder bereits Fahrlässigkeit ausreicht[316]. Ungeklärt lässt Artikel 10 DSK auch, ob Sanktionen gegen den Täter erfasst werden, der nicht zum Adressatenkreis der Konventionsregelungen gehören, so etwa Dritte, die sich unbefugt Daten aneignen, die bei einer verarbeitenden Stelle gespeichert sind.

fff) Ausnahmen und Einschränkungen, Artikel 9 DSK

Die Konvention fügt den einzelnen Grundsätzen keine individuellen Beschränkungen an. Stattdessen beinhaltet Artikel 9 DSK eine Generalklausel.

Danach dürfen die Grundsätze für die Qualität der Daten, die Bestimmungen über sensible Daten und die Betroffenenrechte eingeschränkt werden, wenn sie durch das Recht der Vertragsparteien vorgesehen und in einer demokratischen Gesellschaft notwendig sind. Die folgenden Halbsätze nennen weitere Voraussetzungen, die zusätzlich und kumulativ vorliegen müssen. Im Einzelnen sind Einschränkungen der Datenschutzgrundsätze möglich, wenn sie dem Schutz der

---

315 Erläuternder Bericht § 60.

316 Beispielsweise erfasst § 44 BDSG als Straftat nur vorsätzliche, § 43 BDSG als Ordnungswidrigkeit auch fahrlässige Taten.

Sicherheit des Staates, der öffentlichen Sicherheit sowie den Währungsinteressen des Staates oder zur Bekämpfung von Straftaten dienen (Artikel 9 Abs. 2 lit. a)), oder zum Schutz des Betroffenen oder der Rechte oder Freiheiten Dritter vorgenommen werden (Artikel 9 Abs. 2 lit. b)).

Der Gesetzesvorbehalt ist als Erfordernis eines Gesetzes im materiellen Sinne zu verstehen[317]. Dies stimmt überein mit dem entsprechenden Passus der EMRK, der durch die Formulierung *„accordance with the law"* nicht ausdrücklich eine formelle gesetzliche Grundlage fordert. Der Europäische Gerichtshofs für Menschenrechte hat Artikel 8 Abs. 2 EMRK dahingehend ausgelegt, dass unter Umständen sogar Gewohnheitsrecht eine ausreichende Eingriffsgrundlage darstellen kann[318].

Weitere Vorgaben an die Staaten enthält Artikel 9 nicht. Auch der Erläuternde Bericht vermag die einzelnen Voraussetzungen des Artikels 9 DSK nicht näher zu erklären. Dadurch war zweifelhaft, ob die Verarbeitung von Daten über Dritte, die mit observierten Personen in Kontakt kamen, „zur Bekämpfung von Straftaten" verarbeitet werden dürfen[319]. Hier gibt allerdings ein jüngeres Urteil des Europäischen Gerichtshofs für Menschenrechte[320] Aufschluss, dass gemäß Artikel 8 EMRK das Anlegen von Dateien über Dritte grundsätzlich deren Benachrichtigung nach sich ziehen muss.

Private Interessen berücksichtigt Artikel 9 Abs. 2 lit. b) DSK. Ausnahmen sind danach zugunsten des Betroffenen selbst zulässig. Als Anhaltspunkte hierfür können die zahlreichen Empfehlungen des Ministerkomitees[321] herangezogen werden.

In den Bereich des Schutzes der Rechte und Freiheiten Dritter fällt auch die Kollision der Privatsphäre mit der Informationsfreiheit. So können Ausnahmen zugunsten der Pressefreiheit zulässig sein[322]. *Simitis* weist zudem auf bestimmte Interessenlagen im Arbeitnehmer-Arbeitgeber-Verhältnis hin, die eine Speicherung von Personaldaten über das Ende des Arbeitsverhältnisse hinaus rechtfertigen[323].

---

317 a.A. *Henke*, a.a.O. (Fn. 268), S. 149, der hier von einem Gesetz im formellen Sinne ausgeht: Da Artikel 9 Abs. 3 DSK weniger weit gehende Einschränkungen unter formellen Gesetzesvorbehalt stelle, sei im Rahmen des Abs. 2, wo in der Praxis die größeren Risiken herrschten, ein formeller Gesetzesvorbehalt erst recht geboten. Dem steht allerdings der Wortlaut entgegen.

318 Siehe oben Kapitel B I. 3.) d) bb) .

319 Vgl. *Henke*, a.a.O. (Fn. 268), S. 153.

320 Urteil des EGMR *Amann*/Schweiz, a.a.O. (Fn. 188).

321 Beispielsweise die Empfehlung Nr. R (81) 1 vom 23.1.1981 für medizinische Daten.

322 Erläuternder Bericht § 58.

323 *Simitis*, Rapport general of the XIV th Colloquy on European Law, 1984, S. 9.

ggg) Grenzüberschreitender Verkehr personenbezogener Daten

Der Bereich des grenzüberschreitenden Datenverkehrs ist für staatliche wie für nichtstaatliche datenverarbeitende Stellen von höchstem Interesse. Von entscheidender Bedeutung sind grenzüberschreitende Datenflüsse vor allem für international operierende Wirtschaftsunternehmen[324]. Für staatliche Stellen hat sich die grenzüberschreitende Datenübermittlung längst zu einer Form direkter administrativer Kooperation entwickelt[325].

(1) Problematik

Grenzüberschreitende Datenflüsse werfen Probleme auf, weil sie durch innerstaatliche Maßnahmen immer wieder gehemmt, bisweilen auch unterbunden wurden. Grund dafür war die äußerst unterschiedlichen Qualität von Datenschutzregelungen in den Ursprungs- und Empfängerstaaten. Eine Übermittlung in einen Staat mit niedrigerem Schutzniveau konnte so gemäß nationaler Datenschutzvorschriften im Interesse des Betroffenen verhindert werden.

Bei den Beratungen zur Konvention überwog die Auffassung, dass nationale Datenschutzvorschriften nicht in der Lage seien, einen angemessenen Ausgleich zwischen den Interessen des Individualschutzes und der Datenverkehrs herbeizuführen[326]. Zu befürchten war, dass unter dem Vorwand des Persönlichkeitsrechtsschutzes allzu strenge Datenschutzvorschriften letztlich die Funktion nicht-tarifärer Handelshemmnisse hatten[327]. Schließlich bestand die Gefahr, dass einseitige Restriktionen als unerwünschte Folge zu sogenannten *Data Havens* auf der anderen Seite führen konnten. Darunter werden Rechtsräume verstanden, deren vergleichsweise niedriges Datenschutzniveau einen besonderen Anreiz für Datenverarbeiter darstellen[328].

(2) Funktion des Artikels 12 DSK

Die Autoren der Konvention sahen die Lösung darin, die Gefahren uneinheitlicher Datenschutzniveaus durch einen gemeinsamen Mindeststandard zu mini-

---

324 zu den einzelnen wirtschaftlich bedeutenden Faktoren *Wochner*, a.a.O. (Fn. 27), S. 2 ff.; *Simitis*, Grenzüberschreitender Datenaustausch - Notwendige Vorbemerkung zu einer dringend erforderlichen Regelung, in: FS für *Ferid*, S. 356; *Klaas*, Die elektronische Datenverarbeitung innerhalb der Staaten des Europarates, in: CR 1986, S. 680 (681 f.); *Hondius*, Internationale Aspekte des Datenschutzes im öffentlichen Bereich, in: WiR 1982, S. 86; *Scheller*, Rechtsfragen des grenzüberschreitenden Datenverkehrs, S. 16 ff.; *Wuermeling*, a.a.O. (Fn. 235), S. 2.

325 *Simitis*, a.a.O. (Fn. 324), S. 355 f.; *Wochner*, a.a.O. (Fn. 27), S. 6 f.; *Hondius*, International Data Protection Action, OECD Informatics Studies 10, S. 213; auf das Beispiel Interpol verweisend *ders.*, a.a.O. (Fn. 263), 1975, S. 260 f.; *Unger*, a.a.O. (Fn. 12), S. 13.

326 Vgl. *Henke*, a.a.O. (Fn. 268), S. 165

327 *Ellger*, a.a.O. (Fn. 21), S. 473.

328 Vgl. *Wochner*, a.a.O. (Fn. 27), S. 34.

mieren[329]. Nach Inkrafttreten der Konvention sollte in allen Vertragsstaaten von einem einheitlichen Mindestbestand datenschützender Vorschriften ausgegangen werden können[330]. Das Risiko einer Beeinträchtigung des Persönlichkeitsrechts war damit zwar nicht ausgeschlossen, jedoch immerhin reduziert.

Artikel 12 Abs. 2 DSK untersagt generelle[331] Beschränkungen des grenzüberschreitenden Datenverkehrs zwischen Mitgliedstaaten, lässt davon jedoch Abweichungen in zwei Fällen zu[332]. Ein Verbot oder ein Genehmigungsvorbehalt ist dann zulässig, wenn bestimmte Datenarten im Ursprungsstaat einen besonderen rechtlichen Schutz genießen, der im Empfängerstaat nicht besteht (Artikel 12 Abs. 3 lit. a) DSK). Weiterhin darf eine Übermittlung unterbunden werden, wenn die Gefahr besteht, dass ein nationales Übermittlungsverbot in Drittstaaten umgangen wird, indem die Daten zuvor in einen anderen Mitgliedstaaten übermittelt werden (Artikel 12 Abs. 3 lit. b) DSK).

Artikel 12 DSK gilt für alle Daten im Sinne des Artikels 2 DSK. Erfasst werden insbesondere auch manuell gesammelte Daten, deren Verarbeitung erst noch bezweckt ist. Aus dem Wortlaut des Abs. 2 ergibt sich, dass das Beschränkungsverbot nur den Exportstaat verpflichtet. Allerdings wirkt dies insgesamt nicht zu Lasten des Schutzniveaus, da für importierte Daten gemäß Artikel 1 und 2 DSK die gleichen Bestimmungen Anwendung finden wie für rein innerstaatliche Daten.

Artikel 12 Abs. 3 lit. b) DSK enthält eine nicht zu unterschätzende Hürde, indem er dem Ursprungsstaat die Beweislast für das Bestehen einer Umgehungsgefahr auferlegt. Jedes auf diese Bestimmung gestützte generelle Exportverbot muss auf nachvollziehbaren Einschätzungen[333] hinsichtlich einer zu erwartenden Umgehung beruhen. Anderenfalls drohte der mit Artikel 12 DSK aufgestellte Grundsatz des freien Datenverkehrs leer zu laufen. Ein Exportstaat darf sich deshalb nicht in den Verdacht begeben, seiner Beschränkung lägen protektionistische oder andere Erwägungen zugrunde[334].

Hinsichtlich Datentransfers in Drittstaaten sieht die Konvention keine Regelungen vor. Solche Exportbestimmungen sind Sache der Vertragsparteien.

---

329 *Ellger*, a.a.O. (Fn. 21), S. 470.

330 Denkschrift zum Übereinkommen, BT-Drucksache 10/2118, S. 18.

331 Erläuternder Bericht § 67. Einzelfallentscheidungen, durch die bestimmte Datentransfers unterbunden werden, werden durch Artikel 12 Abs. 2 DSK nicht erfasst.

332 Kritisch zur missglückten Formulierung der Vorschrift *Bergmann*, a.a.O. (Fn. 84), S. 177.

333 Erläuternder Bericht § 70: "(...) the derogation may be invoked only when it is clearly established that the data transferred are actually only passing through the Contracting State."

334 *Henke*, a.a.O. (Fn. 268), S. 173.

e) *Bewertung*

Die in der Europäischen Datenschutzkonvention enthaltenen Grundsätze stellen eine Sammlung von Bestimmungen dar, die als Hinweis auf einen Maßstab für einen internationalen Datenschutzstandard dienen kann. Bemerkenswert sind die erstmals in verbindlicher Form vorgesehenen Grundsätze der Qualität der Daten, die Vorschriften über die Sicherheit der Datenverarbeitung, Schutzbestimmungen über sensible Daten sowie der grenzüberschreitende Datenverkehr. Gegenüber der einzelfallbezogenen Rechtsprechung des Europäischen Gerichtshofs für Menschenrechte existiert damit ein Katalog abgestimmter Regelungen, die die widerstreitenden Interessen zu einem Ausgleich bringen könnten. Das Konzept eines Minimalstandards birgt dabei prinzipiell den Vorteil seiner unproblematischen und raschen Verbreitung.

Diese Hoffnung trügt allerdings: Zwar stellt die Konvention vergleichsweise geringen Anforderungen. Sie dürfte auch nicht zuletzt deshalb 21 Jahre nach ihrem Inkrafttreten von lediglich 4 Staaten noch nicht ratifiziert worden sein. Zum ihrem Nachteil wirkt sich aber das Konzept des Minimalstandards aus. So fehlt es an bestimmten und detaillierten Regelungen[335], da die Konvention die Ausgestaltung in wesentlichen Teilen den Mitgliedstaaten überlässt. Die Empfehlungen des Europarates sind als unverbindliche Instrumente nicht geeignet, diese Lücke zu füllen. Sie bieten lediglich Anhaltspunkte für eine mögliche Interpretation der Konvention. Nicht förderlich ist auch der weite Spielraum, den Artikel 12 Abs. 3 lit. a) DSK den Staaten bietet. Er erlaubt es auch weiterhin, Datenflüsse in Mitgliedstaaten mit niedrigerem Schutzniveau zu verbieten, wenn auch im Wege von Einzelfallentscheidungen[336]. Schließlich fehlt es an einer Regelung des Datenexports in Drittstaaten, was zu divergierenden nationalen Regelungen führen kann[337].

Ein weiteres Problem ist die mangelnde Durchsetzbarkeit der Konvention, die die Errichtung eines Aufsichtssystems[338] nicht vorsieht. Als völkerrechtlicher Vertrag bindet die Konvention direkt nur die Staaten[339]. Mangels unmittelbarer Wirkung kann sich ein Betroffener daher lediglich auf den Umsetzungsakt beziehen. Im Falle der Nichtumsetzung entgegen Artikel 4 DSK drohen einem Staat lediglich die Konsequenzen, die das Völkerrecht für die Nichteinhaltung

---

335 Vgl. nur *Mayer*, a.a.O. (Fn. 258) S. 43, mit weiteren Nachweisen.

336 *Evans*, a.a.O. (Fn. 205), S. 580; *Simitis*, a.a.O. (Fn. 280), S. 11.

337 *Ellger*, a.a.O. (Fn. 272), S. 565.

338 Mangels einer zentralen Stelle, die für die Evaluierung der nationalen Umsetzungsmaßnahmen zuständig wäre, muss jede verarbeitende Stelle selbst prüfen, dass die Umsetzung im Empfängerstaat auch vollzogen wurde, *Bothe/Kilian*, a.a.O. (Fn. 237), S. 550.

339 Darunter fällt auch die Pflicht zur konventionskonformen Auslegung der Gesetze, z.B. in Groß-Britannien, *Jay/Hamilton*, a.a.O. (Fn. 259), S. 7.

von Verträgen vorsieht[340]. Dies kommt aber nur in Betracht, soweit der betreffende Staat die DSK zumindest gezeichnet hat[341]. Aus der Perspektive des Individualrechtsschutzes ist die Konvention daher kein vielversprechendes Instrument.

Allenfalls ist es mit der Konvention daher gelungen, in fast ganz Europa bindend rudimentäre Datenschutzgrundsätze zu verbreiten, die als ein Ausgangspunkt für weitere innerstaatliche Anstrengungen angesehen werden konnten.

III. Zusammenfassung der dargestellten Bestimmungen im Sinne eines Bestands internationaler Kernprinzipien

Die oben vorgenommene Analyse der einschlägigen Bestimmungen ergibt ein differenziertes Bild.

1.) Strukturelle Unterschiede zwischen den einzelnen Rechtsquellen

Zum einen enthalten die völkerrechtlichen Übereinkommen zum Menschenrechtsschutz, insbesondere die EMRK, mit dem Recht auf Schutz des Privatlebens einen allgemeinen Ansatzpunkt für die Ableitung von Datenschutzgrundsätzen. Gleiches gilt für die Verfassungen der Mitgliedstaaten, die nur vereinzelt konkrete Datenschutzgrundsätze beinhalten. Die Ableitung von Datenschutzprinzipien obliegt der Praxis der jeweils eingerichteten Streitentscheidungsorgane und basiert daher auf Einzelfallentscheidungen, die nicht immer verallgemeinerungsfähig sind. Die Übereinkommen bieten aber den Vorteil der völkerrechtlichen Verbindlichkeit, im Falle der EMRK sogar den der unmittelbaren Anwendbarkeit.

Zum anderen sehen demgegenüber die internationalen Datenschutzvereinbarungen detaillierte Kataloge von Datenschutzgrundsätzen vor. Dies ist vermutlich der engen Zusammenarbeit der Beteiligten[342] auf allen Seiten bei der Entwicklung zuzuschreiben. Jedoch bezweckten sie stets nur ein internationales Mindestniveau, was im Falle der Leitlinien der OECD und der VN zudem nur um den Preis der völkerrechtlichen Unverbindlichkeit erreicht wurde.

Die Europäische Datenschutzkonvention vereint die Vorteile der völkerrechtlichen Verbindlichkeit mit dem eines strukturierten Katalogs von Datenschutzgrundsätzen. Allerdings bezweckt auch sie nur die Einführung eines Minimalniveaus.

---

340 *Ellger*, a.a.O. (Fn. 272), S. 561, unter Hinweis auf das Wiener Übereinkommen über das Recht der Verträge vom 23.5.1969. Für dessen Anwendbarkeit kommt es aber auf den Zeitpunkt seines Inkrafttretens für den jeweiligen Staat an sowie auf den Zeitpunkt, zu dem die DSK gezeichnet wurde.

341 Das ist bislang nicht der Fall bei Albanien, Andorra, Armenien, Aserbaidschan, San Marino, Serbien und Montenegro, die frühere jugoslawisch Republik Mazedonien und die Ukraine.

342 *Nugter*, Transborder Flow of Personal Data within the EC, S. 33.

2.) Die Kernprinzipien im Einzelnen

Als Ergebnis der Analyse lassen sich die folgenden Kernprinzipien[343] feststellen:

Der Grundsatz der *Qualität der Daten* ist in allen Regelungen vorhanden, wenn auch in unterschiedlicher Ausprägung. Aus dem IPbpR und der EMRK wurde abgeleitet, dass personenbezogene Daten als Gegenstand eines Verarbeitungsvorgangs *richtig* sein müssen, was gegebenenfalls durch den Verarbeiter überprüft werden muss. Darunter fällt auch die Pflicht, die Daten auf dem neuesten Stand zu halten. Weiterhin ist eine *rechtmäßige Grundlage* für die Verarbeitung, die per se einen Grundrechtseingriff darstellt, erforderlich. Die datenschutzspezifischen Regelungen verwenden hier die Begriffe der *Rechtmäßigkeit* sowie der Verarbeitung nach *Treu und Glauben*. Die OECD-Leitlinien konkretisieren das Gebot von Treu und Glauben noch durch die Anforderung der *sparsamen Datenbeschaffung*.

Ein maßgebliches Prinzip ist das der *Zweckbindung*. Auch hier bestehen im Einzelnen Unterschiede. Den größten Spielraum bieten die Richtlinien der VN, die es genügen lassen, dass die Verarbeitung nicht außer Verhältnis zum Speicherungszweck steht. Eine ähnliche Formulierung verwendet die DSK, die aber zusätzlich die Rechtmäßigkeit und Bestimmtheit des Zwecks verlangt. Engere Grenzen setzt auch der EGMR, nach dem eine Verarbeitung grundsätzlich nicht vom Zweck abweichen darf. Eine logische Folge der Zweckbindung ist die *Begrenzung der Speicherungsdauer* nach den Erfordernissen des Speicherungszwecks. In den VN-Richtlinien ist dies ausdrücklich dadurch bestimmt, dass eine Aufbewahrung von Daten nur solange zulässig ist, wie es der Verarbeitungszweck erfordert.

Der *besondere Schutz sensibler Daten* ist ein allgemeiner Grundsatz, den lediglich die OECD-Leitlinien nicht aufgegriffen haben. Sie ermöglichen es aber immerhin den Staaten, erhöhte Schutzmaßnahmen für bestimmte Arten von Daten zu treffen. Hier gehen die Richtlinien der VN am weitesten, indem sie einen grundsätzlichen Verzicht auf die Verarbeitung solcher Daten fordern. Aus dem IPbpR und der EMRK sind bislang keine allgemeine Anforderungen für den Umgang mit sensiblen Daten entwickelt worden. Es dürfte aber mit der positiven Schutzpflicht der Staaten unvereinbar sein, wenn sie die erforderlichen Schutzvorkehrungen unterließen.

Allen Regelungen gemeinsam ist das entscheidende Erfordernis von *Betroffenenrechten*. Als Mindeststandard gilt die Möglichkeit des Einzelnen, *Auskunft* über die ihn betreffenden Informationen zu erlangen. Ein Recht auf *Information*

---

[343] Vgl. hierzu auch die rechtsvergleichende Untersuchung von *Hahn*, Datenschutzrecht und grenzüberschreitender Datenverkehr, S. 105, mit weiteren Bezügen zur EU-Datenschutzrichtlinie.

durch den Verarbeiter wird lediglich in der DSK angeregt[344]. Dem *Zugang* des Betroffenen zu seinen Daten dient auch das Gebot der *Transparenz* der Dateien und Datensammlungen, das vor allem in den datenschutzspezifischen Instrumenten vorkommt. Übereinstimmend soll der Betroffene die Möglichkeit der *Berichtigung* sowie gegebenenfalls der *Löschung* seiner Daten haben.

Der Grundsatz der *Sicherheit* der Daten wurde in der Rechtsprechung des EGMR anerkannt und ist Bestandteil aller Datenschutzregelungen. Zu nennen ist auch die Pflicht der Staaten, *unabhängige Kontrollgremien* zur Überwachung der Datenschutzbestimmungen einzurichten. Dies findet sich in der DSK und in den Richtlinien der VN wieder. Ferner muss dem Bürger ein *Sanktionssystem* zur Verfügung stehen, das ihn bei der Verwirklichung seine Rechte unterstützt. Hierzu zählen Rechtsmittel gegen ablehnende Entscheidungen sowie strafrechtliche Konsequenzen für die Missachtung von Datenschutzgrundsätzen. Letzteres sehen allerdings nur die DSK und die OECD-Leitlinien vor. Es ist aber nicht auszuschließen, dass auch der Erlass strafrechtlicher Sanktionen innerhalb der Schutzpflicht der Staaten nach der EMRK und dem IPbpR liegt.

Als zulässige Gründe für *Ausnahmen* sind vor allem der Schutz der öffentlichen Sicherheit und Ordnung, der Schutz der Betroffenen sowie Rechte Dritter anerkannt. Ausnahmevorschriften müssen für jedermann *zugänglich* und *bestimmt* sein. Sie müssen keine formellen Gesetze sein, es genügen „entsprechende Regelungen“ (VN-Richtlinien) oder Maßnahmen, die „im Recht der Vertragsparteien vorgesehen“ sind (DSK). Der EGMR fordert allerdings, dass die Vorschriften *einer gerichtlichen Überprüfung zugänglich* sind und dem *Verhältnismäßigkeitsgebot* entsprechen.

Die Regelung des *grenzüberschreitenden Datenverkehrs* ist ein zentraler Gegenstand der internationalen Datenschutzinstrumente. Obwohl es in der Entscheidungspraxis der EMRK und des IPbpR noch keinen entsprechenden Fall gab, dürfte es im Rahmen der positiven Schutzverpflichtung den Staaten obliegen, den Schutz von solchen personenbezogenen Daten zu gewährleisten, die ins Ausland transferiert werden.

IV. Bindung der Europäischen Gemeinschaft an die internationalen Kernprinzipien des Datenschutzes

In diesem Kapitel soll untersucht werden, in wie weit die Europäische Union an die dargestellten Kernprinzipien gebunden ist. Eine Bindungswirkung kann nicht unmittelbar bestehen, da die Union, d.h. insbesondere die Europäische Gemeinschaften, nicht zu den Unterzeichnern der genannten Übereinkommen

344 Für die EMRK hat der EGMR ein Benachrichtigungsrecht gefordert.

und Instrumente gehört[345]. Daher soll zunächst deren völkerrechtliche Verbindlichkeit im Sinne allgemeiner Rechtsgrundsätze geprüft werden. Zudem könnte eine Bindungswirkung über die Beachtung der Menschenrechte durch die Union bestehen. Ausgangspunkt für eine solche Bindungswirkung ist die grund- bzw. menschenrechtliche Dimension des Datenschutzes.

1.) Völkerrechtliche Verbindlichkeit der dargestellten Kernprinzipien im Sinne allgemeiner Rechtsgrundsätze

Kommt den Kernprinzipien des Datenschutzes die Qualität allgemeiner Rechtsgrundsätze des Völkerrechts zu? Wie dargestellt liegen diesen Prinzipien sowohl internationale Übereinkommen als auch Empfehlungen von internationalen Organisationen als Quellen zugrunde. Das Indiz, dass sie somit räumlich äußerst weit verbreitet sind, lässt damit auf eine weitreichende Akzeptanz der Bestimmungen schließen. Diese erste Einschätzung soll nun einer differenzierteren Betrachtung anhand der für die völkerrechtliche Verbindlichkeit maßgeblichen Norm, Artikel 38 Abs. 1 lit. c) des IGH-Statuts, unterzogen werden.

Unter den allgemeinen Rechtsgrundsätzen versteht Artikel 38 Abs. 1 lit. c) des IGH-Statuts diejenigen anerkannten Rechtsprinzipien, die allen oder doch den meisten nationalen Rechtsordnungen gemeinsam sind. Ihrem Ursprung nach sind sie also völkerrechtsfremde Normen, die nicht in einem völkerrechtlichen Normsetzungsprozess entstanden sind[346]. Anerkanntermaßen zählen zu ihnen die vertraglichen Grundsätze, die in der Wiener Vertragsrechtskonvention kodifiziert wurden[347] sowie solche Prinzipien, die für das Funktionieren eines jeden Rechtssystems unerlässlich sind, wie das Gebot von Treu und Glauben, das Gebot der Billigkeit, das Prinzip *pacta sunt servanda* und die Grundelemente der Völkerrechtsordnung wie das *Estoppel*-Prinzip, der Grundsatz des rechtlichen Gehörs, die Einrede der höheren Gewalt, das Verbot des Rechtsmissbrauchs sowie die Rechtskraft des Urteils[348].

Die Bestimmung, welche Prinzipien als allgemeine Rechtsgrundsätze in Betracht kommend, ist äußerst schwierig[349]. Insbesondere die Einordnung der hier betroffenen Menschenrechte und Grundfreiheiten wirft einige Probleme auf, da sie sich nicht in die dualistische Unterscheidung zwischen nationalem, also völ-

---

345 Gleichwohl kann es im Einzelfall durchaus zu einer Kooperation mit der Europäischen Kommission kommen, vgl. Artikel 13 der OECD-Konvention und erstes Zusatzprotokoll zur OECD-Konvention.

346 *Ipsen*, Völkerecht, S. 231.

347 *Vitzthum*, in: Vitzthum, S. 69.

348 *Vitzthum*, a.a.O. (Fn. 347); *Dahm/Delbrück/Wolfrum*, Völkerrecht, S. 64; *Eilas/Lim*, 'General Principles of Law', 'Soft' Law and the Identification of International Law, in: NYIL, Bd. 28 (1997), S. 3 (28).

349 *Billib*, Die allgemeinen Rechtsgrundsätze gemäß Artikel 38 I c des Statuts des Internationalen Gerichtshofs - Versuch einer Deutung, S. 15.

kerrechtsfremden Recht einerseits und internationalem Recht andererseits einfügen[350]. So sind die oben dargestellten internationalen Menschrechtsübereinkommen, die Empfehlungen der VN und der OECD sowie die DSK zwar dem internationalen Recht zuzuordnen, sie betreffen im Kern aber nicht die Beziehung von Staaten untereinander[351]. Oftmals dürfte auch unklar sein, ob eine solche internationale Regelung dazu dient, einen bereits vorhandenen nationalen Grundsatz auf internationaler Eben zu kodifizieren oder ob eine internationale Regelung einem Rechtsgrundsatz erst zur Durchsetzung in den beteiligten Staaten verhelfen soll.

An dieser Stelle erscheint ein Lösungsansatz hilfreich, der speziell das Verhältnis von Menschenrechten und allgemeinen Rechtsgrundsätzen berücksichtigt. Danach erlangen Prinzipien den Status allgemeiner Rechtsgrundsätze, wenn sie wiederholt und nachdrücklich von der internationalen Staatengemeinschaft vorgebracht wurden und auf diese Weise allgemein Anerkennung erlangt haben, sogar bevor sich ein Gewohnheitsrecht gebildet hat[352]. Für diesen Ansatz spräche, dass die mit Artikel 38 Abs. 1 lit. c) des IGH-Statuts intendierte ergänzende Funktion[353] zur Geltung käme.

Es sprechen jedoch gewichtige Gründe gegen einen solchen Ansatz:

Zum einen ist zu beachten, dass als allgemeine Rechtsgrundsätze nur die Prinzipien selbst in Betracht kommen, die für die betroffenen Rechtssysteme von grundlegender Bedeutung und aufgrund ihres Regelungsbereichs auf das Völ-

---

350 *Billib*, a.a.O. (Fn. 349), S. 15 f.; *Elias/Lim*, a.a.O. (Fn. 348) S. 22.

351 So für den Bereich der Menschrechte und Grundfreiheiten *Elias/Lim*, a.a.O. (Fn. 348), S. 22. Die Regelungen zum grenzüberschreitenden Datenverkehr in den Empfehlungen der VN und OECD sowie in der DSK sind insoweit Ausnahmen. Jedoch bilden sie nicht den inhaltlichen Schwerpunkt der Maßnahmen.

352 Vgl. *Elias/Lim*, a.a.O. (Fn. 348), S. 35 f.; in eine ähnliche Richtung geht ein weiterer Ansatz, nach der Entschließungen supranationaler Organisationen unter bestimmten Bedingungen ebenfalls als Rechtsquelle gelten können, vgl. *Hailbronner/Klein*, in: *Simma*, Charta der Vereinten Nationen, Artikel 10 Rn. 41; *Dahm/Delbrück/Wolfrum*, a.a.O. (Fn. 348), S. 69 ff., m.w.N. Es hängt aber verstärkt von der konkreten Erscheinungsform der jeweiligen Entschließung ab, ob im Ergebnis von einer verbindlichen Entscheidung auszugehen ist. So können feierliche Deklarationen der Generalversammlung dazu dienen, bestehende Grundsätze zu bekräftigen oder neue zu begründen. In der Regel sind Empfehlungen aber Mittel der beratenden, konsultierenden, anregenden Tätigkeit internationaler Organisationen, vgl. *Dahm/Delbrück/Wolfrum*, S. 71. Auch nach diesem Ansatz ergibt sich keine andere Einschätzung: Weder lässt die VN-Charta erkennen, dass Empfehlungen der Generalversammlungen verbindlich sein sollen, noch stellt dies die OECD-Konvention für Empfehlungen des Rates fest. Wie dargelegt (siehe oben II. 1) b) und II. 2)) ergibt sich aus den Empfehlungen selbst, dass nur Mindestnormen geschaffen bzw. eine Etappe auf dem Weg zu einer möglichen späteren Konvention zurückgelegt werden sollte.

353 *Dahm/Delbrück/Wolfrum*, a.a.O. (Fn. 348), S. 68; *Ipsen*, a.a.O. (Fn. 346), S. 233.

kerrecht übertragbar sind. Nicht mehr darunter fallen die aus diesen Grundsätzen lediglich herleitbaren Normen[354]. Dadurch sind allenfalls die den Kernprinzipien des Datenschutzes zugrundeliegenden allgemeinen Grundsätze der Schutzwürdigkeit der Privatsphäre sowie der Schutz personenbezogener Daten geeignet, allgemeine Rechtsgrundsätze des Völkerrechts zu sein, nicht dagegen deren konkrete Ausgestaltung in Form spezifischer Datenschutzregelungen.

Zum anderen erforderte die Voraussetzung der allgemeinen Anerkennung den Nachweis, dass der betroffene Rechtssatz von allen Staaten auch vollzogen wird. Im Falle der oben dargestellten Kernprinzipien dürfte dieser Nachweis in gleichem Maße schwierig sein wie der Nachweis einer stetigen Übung im Sinne eines Völkergewohnheitrechts[355].

Entscheidend gegen die Annahme eines allgemeinen Rechtsgrundsatzes spricht schließlich, dass - wie oben erwähnt[356] - insbesondere die Empfehlungen von VN und OECD sowie die DSK lediglich Anreize für ihre Mitgliedstaaten im Sinne eines Mindeststandards setzen und eine spätere konkretere Ausgestaltung nicht behindern wollten.

Im Ergebnis spricht daher Überwiegendes dagegen, dass die genannten Kernprinzipien als solche bereits völkerrechtliche Verbindlichkeit im Sinne allgemeiner Rechtsgrundsätze besitzen. Die Tatsache, dass die genannten Instrumente durch Gremien verabschiedet wurden, von denen eines die gesamte Staatengemeinschaft repräsentiert, spricht aber dafür, dass sie zumindest auf politischer Ebene als Anreiz wahrgenommen werden, entsprechende Grundsätze in den nationalen Rechtsordnungen zu etablieren[357]. Allerdings darf man wohl von ausgehen, dass der den Kernprinzipien zugrunde liegende Schutz der Privatsphäre und der Schutz personenbezogener Daten allgemeine Grundsätze im Sinne des Artikel 38 Abs. 1 lit. c) des IGH-Statuts darstellen.

2.) Bindung durch Substitution und Sukzession

Einen weiteren Ansatz bietet die Überlegung, dass die Union den gleichen völkerrechtlichen Bindungen unterliegt wie die Mitgliedstaaten, die sie repräsentiert. Eine Bindung ergäbe sich danach kraft einer substituierenden Wirkung der Rechtsgemeinschaft. Das Repräsentationsmodell vermag aber das Handeln dieser Gemeinschaft aufgrund eigener Kompetenzen nur bedingt zu erfassen. Es wird deshalb argumentiert, dass neue Kompetenzen im Wege der Rechtsnachfolge auf diejenigen Mitgliedstaaten rückführbar seien, die entsprechende Kom-

---

354 *Ipsen*, a.a.O. (Fn. 346), S. 231 f.

355 *Elias/Lim*, a.a.O. (Fn. 348), S. 36.

356 Siehe oben II. 1) b) und II. 2).

357 Eine solche politische Bindungswirkung spricht *Billib* auch den in Artikeln 1 und 2 der Charta der Vereinten Nationen niedergelegten Zielen zu, a.a.O. (Fn. 349), S. 15 f.

petenzen vorher übertragen haben[358]. Diese Lösung erscheint jedoch unvollkommen, da sie nur eine Bindung an die materiellen Garantien der Menschenrechte, insbesondere der EMRK, vorsieht, nicht aber eine Unterwerfung der Gemeinschaften unter die Rechtsprechung des EGMR. Es bestünde so die Gefahr, dass der Schutz der Bürger bei zunehmenden Kompetenzen der Gemeinschaften und im Zuge des Beitritts weiterer Mitgliedstaaten abnimmt[359].

3.) Bindung an die allgemeinen Grundsätze des Gemeinschaftsrechts

Schließlich liefert die Gemeinschaftsrechtsordnung selbst einen Ansatz zur Achtung von Grund- und Menschenrechten. In diesen Zusammenhang spielen die zentrale Norm des Artikels 6 EU und die Rechtsprechung des EuGH die entscheidende Rolle. Zudem existieren zahlreiche politische Erklärungen und Bekundungen, mit denen die besondere Bedeutung der Menschenrechte und Grundfreiheiten für die Gemeinschaften und die Union hervorgehoben werden.

Anknüpfungspunkt für die Beachtung der Menschenrechte durch die Union ist somit vor allem Artikel 6 EU. Da die Union keine eigene Rechtspersönlichkeit besitzt, kann sich die an sie adressierte Norm nur auf die Grundlagen der Union beziehen, wie sie in Artikel 1 Abs. 3 EU bezeichnet werden. Verpflichtet sind daher die Europäischen Gemeinschaften, d.h. insbesondere ihre Organe und Einrichtungen sowie die in den einzelnen Politikfeldern des Unionsvertrages tätigen Mitgliedstaaten[360].

a) Artikel 6 Abs. 1 EU

Nach Artikel 6 Abs. 1 HS. 1 EU beruht die Union auf den Grundsätzen der Freiheit, der Demokratie, der Achtung der Menschenrechte und Grundfreiheiten sowie der Rechtsstaatlichkeit. Hinsichtlich seiner rechtlichen Verbindlichkeit ist Abs. 1 nicht eindeutig. Die Vorschrift nimmt auf die Menschenrechte und Grundfreiheiten Bezug, was zunächst auf einen gegenüber Abs. 2 weiteren Anwendungsbereich schließen lässt. Im Unterschied zu Abs. 2 fehlt aber eine förmliche Bindungserklärung, wie sie dort durch den Begriff der Achtung zum

---

358 *Pescatore*, in: *Mosler/Bernhardt/Hilf* (Hrsg.), Grundrechtsschutz in Europa, S. 64 (71).

359 *Bernhardt*, in: Probleme eines Beitritts der Europäischen Gemeinschaft zur Europäischen Menschenrechtskonvention, in: *Due/Lutter/Schwarze* (Hrsg.), Festschrift für Everling, S. 103 (107); zustimmend *Widmaier*, Gedanken zum Grundrechtsschutz im Verhältnis der Europäischen Union / Europäischen Gemeinschaft zur Europäischen Menschenrechtskonvention und zur Schließung einer Rechtsschutzlücke, in: *Haller/Kruger* (Hrsg.), Festschrift für Klebes, S. 1 (11).

360 Zu dem Problem, wie Artikel 6 EU eine Bindung der Gemeinschaft ohne ausdrücklich Änderung des EG-Vertrags bewirken kann vgl. *Pechstein*, in: Streinz, EUV/EGV, Artikel 6 EU, Rn. 2 sowie Artikel 47 EU, Rn. 5.

Ausdruck gebracht worden ist[361]. Daher führt Abs. 1 nicht zu einer entsprechenden Bindungswirkung für die Union.[362].

b) Artikel 6 Abs. 2 EU

Eine unmittelbare rechtliche Bindung bewirkt Artikel 6 Abs. 2 EU. Mit Artikel 6 Abs. 2 EU haben die Mitgliedstaaten die Bezugsformel des EuGH zum Grundrechtsschutz kodifiziert und im Unionsvertrag verankert[363]. Der EuGH hat in ständiger Rechtsprechung erklärt, dass die Europäischen Gemeinschaften wie jedes Völkerrechtssubjekt an die allgemeinen Rechtsgrundsätze des Völkerrechts gebunden sind[364].

Der Europäische Gerichtshof hat sich stets an den grundrechtlichen Gewährleistungen orientiert, die solchen völkerrechtlichen Verträgen entstammen, an deren Abschluss die Mitgliedstaaten beteiligt waren oder denen sie beigetreten sind[365]. Dabei hat der EuGH deutlich gemacht, dass er die internationalen Menschenrechtsübereinkommen bei der Bestimmungen allgemeiner Gemeinschaftsgrundsätze für maßgeblich hält. Den Ausführungen des EuGH ist aber auch zu entnehmen, dass er eine Bindungswirkung nur dort erkennt, wo die zugrundeliegenden Regelungen selbst verbindlich sind. Denn er sieht den Ausgangspunkt für einen allgemeinen Rechtsgrundsatz gerade in der Bindung der Mitgliedstaaten an die jeweiligen Übereinkommen[366].

In Artikel 6 Abs. 2 EU wurde nun der Begriff der allgemeinen Rechtsgrundsätze aufgegriffen und eine einseitige, völkerrechtliche Selbstverpflichtung der Union zur Achtung dieser allgemeinen Rechtsgrundsätze erklärt[367]. Die Herlei-

---

361 *Pechstein*, in: Streinz, EUV/EGV, Artikel 6 EU, Rn. 6; *Kingreen*, in: Calliess/Ruffert, EUV/EGV, Artikel 6 EU, Rn. 17.

362 Rechtlich bedeutsam ist die Norm aber dahingehend, dass sich die Union von den genannten Prinzipien leiten lassen muss und ihnen nicht widersprechen darf.

363 *Gaitanides*, in: von der Groeben/Schwarze, EUV/EGV, Artikel 220 EG, Rn. 24.

364 Vgl. Urteile des EuGH vom 16.6.1998 - Rs. C-162/1996 (*Racke/Hauptzollamt Mainz*) Rn. 45, Slg. 1998 I, S. 3655; EuGH vom 27.9.1988 - Rs. 89, 104, 114, 116, 117 und 125 bis 129/85 (*Ahlström/Kommission*) Rn. 18, Slg. 1988 I, S. 5193, S. 5241; *Vedder*, in: Grabitz/Hilf, EUV/EGV, Artikel 228 EG, Rn. 43; *Schmalenbach*, in: Caliess/Ruffert, Artikel 300, Rn. 27; in Bezug auf das allgemeine Völkervertragsrecht *Wünschmann*, Geltung und gerichtliche Geltendmachung völkerrechtlicher Verträge im Europäischen Gemeinschaftsrecht, S. 30.

365 Vgl. Urteile EuGH vom 14.5.1974 - Rs. 4/73 (*Nold/Kommission*), Slg. 1974, S. 491 ff.; EuGH vom 13.12.1979 - Rs. 44/79 (*Hauer/Land Rheinland Pfalz*) Rn. 15, Slg. 1979, S. 3727; EuGH vom 21.9.1989 - Rs. 46/87 und 227/88 (*Hoechst/Kommission*) Rn. 13 u. 18, Slg. 1989, S. 2919; EuGH vom 17.10.1989 - Rs. 97 bis 99/87 (*Dow Chemical Ibérica SA u.a./Kommission*) Rn. 10, Slg. 1989, S. 3181.

366 Vg. Urteil EuGH *Stauder*, a.a.O. (Fn. 399), Rn. 7.

367 *Pechstein*, in: Streinz, EUV/EGV, Artikel 6 EU, Rn. 11; *Beutler*, in: von der Groeben/Schwarze, EUV/EGV, Artikel 6 EU, Rn. 39.

tung dieser Grundsätze bestimmt sich grundsätzlich gleichrangig nach den in Artikel 6 Abs. 2 EU genannten Erkenntnisquellen der gemeinsamen Verfassungsüberlieferungen der Mitgliedstaaten sowie insbesondere der EMRK[368]. Der EMRK kommt dabei allerdings ein besonderes Gewicht zu[369].

aa) Das Recht auf Datenschutz als Teil einer gemeinsamen Verfassungsüberlieferung der Mitgliedstaaten

Die folgende Untersuchung dient der Feststellung, in wie weit ein Recht auf Datenschutz in den Verfassungen der Mitgliedstaaten verankert ist.

aaa) Ausdrückliche Gewährleistung eines Grundrechts auf Datenschutz

In einigen Staaten existiert ein Recht auf Schutz personenbezogener Daten *sui generis* mit Verfassungsrang.

- *Niederlande*

So garantiert Artikel 10 Abs. 1 der niederländischen Verfassung[370] jedermann die Achtung seiner Privatsphäre. Darüber hinaus beinhaltet Abs. 2 die Aufforderung an den Gesetzgeber, Regelungen für das Sammeln personenbezogener Daten zu erlassen. Die Regelung von Betroffenenrechten bedürfen nach Abs. 3 eines förmlichen Gesetzes unter Mitwirkung des Parlaments. Der Zusammenhang mit den Abs. 2 und 3 macht deutlich, dass der Schutz personenbezogener Daten einen Teilbereich der durch Abs. 1 geschützten Privatsphäre darstellt..

- *Portugal*

Ausführlichere Vorgaben enthält die portugiesische Verfassung[371]. Im Kapitel „Persönliche Rechte, Freiheiten und Garantien" regelt Artikel 35 den Gebrauch von automatisierten Daten. Die Bestimmung verzichtet darauf, ein Recht des Einzelnen auf informationelle Selbstbestimmung positiv zu formulieren. Statt dessen wird die Verarbeitung personenbezogener Daten durch konkrete Grund-

---

368 *Rengeling*, Grundrechtsschutz in der Europäischen Gemeinschaft, S. 227. Die hervorgehobene Nennung der EMRK schließt die Berücksichtigung anderer Verträge, denen die Mitgliedstaaten angehören, nicht aus. So ist der EuGH nicht daran gehindert, auch die Grundsätze des IPbpR und auch der Grundrechtecharta in seine Erwägungen mit einzubeziehen. Vorliegend soll aber vor allem auf die EMRK eingegangen werden.

369 Vgl. nur Urteile EuGH vom 18.6.1991 - Rs. C-260/89 (*ERT*), Rn. 41; EuGH vom 18.12.1997 - Rs. C-309/86 (*Annibaldi/Guidonia* und *Lazio*), Rn. 12; *Bleckmann*, Europarecht, S. 54; *Kingreen*, in: Calliess/Ruffert, EUV/EGV, Artikel 6 EU, Rn. 35; *Kokott*, Der Grundrechtsschutz im Europäischen Gemeinschaftsrecht, in: AöR 1996, S.599 (602 f.).

370 Verfassung des Königreichs der Niederlande, vom 17.2.1983 (Staatsblad 1983, S. 70), abgedruckt bei *Simitis/Dammann/Mallmann/Reh*, Dokumentation zum Bundesdatenschutzgesetz, Bd. 2, Kapitel D 23.2, Stand Januar 1990.

371 Verfassung der portugiesischen Republik vom 1.6.1989, in Auszügen abgedruckt bei *Simitis/Dammann/Mallmann/Reh*, a.a.O. (Fn. 370), Kapitel D 6.1, Stand April 1992.

sätze eingeschränkt. Anhand dieser Grundsätze lässt sich im Wege des Umkehrschlusses ein Recht auf informationelle Selbstbestimmung gleichwohl deutlich erkennen. Danach haben alle Bürger hinsichtlich der sie bereffenden Daten ein Zugangsrecht sowie einen Informationsanspruch dahingehend, ob bzw. welche Daten zu welchem Zweck vorgehalten werden. Den verarbeitenden Stellen obliegt es zu gewährleisten, dass die Daten richtig und auf dem neuesten Stand sind (Artikel 35 Abs. 1). Sensible Informationen dürfen grundsätzlich nicht ohne Einwilligung in automatisierten Dateien verarbeitet werden, sofern dies nicht gesetzlich vorgeschrieben ist oder dies statistischen Zwecken dient. In beiden Fällen sind Schutzmaßnahmen gegen Diskriminierung bzw. zur Anonymisierung zu ergreifen (Artikel 35 Abs. 3). Dem Staat ist die Verwendung von persönlichen Identifizierungsnummern untersagt (Artikel 35 Abs. 5). Beim staatlich garantierten Zugang zu öffentlichen Informationen sind Maßnahmen zum Schutz personenbezogener Daten vorzusehen (Artikel 35 Abs. 6). Diese Regelungen sollen auch für manuelle Daten gelten (Artikel 35 Abs. 7). Die nähere Umsetzung dieser Grundsätze sowie deren Überwachung durch eine unabhängige staatliche Stelle werden der Ausgestaltung durch einfache Gesetze überlassen.

- *Spanien*

Artikel 18 der spanischen Verfassung[372] schützt u.a. die persönliche Privatsphäre. Die Vorschrift weist Ähnlichkeiten zu Artikel 8 EMRK auf, indem sie auch die Ehre, das Familienleben sowie die Vertraulichkeit der Wohnung und der Kommunikation in den Schutz einbezieht. Zugleich wird hier ein moderner Charakter der spanischen Verfassung deutlich, da die Kommunikation in ihrer Gesamtheit und nicht lediglich in speziellen Erscheinungsformen geschützt wird.

Ausgehend von der generellen Garantie der persönlichen Privatsphäre in Abs. 1 enthalten die Abs. 3 und 4 wichtige zusätzliche Bestimmungen. Zum einen wird der Schutz des Kommunikationsgeheimnisses in die Nähe des Schutzbereichs der Privatsphäre gerückt. Dadurch kann der praktisch äußerst bedeutsame Bereich der Telekommunikationsüberwachung auch unter dem Blickwinkel des Datenschutzes bewertet werden, wie dies der EGMR im Zuge seiner langjährigen Rechtsprechung entwickelt hat. Zum anderen ordnet Abs. 4 den Erlass gesetzlicher Maßnahmen an, mit denen der Einsatz der Informatik im Hinblick auf den Schutz der Privatsphäre beschränkt wird. Damit stellt die Verfassung die besondere Gefährlichkeit automatisierter Datenverarbeitungsprozesse für den

---

372 Spanische Verfassung vom 27.12.1978, Gesetzblatt Nr. 311.1 vom 29.12.1978, in Auszügen abgedruckt bei *Simitis/Dammann/Mallmann/Reh*, a.a.O. (Fn. 370), Kapitel D 11.1, Stand Februar 1982.

Betroffenen klar heraus. Eine entsprechende Aussage hinsichtlich manuell verarbeiteter Daten fehlt allerdings.

- *Griechenland*

Nach der griechischen Verfassung[373] hat jedermann das Recht auf Schutz vor Sammlung, Verarbeitung und Gebrauch seiner Personendaten, insbesondere durch elektronische Mittel. Die Aufsicht über die Einhaltung der Datenschutzvorschriften hat eine unabhängige Behörde. Die relativ neue Vorschrift schützt vor der Verarbeitung von Daten ohne Unterschied, ob dies automatisch oder manuell geschieht, enthält aber keine näheren Angaben über die Zulässigkeit von Eingriffen.

- *Schweden, Polen und Slowakische Republik*

Nach Artikel 3 Abs. 2 der schwedischen Verfassung[374] genießen Bürger einen verfassungsrechtlichen Schutz vor Beeinträchtigungen ihrer persönlichen Integrität durch elektronische Datenverarbeitung. Der Schutz gilt allerdings nicht generell für die Verarbeitung personenbezogener Daten sondern bezieht sich nur auf die in Schweden übliche Erfassung in öffentlich zugänglichen Registern.

Auch in den Verfassungen Polens und der slowakischen Republik wird das Recht auf Schutz personenbezogener Daten bzw. der Schutz vor der unberechtigten Sammlung, Veröffentlichung und Gebrauch solcher Daten gewährt[375]. In der ungarischen Verfassung ist zudem festgelegt, dass der Erlass eines Datenschutzgesetzes einer Zweidrittelmehrheit im Parlament bedarf[376].

- *Österreich*

Die österreichische Verfassung stellt eine Besonderheit dar, da sie auf einen gesonderten Katalog von Grundrechten und Staatzielen fast gänzlich verzichtet. Grund- und Freiheitsrechte sind aber in einzelnen Staatsgrundgesetzen aus dem 19. Jahrhundert enthalten[377]. Diese Grundrechte wurden zum Bestandteil der Bundesverfassung von 1920 erklärt[378]. Des weiteren kommt der EMRK Verfassungsrang zu[379].

---

373 Artikel 9a der griechischen Verfassung vom 9.6.1975 (Fassung vom 6.4.2001).

374 Verfassung des Königreiches Schweden vom 28.2.1974 (Gesetz-Nr. 1974 : 152).

375 Artikel 51 der polnischen Verfassung vom 2.4.1997; Artikel 19 der slowakischen Verfassung vom 1.9.1992.

376 Artikel 59 der ungarischen Verfassung vom 20.8.1949, zuletzt geändert im Jahr 2003.

377 Gesetz zum Schutz der persönlichen Freiheit und Gesetz zum Schutz des Hausrechtes, beide vom 27.10.1862, Nachweise bei *Ermacora*, a.a.O. (Fn. 42), S. 5.

378 *Ermacora*, a.a.O. (Fn. 42), S. 5.

379 Vgl. Österreichisches BGBl. 210/1958.

Das Datenschutzgesetz[380] enthält in Artikel 1 § 1 das Grundrecht auf Datenschutz, das als Teil der Verfassung ausgewiesen ist. Danach hat der Bürger einen Anspruch auf Geheimhaltung ihn betreffender personenbezogener Daten, sofern ein schutzwürdiges Interesse daran besteht. Gemäß Abs. 1 fehlt es an einem solchem Interesse generell, wenn die Daten allgemein verfügbar sind oder sie keinen Bezug zu dem Betroffenen erkennen lassen. Die Daten dürfen nur mit Zustimmung des Betroffenen oder zur Wahrung seiner lebenswichtigen Interessen verwendet werden. Weitere Beschränkungen sind zulässig aufgrund von Gesetzen, die die Voraussetzungen des Artikels 8 Abs. 2 EMRK erfüllen. Die Verwendung sensibler Daten erfordert geeignete Schutzmaßnahmen. In jedem Fall findet das Erforderlichkeitsgebot Anwendung (Abs. 2). Betroffene haben ein Auskunfts- sowie ein Berichtigungsrecht, das ausdrücklich auch bei manuell geführten Dateien gilt. Beschränkungen der Betroffenenrechte sind nach Abs. 2 zulässig. Bei Geltendmachung der genannten Rechte ist grundsätzlich die Datenschutzkommission zuständig. Werden die Daten von einer juristischen Person des privaten Rechts verarbeitet, können die Rechte ihr gegenüber geltend gemacht werden.

bbb) Datenschutz als Ableitung von verfassungsrechtlichen Grundsätzen

In den meisten Mitgliedstaaten besteht eine Anknüpfung des Datenschutzes an generelle oder spezielle Verfassungsgrundsätze.

- *Deutschland*

In der deutschen Verfassung fehlt eine ausdrückliche Bestimmung über den Schutz personenbezogener Daten. Wie eingangs dargestellt[381] besitzt das Recht auf informationelle Selbstbestimmung aber eine grundrechtliche Verankerung im allgemeinen Persönlichkeitsrecht.

- *Frankreich*

Vergleichbar mit Österreich verfügt die französische Verfassung[382] nicht über einen separat gefassten Grundrechtskatalog. Die Präambel verweist jedoch auf die allgemeine Erklärung der Menschen- und Bürgerrechte von 1789 sowie auf die Ergänzungen der Verfassung von 1946. Durch eine Entscheidung des Verfassungsrates vom 16.7.1971 sind die Präambel und die dort genannten Quellen zu Bestandteilen der französischen Verfassung erklärt worden[383]. Der Schutz personenbezogener Daten knüpft an die insoweit verfassungsrechtliche Achtung

---

[380] Bundesgesetz über den Schutz personenbezogener Daten (DSG 2000), BGBl. 2000 I Nr. 165/1999.

[381] Siehe oben Kapitel B I.

[382] Verfassung der V. Republik vom 4.10.1958.

[383] Vgl. Diskussionspapier zur EU-Charta der Grundrechte, Staatskanzlei Thüringen vom 22.12.1999.

der menschlichen Identität, des Privatlebens und der individuellen und öffentlichen Freiheiten an[384].

- *Finnland, Belgien, Luxemburg und andere*

Die Verfassung Finnlands[385] nennt ausdrücklich den Schutz des Privatlebens. Hinsichtlich des Schutzes personenbezogner Daten verweist § 10 Satz 2 der finnischen Verfassung auf die Gesetze. Der Zusammenhang macht deutlich, dass der Datenschutz als Teilgarantie dem Privatleben unterfällt. Bei der Verweisung dürfte es sich um eine Frage der näheren Ausgestaltung handeln. Die belgische Verfassung gewährleistet das Recht auf Achtung des Privatlebens[386]. Einen ähnlichen Bezug bietet die Verfassung Luxemburgs[387], deren Artikel 11 Abs. 3 die natürlichen Rechte des Einzelnen und der Familie enthält. Die italienische Verfassung nennt ausdrücklich nur die Unverletzlichkeit der Wohnung und die Freiheit und das Geheimnis des Schriftverkehrs[388], woraus aber der Schutz der Privatsphäre und der Identität abgeleitet werden[389]. Auch in Dänemark gilt der Schutz personenbezogener Daten als Teilgewährleistung des verfassungsrechtlich garantierten Schutzes der Kommunikation[390]. Die EMRK ist unmittelbar anwendbar, doch hat sie lediglich den Rang eines einfachen Gesetzes[391].

- *Irland, Groß-Britannien, Tschechien*

Im Grundrechtskatalog der irischen Verfassung ist weder der Schutz der Privatsphäre noch des Privatlebens ausdrücklich vorgesehen. Als Anknüpfungspunkt für den Datenschutz wird jedoch der Schutz der Privatsphäre als ein ungeschriebenes Recht im Grundrechtskatalog betrachtet[392]. Im Verfassungsrecht

---

384 *Korff*, Comparative Summary of National Laws, EC Study on Implementation of Data Protection Directive, Study Contract ETD/2001/B5-3001/A/49, S. 9.

385 § 10 der Verfassung vom 11.6.1999, Gesetz Nr. 931/1999.

386 Artikel 22 der Koordinierten Verfassung vom 17.2.1994, Moniteur Belge Nr. 35 vom 17.2.1994; ebenso die Bestimmungen in Artikel 26 der estnischen Verfassung vom 28.1.1998, Artikel 22 der litauischen Verfassung vom 25.10.1992, Artikel 22 der Verfassung Maltas aus dem Jahr 1964, Artikel 35 der slowenischen Verfassung aus dem Jahr 1991, Artikel 96 der lettischen Verfassung vom 15.2.1922, zuletzt geändert im Jahr 2003, sowie Artikel 15 der Verfassung der Republik Zypern aus dem Jahr 1960. Die lettische und die zyprische Verfassung enthält zusätzlich eine Garantie zur Einhaltung aller Rechte und Freiheiten gemäß internationaler Verpflichtungen bzw. der EMRK, siehe dort Artikel 89 bzw. Artikel 5.

387 Verfassung vom 17.10.1868, Mém. 23 vom 22.10.1868, S. 220..

388 Artikel 14 und 15 der italienischen Verfassung vom 27.12.1947.

389 *Korff*, a.a.O. (Fn. 384), S. 8.

390 So *Bernsdorff*, in: EU-Grundrechtecharta Kommentar, Artikel 8, Rn. 3 unter Hinweis auf § 72 Satz 2 der Dänischen Verfassung vom 5.6.1953; keinen Anknüpfungspunkt will jedoch *Korff* erkennen, a.a.O. (Fn. 384), S. 8.

391 *Korff*, a.a.O. (Fn. 384), S. 9.

392 *Korff*, a.a.O. (Fn. 384), S. 8.

Groß-Britanniens kann der Schutz personenbezogener Daten aus Artikel 8 EMKR abgeleitet werden[393], die in das britische Recht inkorporiert wurde und teilweise Verfassungsrang genießt. Dies gilt auch für die tschechische Verfassung[394].

ccc) Ergebnis

Es kann festgehalten werden, dass die Verfassungen aller Mitgliedstaaten das Recht auf Schutz personenbezogener Daten oder zumindest das Recht auf Schutz der Privatsphäre kennen. Eine Studie der Kommission kommt zudem zu dem Ergebnis, dass in den meisten Mitgliedstaaten der Europäischen Union ein im Wesentlichen gleich hohes Datenschutzniveau herrscht[395]. Dies dürfte maßgeblich zurückzuführen sein auf die erfolgten Umsetzungen der Europäischen Datenschutzkonvention und der europäischen Datenschutzrichtlinie[396]. Obwohl die Richtlinie Datenschutz als Angelegenheit des Grundrechtsschutzes begreift[397], waren die Mitgliedstaaten grundsätzlich nicht dazu verpflichtet, die Vorgaben der Richtlinie durch Verfassungsnormen umzusetzen. In den meisten Staaten erfolgte die Implementierung durch einfachgesetzliche Normen. Ist der Schutz personenbezogener Daten aber - wie in einigen Mitgliedstaaten geschehen - verfassungsrechtlich verankert, hat das insoweit Auswirkungen auf die Normenhierarchie, als einschränkende einfachgesetzliche Regelungen im Lichte der Verfassungsbestimmungen ausgelegt werden müssen[398]. Bei verfassungsrechtlicher Verankerung des Datenschutzes besteht somit ein Vorrang gegenüber einfachen Gesetzen.

Somit kann davon ausgegangen werden, dass Datenschutz zu den gemeinsamen Verfassungsüberlieferungen der Mitgliedstaaten zählt.

---

393 *Korff*, a.a.O. (Fn. 384), S. 8 f.

394 Artikel 10 der Verfassung der tschechischen Republik vom 16.12.1992.

395 Dies stellt - bezogen auf den Zeitpunkt vor dem Beitritt der neuen mittel- und osteuropäischen Mitgliedstaaten am 1.5.2004 - der erste Bericht der Kommission vom 15.5.2003 über die Durchführung der Datenschutzrichtlinie (EG/95/46), S. 13 ff., Dokument KOM (2003) 265 endgültig, fest.

396 Richtlinie 46/95/EG des Europäischen Parlaments und des Rates vom 24.10.1995 zum Schutz natürlicher Personen bei der Verarbeitung personenbezogener Daten und zum freien Datenverkehr, ABl. Nr. L 281 S. 31 ff. vom 13.11.1995.

397 Vgl. Erwägungsgründe 1 und 10 der Präambel, in denen ausdrücklich auf die EMRK und den grundrechtlichen Schutz der Privatsphäre gemäß Artikel 8 EMRK Bezug genommen wird. Auch Artikel 1 Abs. 1 der Richtlinie charakterisiert den Datenschutz als spezielle Ausgestaltung des grundrechtlich gewährleisteten Schutzes der Privatsphäre.

398 *Korff*, a.a.O. (Fn. 384), S. 37.

bb) *Der Schutz des Privatlebens nach Artikel 8 EMRK als allgemeiner Grundsatz des Gemeinschaftsrechts*

Aufgrund ihrer Bindung an Artikel 8 EMRK als Gemeinschaftsgrundsatz erstrecken sich die Pflichten der Union auf den Schutz vor Beeinträchtigungen der Schutzgüter wie auch auf positive Schutzmaßnahmen als direkte Folge des Achtungsanspruchs. Beides folgt unmittelbar aus dem Wortlaut der Vorschrift. Die Auslegung der Rechte des Artikels 8 EMRK obliegen wegen ihrer Eigenschaft als allgemeine Grundsätze des Gemeinschaftsrechts allein dem EuGH[399].

aaa) *Rechtsprechung des EuGH zu Artikel 8 EMRK und zum Schutz der Privatsphäre*

In mehreren grundlegenden Entscheidungen entwickelte der EuGH eine Formel, nach der die Grundrechte zu den allgemeinen Grundsätze des Gemeinschaftsrechts gehören, die er gemäß den gemeinsamen Verfassungsüberlieferungen der Mitgliedstaaten und den internationalen Verträgen zu wahren hat[400]. Auch die Rechtfertigung von Einschränkungen der Grundfreiheiten sind danach im Lichte der allgemeinen Rechtsgrundsätze und insbesondere der Grundrechte auszulegen[401]. Diese Formel übertrug der Gerichtshof ausdrücklich auf die Rechte des Artikels 8 EMRK, indem er sie zu den allgemeinen Rechtsgrundsätzen zählte[402]. In dieser Entscheidung befand der EuGH unter Hinweis auf die Schrankenregelungen des Artikels 8 Abs. 2 EMRK, dass Nachprüfungen der Kommission gemäß der Verordnung Nr. 17 die Rechte der Klägerin nicht verletzten.

In einer weiteren Entscheidung zu den Nachprüfungsbefugnissen der Kommission gemäß der Verordnung Nr. 17 legte der Gerichtshof den Schutzbereich des Artikels 8 EMRK so aus, dass die freie Entfaltung der Persönlichkeit geschützt und somit die Unverletzlichkeit von Geschäftsräumen nicht vorgesehen sei[403]. Dabei stellte er fest, dass hierzu keine Rechtsprechung des EGMR vorlag[404]. Gleichwohl unterzog er die Befugnisse der Kommission einer ausführlichen Prüfung und befand sie für gerechtfertigt im Sinne der Schrankenregelungen.

---

399 Vgl. Urteil EuGH vom 12.11.1969 - Rs. C 29/69 (*Stauder/Stadt Ulm)*, Rn. 7, Slg. 1969, S. 419 (425).

400 Urteile EuGH *Stauder*, a.a.O. (Fn. 399), Rn. 7; EuGH vom 17.12.1970 - Rs. C-11/70 (*Internationale Handelsgesellschaft/Einfuhr- und Vorratsstelle Getreide*), Rn. 4, Slg. 1970, S. 1124; EuGH vom 14.5.1974 - Rs. C-4/73 (*Nold/Kommission*), Rn. 13, Slg. 1974, S. 491; erstmals mit ausdrücklichem Hinweis auf die EMRK als potentiellen Prüfungsmaßstab: Urteil EuGH vom 28.10.1975 - Rs. C-36/75 (*Rutili*), Rn. 32, Slg. 1975, S. 1219.

401 Urteil EuGH *ERT*, a.a.O. (Fn. 369), Rn. 43.

402 Urteil EuGH vom 26.6.1980 - Rs. C-136/79 (*National Panasonic/Kommission*), Rn. 18 f., Slg. 1980, S. 2033 ff.

403 Urteil EuGH *Hoechst/Kommission*, a.a.O. (Fn. 365), Rn. 17 f.

404 Urteil EuGH *Hoechst/Kommission*, a.a.O. (Fn. 365), Rn. 18.

In einem neueren, ähnlich gelagerten Fall bezog sich der Gerichtshof auf die zwischenzeitlich ergangene Rechtsprechung des EGMR[405], nach der sich der Schutz des Artikels 8 EMRK unter bestimmten Umständen auch auf Geschäftsräume erstreckt. Der EuGH machte deutlich, dass die Rechtsprechung des EGMR zu berücksichtigen ist und empfahl, Durchsuchungen und Beschlagnahmungen in Geschäftsräumen einer Prüfung nach den entsprechenden Eingriffsvoraussetzungen zu unterziehen[406].

Der EuGH konkretisierte den Schutzbereich des Rechts auf Achtung des Privatlebens weiter, indem er als dessen Teilaspekt das Recht auf Schutz des Arztgeheimnisses heraus stellte[407]. Auch betonte der Gerichtshof, dass Einschränkungen bestimmten Voraussetzungen genügen müssen[408], die sich im Wesentlichen an Artikel 8 Abs. 2 EMRK orientieren. Bezüglich einer heimlich vorgenommenen HIV-Untersuchung im Rahmen eines Einstellungsverfahrens bei der Kommission stellte der Gerichtshof fest, dass eine Person insbesondere das Recht hat, ihren Gesundheitszustand geheim zu halten[409]. Beschränkungen aus Gründen des Gemeinwohls seien zwar zulässig, doch müssten sie verhältnismäßig sein und den Wesensgehalt des Grundrechts unangetastet lassen. Dem laufe eine ohne Einwilligung des Betroffenen vorgenommene Untersuchung zuwider[410].

Der Gerichtshof fand aber auch im primären Gemeinschaftsrecht einen Ansatzpunkt für ein Recht auf informationelle Selbstbestimmung. So hat er im Rahmen eines Schadensersatzprozesses gegen die Kommission festgestellt, dass die berufliche Geheimhaltungspflicht gemäß Artikel 287 EG auch die Geheimhaltung der Identität von Personen erfasst, insbesondere wenn diese ausdrücklich darum bitten, Ihre Identität nicht preiszugeben[411]. Der Kläger hatte der Kommission Hinweise über wettbewerbsstörende Tätigkeiten seines Arbeitgebers gegeben. Die Preisgabe des Namens des Informanten durch die Kommission führte zu seiner Inhaftierung und Verurteilung in der Schweiz. Der EuGH sah das Schadenersatzbegehren als begründet an, da die Kommission den Anspruch des Klägers auf Vertraulichkeit verletzt hatte[412].

---

405 Urteile EGMR vom 16.4.2002 - Beschw.-Nr. 37971/97 (*Société Colas Est/Frankreich*), Rn. 41; EGMR vom 16.12.1992 - Beschw.-Nr. 13710/88 (*Niemietz/Deutschland*), EuGRZ 1993, S. 65 ff., dazu oben Kapitel B I. 3.) c) bb) bbb).

406 Urteil EuGH vom 22.10.2002 - Rs. C-94/00 (*Roquette Frères*), Rn. 27 f.

407 Urteil EuGH vom 8.4.1992 - Rs. C-62/90 (*Kommission/Deutschland*), Rn. 23.

408 Urteil EuGH *Kommission/Deutschland*, a.a.O. (Fn. 407), Rn. 23.

409 Urteil EuGH vom 5.10.1994 - Rs. C-404/92 P (*X/Kommission*), Rn. 17.

410 Urteil EuGH *X/Kommission*, a.a.O. (Fn. 409), Rn. 20 ff.

411 Urteil EuGH vom 7.11.1985 - Rs. C-145/83 (*Adams*/Kommission), Slg. 1985, S. 3539 ff.

412 Urteil EuGH *Adams*/Kommission, a.a.O. (Fn. 411), Rn. 34.

Hinzuweisen ist schließlich auf das Urteil im Fall *TR.* und *P. Fisher*, in dem der EuGH sich ausdrücklich auf die Datenschutzrichtlinie bezog, um seine Auslegung des Artikel 8 EMRK zu untermauern[413]

bbb) Einfluss des EGMR auf die Rechtsprechung des EuGH

Wie Artikel 6 Abs. 2 EU und die Rechtsprechung des EuGH zeigt, besteht lediglich einer mittelbare Bindung der Union an Artikel 8 EMRK. Daher sind die datenschutzrelevanten Feststellungen des EGMR zu Artikel 8 EMRK für die Union nicht verbindlich. Der EuGH ist damit nicht verpflichtet, die Rechtsprechung des EGMR zu berücksichtigen.

Aufgrund des Nebeneinanders zweier Gerichtshöfe wurde in der Literatur oftmals befürchtet, dass es im Bereich der Grundrechte zu divergierenden Entscheidungen kommt[414]. Diese Befürchtungen wurden dadurch genährt, dass in einigen Fällen tatsächlich Abweichungen in der Rechtsprechung beider Gerichte zu bemerken waren[415]. Ein weiterer Anlass zur Besorgnis wurde darin gesehen, dass der EuGH den Gemeinschaften in seinem Gutachten bescheinigt hat, keine Kompetenz für einen EMRK-Beitritt zu haben[416].

Es ist aber zu berücksichtigen, dass die betreffenden Entscheidungen des EuGH ergangen sind, bevor der EGMR Gelegenheit bekam, in ähnlich gelagerten Fällen zu entscheiden. Letztlich ist kein Fall bekannt, in dem der EuGH von einer bestehenden Rechtsprechung des EGMR abgewichen ist[417]. In jüngster Zeit hat der EuGH sogar ausdrücklich auf Urteile des EGMR Bezug genommen[418]. Aus

---

413 Urteil EuGH vom 14.9.2000 - Rs. C-369/89 (*Vereinigtes Königreich/TR und P Fisher).*

414 *Kokott*, a.a.O. (Fn. 369), S. 636; *Krüger/Polakiewicz*, Vorschläge für ein kohärentes System des Menschenrechtsschutzes in Europa, Europäische Menschenrechtskonvention und EU-Grundrechtecharta, in: EuGRZ 2001, S. 92 (97); *Ress*, Menschenrechte, europäisches Gemeinschaftsrecht und nationales Verfassungsrecht, in: FS für Winkler, S. 897 (917), der eine wachsende Distanz zwischen dem EuGH und dem EGMR befürchtet; *Golsong*, Nochmals: Zur Frage des Beitritts der Europäischen Gemeinschaft zur Europäischen Menschenrechtskonvention, in: EuGRZ 1979, S. 70.

415 *Philippi*, in: a.a.O. (Fn. 153), S. 97 ff., mit Analyse der Fälle *Hoechst* (EuGH) und *Niemietz* (EGMR), *Orkem* (EuGH) und *Funke* (EGMR), *ERT* (EuGH) und *Informationsverein Lentia* (EGMR), *Society for the Protection of Unborn Children* (EuGH) und *Open Door und Dublin Well Woman* (EGMR); zum Urteil des EuGH *Hoechst* legt *Everling* dar, dass es den Grundrechtsschutz auf Gemeinschaftsebene im Ergebnis gestärkt habe, Brauchen wir „Solange III“ ?, in: EuR 1990, S. 195 (208 f.).

416 *Ress*, a.a.O. (Fn. 414), S. 919, der das Ergebnis der Ausführungen des EuGH mit dem Zuschlagen einer Tür gleichsetzt.

417 Vgl. *Philippi*, a.a.O. (Fn. 153), S. 122.

418 Vgl. Urteile EuGH *Roquette frères*, a.a.O. (Fn. 406), Rn. 27 f.; EuGH vom 26.6.1997 - Rs. C-368/95 (*Familiapress*), Rn. 18, Slg. 1997, S. 3689; EuGH vom 30.4.1996 - Rs. C-13/94 (*P*), Rn. 16, Slg. 1996, S. 2143; EuGH vom 12.12.1996 - verb. Rs. C-74/95 und C-129/95 (*X*), Rn. 25, Slg. 1996, S. 6609.

diesem Grund wird davon ausgegangen, dass sich der EuGH im Wesentlichen an der Rechtsprechung des EGMR orientiert[419].

Vor diesem Hintergrund dürfte die Besorgnis einer divergierenden Grundrechtssprechung derzeit unbegründet sein[420].

4.) Ergebnis

Eine strikte Bindung der Union an die konkreten Datenschutzprinzipien, wie sie sich aus den internationalen Menschenrechtstexten und insbesondere aus den speziellen Datenschutzübereinkünften ergeben, besteht nicht. Soweit die Regelungen zum internationalen Menschenrechtsschutz gezählt werden können, ist die Union aber zu ihrer Beachtung verpflichtet. Der Schutz personenbezogener Daten gehört daher zu den Rechtsgrundsätzen des Gemeinschaftsrechts. Dies hat, wie dargelegt, die wichtige Konsequenz, dass ihre Auslegung dem EuGH obliegt. Damit besteht grundsätzlich die Gefahr abweichender Auslegungen. Besonders riskant erscheint diese Situation angesichts des Nebeneinanders von EuGH und EGMR. Hier hat sich allerdings gezeigt, dass der Europäische Gerichtshof der Rechtsprechung des EGMR weitgehend folgt. Es besteht derzeit kein Anlass, in Zukunft eine Änderung zu erwarten.

Die Union, d.h. vor allem die Gemeinschaftsorgane und -einrichtungen, muss sich daher an einem grundrechtlich ausgestalteten Recht auf Schutz personenbezogener Daten in Gestalt allgemeiner Rechtsgrundsätze messen lassen[421].

---

419 So *Alber/Widmaier*, Die EU-Grundrechte und ihre Auswirkungen auf die Rechtsprechung, Zu den Beziehungen zwischen EuGH und EGMR, in: EuGRZ 2000, S. 497 (502); *Iglesias*, Gedanken zum Entstehen einer Europäischen Rechtsordnung, in: NJW 1999, S. 1 (8); *Lenz*, Ein Grundrechtskatalog für die Europäische Gemeinschaft?, in: NJW 1997, S. 3289 f.; *Kühling*, Grundrechtskontrolle durch den EuGH: Kommunikationsfreiheit und Pluralismussicherung im Gemeinschaftsrecht, zugleich Besprechung des Familiapress-Urteils des EuGH, in: EuGRZ 1997, S. 296 (297); *Bernhardt*, FS für Everling, a.a.O. (Fn. 359), S. 103 (105); ferner *Hilf*, der ein „Bemühen um Entscheidungsharmonie“ beim EuGH erkennt, Europäische Union und Europäische Menschenrechtskonvention, in: FS für Bernhardt, S. 1193 (1210).

420 *Alber/Widmaier*, a.a.O. (Fn. 419), S. 504; *Lenz*, a.a.O. (Fn. 419), S. 3290; *Iglesias*, a.a.O. (Fn. 419), S.8; *ders.*, Zur Stellung der Europäischen Menschenrechtskonvention im europäischen Gemeinschaftsrecht, in: Festschrift für Bernhardt, S. 1269 (1276 f.); *Hilf*, a.a.O. (Fn. 419), S. 1210.

421 So bezogen auf den Schutz des Privatlebens auch schon *Rengeling*, a.a.O. (Fn. 368), S. 136; die jüngere Rechtsprechung des EuGH wird weiterhin so interpretiert, dass aufgrund allgemeiner Rechtsgrundsätze ein Grundrecht auf Datenschutz in den Europäischen Gemeinschaften existiert, das in den Grundsätzen der Datenschutzrichtlinie verkörpert wird, vgl. *Siemen*, Datenschutz als Grundrecht, S. 272 ff. In jedem Fall aber wird man eine Bindung an einen grundrechtlichen Datenschutz auch schon vor der Datenschutzrichtlinie zu bejahen haben, vgl. *di Martino*, Datenschutz im europäischen Recht, S. 30.

Dessen Umfang im Genauen zu bestimmen, hatte der EuGH selbst nur wenig Gelegenheit. Man wird aber davon ausgehen können, dass zumindest die vom EGMR aus der EMRK abgeleiteten Prinzipien durch den EuGH berücksichtigt werden. Ihnen kommt somit ein theoretischer Geltungsanspruch zu[422].

Die Einbeziehung des Artikels 8 EMRK in die allgemeinen Grundsätze des Gemeinschaftsrechts wurde in der Literatur verschiedentlich als Nachweis eines Rechts auf informationelle Selbstbestimmung gewertet[423]. Es ist aber zu bedenken, dass die oben dargestellte datenschutzrechtliche Ausprägung des Artikels 8 EMKR im Wege der Rechtsfortbildung durch den EGMR entwickelt wurde.

Eine förmliche Bindung entstünde, wenn die Gemeinschaften die Unterwerfungsklausel des Artikel 46 Abs. 1 EMRK[424] anerkennten, was einem Beitritt zur EMRK gleich käme. Dem steht aber die gegenwärtige Gemeinschaftsrechtsordnung entgegen. So hat der EuGH in einem Gutachten festgestellt, dass ein Beitritt zur Konvention außerhalb der Gemeinschaftskompetenzen liegt, so dass zunächst eine entsprechende Vertragsänderung vorgenommen werden müsste[425]. Dies wurde bislang nicht angestrebt[426]. Auch die EMRK bedürfte im Übrigen einer Anpassung, um den Beitritt einer Saatengemeinschaft zu ermöglichen[427].

V. Ausdrückliches Bekenntnis der EG zu den internationalen Instrumenten des Daten- bzw. Menschenrechtsschutzes?

Unter dem Gesichtspunkt einer Bindung der Union an die Kernprinzipien des Datenschutzes soll noch auf die Möglichkeiten der EG eingegangen werden,

---

422 Einen Schritt weiter scheint mittlerweile der Gemeinschaftsgesetzgeber selbst zu gehen. Artikel 4 der Richtlinie über die Vorratsdatenspeicherung von Daten (Richtlinie 2006/24/EG vom 15. März 2006 über die Vorratsspeicherung von Daten, die bei der Bereitstellung öffentlich zugänglicher elektronischer Kommunikationsdienste oder öffentlicher Kommunikationsnetze erzeugt oder verarbeitet werden, und zur Änderung der Richtlinie 2002/58/EG, ABl. Nr. L 105 vom 13.04.2006, S. 54 ff.) legt fest, dass die Voraussetzungen für den Datenzugang an der EMRK sowie an der Auslegung der EMRK durch den EGMR gemessen werden müssen. Damit bezieht die EU die Rechtsprechung des EGMR aktiv mit ein.

423 Dies ergebe sich auch aufgrund der Verfassungsüberlieferungen der Mitgliedstaaten, *Mähring*, a.a.O. (Fn. 94), S. 370 ff., unter Hinweis auf *Gola*, Grundrechtsschutz in der EG und Rechtsprechung des EuGH, in: RDV 1990, S. 111.

424 Durch Artikel 46 Abs. 1 EMRK werden die Urteile des EGMR als für die Vertragsparteien verbindlich erklärt.

425 Gutachten 2/94 des Gerichtshofs vom 28.3.1996, Slg. 1996 I, S. 1759, Rn. 23 ff., 35.

426 *Alber/Widmaier*, a.a.O. (Fn. 419), S. 506 mit der Einschätzung, dass eine solche Entscheidung nunmehr allenfalls politisch erfolgen könne.

427 So liegt die Konvention gegenwärtig nur den Mitgliedern des Europarates zur Unterzeichnung aus, Artikel 59 Abs. 1 EMRK.

Unterzeichner der oben untersuchten internationalen Vereinbarungen zu werden.

1.) DSK, OECD-Leitlinien und VN-Richtlinien

Mit einer Initiative zur Änderung der Datenschutzkonvention wurden 1999 die formellen Voraussetzungen für einen Beitritt der Europäischen Gemeinschaften in die Wege geleitet[428]. Die Vertragsänderung unterliegt dem Verfahren des Artikels 21 DSK, so dass die Zustimmung aller Vertragsparteien erforderlich ist. Bislang wurde das Zusatzprotokoll von 27 Staaten gezeichnet, darunter 21 der derzeitigen Mitglieder der Europäischen Union[429]. Die Zustimmungen von 14 DSK-Unterzeichnerstaaten, darunter die der Unionsmitglieder Bulgarien, Italien, Malta, Rumänien, Slowenien und Spanien, stehen noch aus. Im Hinblick auf das Gemeinschaftsrecht wäre die Zulässigkeit eines Beitritts allerdings fraglich. Der Zweck der DSK, nämlich der Schutz des Persönlichkeitsrechts und des freien Datenverkehrs, gleicht dem der Datenschutzrichtlinie. Diese wurde im Wesentlichen mit der Verwirklichung des Binnenmarkts begründet. Maßgeblich ist insoweit Artikel 95 EG, nach dem die Gemeinschaften die erforderlichen Maßnahmen zur Verwirklichung des Binnenmarkts treffen dürfen, in Verbindung mit Artikel 286 EG. Angesichts der eigenen Aktivitäten der Gemeinschaften auf diesem Gebiet erscheinen weitere Maßnahmen gleichen Zwecks und Inhalts aber nicht erforderlich. Zu berücksichtigen sind zudem inhaltliche Abweichungen wie die grundsätzliche Beschränkung der DSK auf automatisierte Daten. Als problematisch könnten sich auch die unterschiedlichen räumlichen Anwendungsbereiche, insbesondere beim grenzüberschreitenden Datenverkehr, herausstellen. Beispielsweise unterläge nach der Richtlinie eine Datenübermittlung nach Albanien den schärferen Bestimmungen über Drittstaaten, wohingegen nach der DSK eine - grundsätzlich zulässige - Übermittlung zwischen zwei Konventionsparteien vorliegen würde. Vor dem Hintergrund, dass die gemeinschaftliche Richtlinie nach Inhalt und Umfang über die DSK hinausgeht[430] besteht für die Gemeinschaften keine zwingende Notwendigkeit für einem Beitritt[431].

---

428 Änderungen zur DSK, die den Europäischen Gemeinschaften den Beitritt erlauben, vom Ministerkomitee am 15.6.1999 angenommen.

429 Österreich, Belgien, Zypern, Tschechische Republik, Dänemark, Estland, Finnland, Frankreich, Deutschland, Griechenland, Ungarn, Irland, Lettland, Litauen, Luxemburg, Niederlande, Polen, Portugal, Slowakische Republik, Schweden und Groß-Britannien (Stand März 2007).

430 Dies wird sogar in § 3 des Erläuternden Berichts zur EMRK-Änderung zugegeben: Die Richtlinie habe sich von der Konvention inspirieren lassen und sei so zu detaillierteren und umfangreichern Regelungen gelangt.

431 *Ellger*, a.a.O. (Fn. 272), S. 569, der der Konvention neben der Richtlinie einen Bedeutungsverlust prophezeit.

Gleiches gilt für die Regelungen der OECD und der Vereinten Nationen. Ihr Schutzniveau liegt schon unterhalb desjenigen der Datenschutzkonvention des Europarates und reicht damit ebenfalls nicht an den Standard der Richtlinie heran. Hinzu kommt ihre Unverbindlichkeit, so dass im Ergebnis ein formeller Unterwerfungsakt durch die Gemeinschaften nicht sinnvoll wäre.

2.) EMRK

Eine andere Beurteilung ergibt sich hinsichtlich eines Beitritts zur EMRK. Trotz der Ausführungen des EuGH, der keine Gemeinschaftskompetenz für einen Beitritt sieht und deshalb zunächst eine Vertragsänderung für erforderlich hält[432], wird ein Beitritt in der Literatur beständig angemahnt[433].

Ein gewichtiges Argument der Befürworter ist allerdings im Begriff, entkräftet zu werden. So wurde stets auf die Gefahr divergierender Auslegungen der EMRK durch EuGH und EGMR hingewiesen[434]. Der EuGH trifft seine Entscheidungen nicht allein nach grundrechtlichen Gesichtspunkten, sondern beurteilt einen Fall danach, wie das jeweilige Menschenrecht in die Ziele, Aufgaben und Strukturen der Europäischen Gemeinschaften als Integrationsgemeinschaft einzugliedern ist[435]. Wie dargestellt, sind beim EuGH Tendenzen, von der EGMR-Rechtsprechung abzuweichen, derzeit nicht erkennbar und wohl auch nicht beabsichtigt. So ist die Besorgnis voneinander abweichender Urteile eher theoretischer Natur.

Mehr Grund zur Besorgnis bietet der Umstand, dass die Organe und Einrichtungen der Gemeinschaften bisher nur lückenhaft einer Kontrolle am Maßstab der EMRK unterliegen[436]. Mangels Mitgliedschaft der Gemeinschaften in der EMRK kann der EGMR *de lege lata* die Handlungen der Organe nicht unmittelbar an der EMRK messen. Vor diesem Hintergrund wurde befürchtet, dass sich die Mitgliedstaaten durch Übertragung von Hoheitsrechten auf eine supranationale Organisation ihrer eigenen Pflicht zur Beachtung der Menschenrechte entziehen[437]. Dies erscheint umso schwerwiegender, als die Aktivitäten der Uni-

---

432 EuGH Gutachten, a.a.O. (Fn. 425), Rn. 35.

433 *Bernhardt*, a.a.O. (Fn. 359), S. 103 ff.; *Winkler*, Der Europäische Gerichtshof für Menschenrechte, das Europäische Parlament und der Schutz der Konventionsgrundrechte im Europäischen Gemeinschaftsrecht, Anmerkung zum EGMR-Urteil im Fall Matthews ./. Vereinigtes Königreich, in: EuGRZ 2001, S. 18 (27); *Krüger/Polakiewicz*, a.a.O. (Fn. 414), S. 94 f.; *Grabenwarter*, Europäische Menschenrechtskonvention, § 4 Rn. 16 ff.; vgl. auch Entschließung des Europäischen Parlaments vom 16.2.2000, Dokument-Nr. A5-0064/2000; ferner Bericht der Gruppe II an die Konventsmitglieder vom 22.10.2002, Dok.-Nr. CONV 354/02, S. 11 ff.

434 Vgl. oben Fußnote 414.

435 Urteil EuGH *Internationale Handelsgesellschaft*, a.a.O. (Fn. 400) , Rn. 4.

436 *Krüger/Polakiewicz*, a.a.O. (Fn. 414), S. 95.

437 Vgl. *Everling*, in *Mosler/Bernhardt/Hilf* (Hrsg.), Grundrechtsschutz in Europa, S. 188.

on sich zunehmend auch auf grundrechtssensible Bereich erstrecken, für die nur eine begrenzte Kontrolle durch den EuGH besteht[438]. Dass dieser Zustand noch immer als unbefriedigend bewertet wird, zeigt auch die jüngste Entwicklung in der Rechtsprechung des EGMR. Der Gerichthof nimmt immer öfter Beschwerden zur Entscheidung an, die im Kern Gemeinschaftsrecht betreffen[439].

Dabei haben die Konventionsorgane Beschwerden gegen die Gemeinschaften als solche zunächst mangels Zuständigkeit *ratione personae* zurückgewiesen[440]. Später stellte die Kommission für Menschenrechte ihre Zurückhaltung allerdings unter eine Bedingung, die an die Solange-II-Formel des Bundesverfassungsgerichts erinnert: Solange es in der Gemeinschaftsordnung einen mit der EMRK vergleichbaren Menschenrechtsschutz gibt, verstößt die Übertragung von Hoheitsrechten durch die Staaten auf die EG nicht gegen die EMRK[441]. Der EGMR betonte dann, dass auch eine wortgleiche Umsetzung von Gemeinschaftsrecht nicht dazu führt, dass der nationale Umsetzungsakt der Kontrolle nach der EMRK entzogen ist[442]. Jüngst machte der EGMR einen EG-Mitgliedstaat für dessen Umsetzung einer primärrechtlichen Regelung haftbar, die gegen das erste Zusatzprotokoll zur EMRK verstieß[443]. Die Verantwortung der Konventionsparteien besteht damit aus Sicht des EGMR auch dann fort, wenn es um die konventionskonforme Umsetzung von originär gemeinschaftsrechtlichen Regelungen geht[444]. Einen Schritt weiter ging der Straßburger Gerichtshof anlässlich einer Beschwerde, die sich gegen den unmittelbaren Vollzug von Gemeinschaftsrecht durch die Kommission richtete. Die Beschwerde war gegen alle Mitgliedstaaten der Gemeinschaften gerichtet. Anders als in einem ähnlichen Fall zuvor[445] wurde die Beschwerde den Beschwerdegegnern zunächst aber zugestellt, bevor sie als unzulässig abgewiesen wurde[446]. EuG und

---

438 *Winkler*, a.a.O. (Fn. 433), S. 26; *Krüger/Polakiewicz*, a.a.O. (Fn. 414), S. 96, beide unter Hinweis auf die Aktivitäten nach Titel IV des EG-Vertrags (Visa, Asyl, Einwanderung) und Titel VI EUV (polizeiliche und justitielle Zusammenarbeit in Strafsachen).

439 Vgl. *Krüger/Polakiewicz*, a.a.O. (Fn. 414), S. 96.

440 Vgl. Entscheidungen der Kommission vom 10.7.1978 - Beschw.-Nr. 8070/77 (*C.F.D.T/EG*), DR 13, S. 231; vom 19.1.1989 - Beschw.-Nr. 13539/88 (*Dufay/EG*), Entscheidungsgründe Abs. 1 f.

441 Entscheidung der Kommission vom 9.2.1990 - Beschw.-Nr. 13258/87 (*Melchers/Deutschland*), Entscheidungsgründe, Abs. 8.

442 Urteil EGMR vom 15.11.1996 - Beschw.-Nr. 17862/91 (*Cantoni/Frankreich)*, Rn. 30.

443 Urteil EGMR vom 18.2.1999 - Beschw.-Nr. 24833/94 (*Matthews/Vereinigtes Königreich*), Rn. 31 ff.

444 So Urteil EGMR (*Matthews*), a.a.O. (Fn. 443), Rn. 34.

445 Unzulässigkeitsentscheidung EGMR vom 4.7.2000 - Beschw.-Nr. 51717/99 (*Guérin automobiles/Mitgliedstaaten der EU*).

446 Unzulässigkeitsentscheidung EGMR vom 10.3.2004 - Beschw.-Nr. 56672/00 (*Senator Lines/Mitgliedstaaten der EU*).

EuGH hatten ein entsprechendes Rechtsmittel des Beschwerdeführers zuvor abgewiesen.

Der EGMR macht deutlich, dass er hinsichtlich der Konventionsverpflichtungen keine Flucht in die Supranationalität zulässt[447]. Ansatzpunkte für die Verantwortlichkeit der Staaten bieten ihm deren Mitwirkung an internationalen Übereinkommen, der nationale Vollzug des Gemeinschaftsrechts sowie dessen unmittelbarer Vollzug durch die Gemeinschaftsorgane selbst. Insbesondere dort, wo die Gemeinschaftsgerichte keine Kontrollbefugnis haben, kann sich der EGMR auf diese Weise als Kontrollinstanz positionieren. Gleichwohl bürdet sich der EGMR damit eine nicht geringe Kontrolltätigkeit auf. Denn die Analyse der supranationalen Strukturen und Willensfindungsprozesse ist umso schwieriger, als diese Strukturen weder einfach noch konstant sind[448].

Die Grundrechtecharta als solche führt noch nicht zwingend zu einer Vereinheitlichung des Grundrechtsschutzes in Europa. Sie basiert zu wesentlichen Teilen auf der EMRK, nahm jedoch auch auf andere Rechtsquellen Bezug, insbesondere auf gemeinschaftsrechtliche Regelungen, wodurch die Konventionsrechte zum Teil fortentwickelt wurden. Dies ist unbedenklich, soweit damit ein Zuwachs an grundrechtlichen Gewährleistungen einher geht. Bedenken sind aber hinsichtlich Artikel II-112 des Europäischen Verfassungsvertrags (EV) angebracht, der sich - wie noch darzustellen ist[449] - nicht umfassend auf die Parallelgewährleistungen der EMRK bezieht und so die Rechtsprechung des EGMR als Maßstab eines einheitlichen Grundrechtsschutzes nicht erwähnt. Somit dürfte es abermals dem EuGH[450] obliegen, die gewünschte Kohärenz herbeizuführen. Dem wohnt aber die theoretische Gefahr einer Abweichung inne.

Für einen Beitritt der Gemeinschaften zur EMRK spricht, dass nur eine kohärente Auslegung der EMRK Rechtssicherheit[451] erzeugen kann. Gleichzeitig wäre gewährleistet, dass es keine grundrechtsrelevanten Bereiche gibt, die im Hinblick auf die EMRK der Kontrolle eines Gerichts entzogen sind. Durch Bindung an die EMRK würde die Union ferner die Glaubwürdigkeit ihrer Menschenrechtspolitik stärken[452]. Das Gegenargument, dass der EGMR nicht in Lage wä-

---

447 In diesem Sinne auch *Ress*, a.a.O. (Fn. 414), S. 922.

448 Vgl. abweichende Meinung der Richter *Freeland* und *Jungwiert* zum Urteil *Matthews*, Rn. 3.

449 Siehe unten Kapitel B VI. 2.).

450 Bislang fehlt eine Zuständigkeit des EuGH für die Auslegung der Grundrechtecharta, vgl. Fußnote Nr. 374.

451 *Widmaier*, a.a.O. (Fn. 359), S. 16.

452 *Krüger/Polakiewicz*, a.a.O. (Fn. 414), S. 95; *Clapham*, Human Rights and the European Community: A Critical Overview, S. 97.

re, auf die Besonderheiten der Gemeinschaften einzugehen[453], vermag nicht zu überzeugen. Der Straßburger Gerichtshof würde sich nur mit den grundrechtsrelevanten Urteilen des EuGH befassen. Wie *Bernhardt* deutlich macht, geht es daher nicht um die Unterwerfung der Gemeinschaft unter die Strukturen des Europarates, sondern um abschließende Entscheidung über behauptete Grundrechtsverletzungen durch eine spezialisierte gesamteuropäische Instanz[454].

Diesen Erwägungen kann allerdings abermals entgegengehalten werden, dass der status quo keinen Anlass zur Besorgnis bietet. So sind derzeit keine Anzeichen für grundsätzliche Divergenzen in der Rechtsprechung der beiden Gerichte erkennbar[455]. Damit dürften die - prinzipiell zustimmungswürdigen - Argumente der Befürworter eines Beitritts aus praktischer Sicht relativiert werden.

VI. Ausblick: Der Schutz personenbezogener Daten im Grundrechteteil der Europäischen Verfassung [456]

Obwohl der Verfassungsvertrag vorerst nicht in Kraft getreten ist, soll hier eine kurze Betrachtung der Regelungen vorgenommen werden, die im Grundrechteteil der Europäischen Verfassung (EV) zum Schutz der personenbezogenen Daten vorgesehen sind.

1.) Zur Entstehung des Grundrechteteils der EV

Den Grundrechteteil der EV bildet die Grundrechtecharta, die – vormals ein eigenes Dokument – in die EV inkorporiert worden ist. Die Charta stand am vorläufigen Ende einer politischen Entwicklung, die ihren Ausgangspunkt in der Grundrechtsrechtsprechung des EuGH hatte. 1977 betonten die Gemeinschaftsorgane in einer Gemeinsamen Erklärung[457] die vorrangige Bedeutung der Achtung der Grundrechte für die Gemeinschaften und bekundeten, diese Rechte

---

453 so *Rengeling*, a.a.O. (Fn. 368), S. 124; ähnlich *Klein*, der von Subordination spricht, Überlegungen de lege ferenda, in: *Mosler/Bernhardt/Hilf* (Hrsg.), Grundrechtsschutz in Europa, S. 160 (166).

454 Vgl. *Bernhardt*, in: FS für Everling, a.a.O. (Fn. 359), S. 103 (109); Bericht der Gruppe II an die Konventsmitglieder vom 22.10.2002, Dok.-Nr. CONV 354/02, S. 12 f.

455 vgl. hierzu auch *Bernhardt*, Der Schutz der Menschenrechte durch internationale Gerichte: Erfahrungen und Perspektiven, in: *Matscher/Karl* (Hrsg.), Österreichisches Institut für Menschenrechte, Hermann und Marianne Straniak-Vorlesungen, S. 36.

456 Vertrag über eine Verfassung für Europa, am 29.10.2004 unterzeichnet, ABl. Nr. C 310 vom 16.12.2004, S. 1 ff.. Die Verfassung ist bislang nicht in Kraft getreten. Den zweiten Teil des Verfassungsvertrags bildet die Charta der Grundrechte der Europäischen Union. Die Charta wurde am 7.12.2000 unterzeichnet und im ABl. Nr. C 364 vom 18.12.2000, S. 1 ff. veröffentlicht.

457 Gemeinsame Erklärung des Europäischen Parlamentes, des Rates und der Kommission betreffend die Achtung der Grundrechte sowie der Europäischen Konvention zum Schutz der Menschenrechte und Grundfreiheiten vom 5.4.1977, ABl. Nr. C 103 vom 27.4.1977, S. 1.

künftig zu beachten. Inhaltlich erkannten sie damit die Rechtsprechung des Gerichtshofs an und unterwarfen ihre eigenen Tätigkeiten einem gemeinsamen Grundrechtsverständnis[458]. Dieser Erklärung schlossen sich die Europäischen Staats- und Regierungschefs an[459]. Das Europäische Parlament zeigte im Hinblick auf die Grundrechte in den Gemeinschaften ein besonderes Engagement[460]. Es befürwortete bereits 1979 einen Beitritt der Gemeinschaften als solche zur EMRK[461], legte 1984 einen Entwurf für einen Verfassung einer Europäischen Union vor[462] und verfasste 1989 eine Erklärung über Grundrechte und Grundfreiheiten[463], die einen Katalog von klassischen sowie sozialen Grundrechten enthielt.

Einen generellen Bezug zu den Menschenrechten stellt - neben Artikel 6 EU - Erwägungsgrund 3 der Präambel zum EU-Vertrag her, in dem die Regierungschefs ihr Bekenntnis zu den fundamentalen Grundsätzen der Freiheit, der Demokratie und der Achtung der Menschenrechte und Grundfreiheiten bestätigen. Damit bekräftigten die Regierungschefs ihr vorangegangenes Bekenntnis aus der Präambel zur Einheitlichen Europäischen Akte, deren dritter Erwägungsgrund noch zusätzlich die Verfassungsüberlieferungen der Mitgliedstaaten sowie die EMRK ausdrücklich einbezog[464].

Ausgehend von einem Beschluss des Europäischen Rates 1999 in Köln[465] wurde ein Gremium mit der Ausarbeitung eines Entwurfs für eine Charta der Grundrechte der Europäischen Union beauftragt[466]. Gemäß seines Mandats konnte der Konvent nach knapp 9 Monaten den Entwurf einer Grundrechtecharta vorlegen,

---

458 *Rengeling*, a.a.O. (Fn. 368), S. 183; *Chwolik-Lanfermann*, Grundrechtsschutz in der Europäischen Union, S. 85 f.

459 Erklärung des Europäischen Rates zur Demokratie vom 8.4.1978, Bull. EG Nr. 3. - 1978, S. 5; Deklaration zur Europäischen Union vom 20.6.1983, Bull. EG Nr. 6 - 1983, S. 26.

460 Vgl. *Chwolik-Lanfermann*, a.a.O. (Fn. 458), S. 87.

461 Entschließung des Europäischen Parlaments vom 27.4.1979.

462 Entwurf vom 14.2.1984.

463 Erklärung des Europäischen Parlaments vom 12.4.1989, ABl. Nr. C 120 vom 16.5.1989, S. 51 ff.

464 Nach herrschender Meinung bewirkt die Präambel kein verbindliche vertragliche Verpflichtung, vgl. *Streinz*, in: Streinz, EUV/EGV, EUV-Präambel, Rn. 12; *Zuleeg*, in: von der Groeben/Schwarze, EUV/EGV, Präambel EUV, Rn. 3. Eine Präambel kann jedoch nach Völkergewohnheitsrecht als Auslegungshilfe für den jeweiligen Vertrag herangezogen werden, Artikel 31 Abs. 2 WVK.

465 Beschluss des Europäischen Rates vom 4.6.1999, abgedruckt in EuGRZ 1999, S. 364; kritisch zum großen zeitlichen Zwischenraum und der mangelnden Würdigung der Arbeiten des Parlaments *Alber/Widmaier*, a.a.O. (Fn. 419), S. 498.

466 Beschluss des Europäischen Rates vom 16.10.1999 in Tampere, abgedruckt in EuGRZ 1999, S. 615.

die am 7. Dezember 2000 in Nizza feierlich proklamiert wurde[467]. Die Grundrechtecharta als solche ist allerdings nie in Kraft getreten. Als Teil der EV bedarf es nun eines Inkrafttretens des gesamten Verfassungsvertrags, damit die Regelungen des Grundrechteteils verbindlich werden.

2.) Der Schutz personenbezogener Daten nach Artikel II-68 der EV

Artikel II-68 EV sieht das Recht jeder Person auf Schutz der sie betreffenden personenbezogenen Daten vor. Datenverarbeitungen sollen nach Abs. 2 nur mit Einwilligung des Betroffenen oder im Rahmen einer gesetzlich geregelten legitimen Grundlage erlaubt sein. Eine Verarbeitung soll außerdem den Grundsätzen von Treu und Glauben und der Zweckbindung entsprechen. Schließlich ist ein Auskunfts- und Berichtigungsrecht vorgesehen. Eine unabhängige Stelle soll die Einhaltung dieser Vorschriften überwachen (Abs. 3).

Bei der Ausarbeitung bezog sich der Konvent auf Artikel 286 EG sowie auf die Europäische Datenschutzrichtlinie. Weiterhin wurden Artikel 8 EMRK und die Datenschutzkonvention des Europarates herangezogen[468]. Als Ergebnis der vergleichender Auslegung internationaler Vorschriften enthält Artikel II-68 EV damit eine Reihe der Kernprinzipien, wie sie oben dargestellt wurden[469].

Bemerkenswert ist, dass der Anwendungsbereich nicht auf natürliche Personen beschränkt ist. Dies stellt eine Abweichung von der wohl wichtigsten Rechtsquelle, der Datenschutzrichtlinie[470], zugunsten der Regelung in Artikel 8 EMRK dar[471]. Mit der Anknüpfung an den Verarbeitungstatbestand unabhängig von automatisierten oder manuellen Vorgängen, wurde wiederum dem Ansatz der Richtlinie gefolgt, die diesbezüglich keine Einschränkung vorsieht[472]. Artikel II-68 EV erlangte dadurch einen weiten Anwendungsbereich.

Artikel II-112 Abs. 3 EV bezweckt die Kohärenz der Charta mit der EMRK. Soweit die Gewährleistungen der Charta eine Entsprechung in der EMRK haben, haben sie die gleiche Bedeutung und Tragweite. Maßgebend ist insoweit der Wortlaut der Vorschriften. Nicht in die Formulierung der Charta ist einge-

---

467 ABl. Nr. C 364 vom 18.12.2000, S. 1.

468 Erläuterungen zum Entwurf der Charta der Grundrechte der Europäischen Union, Dokument CHARTE 4487/00 CONVENT 50, Artikel 8. Nach einem Vermerk des Präsidiums, der den Erläuterungen vorangestellt ist, besitzen die Erläuterungen keine Verbindlichkeit und haben lediglich verdeutlichende Funktion.

469 *Bernsdorff* befürwortet zudem eine Berücksichtigung des Artikels 17 IPbpR, in: EU-Grundrechtecharta Kommentar, Artikel 8, Rn. 4.

470 Vgl. Erläuterungen zu Artikel 8 des Entwurfs der Grundrechtecharta, a.a.O. (Fn. 468), nach denen sich Inhalt und Umfang des Artikels 8 der Grundrechtecharta (jetzt Artikel II-68 EV) nach der Richtlinie bestimmen.

471 Zu den Diskussionen im Konvent, *Bernsdorff*, in: EU-Grundrechtecharta Kommentar, Artikel 8, Rn. 6.

472 Vgl. Artikel 3 Abs. 1 der Richtlinie.

flossen, dass sich Bedeutung und Tragweite von Gewährleistungen oftmals erst aus der Rechtsprechung des EGMR ergeben und daher im bloßen Wortlaut nicht erkennbar sind. So ergibt sich der Schutz personenbezogener Daten nach Artikel 8 EMRK eben nicht aus dessen Wortlaut sondern erst aus der Auslegungspraxis des EGMR[473]. Artikel II-112 Abs. 3 EV droht damit für den Bereich des Datenschutzes leer zu laufen. Die Verwirklichung eines kohärenten Grundrechtsschutzes und die Berücksichtigung der Auslegung durch den EGMR obliegt damit der künftigen Rechtsprechung[474].

Da sich die Gewährleistung des Datenschutzes gemäß Artikel II-112 Abs. 2 EV weitgehend an der Datenschutzrichtlinie orientiert, wird das dort vorgesehene Schutzkonzept zwangsläufig übernommen[475]. Dieses kennzeichnet insbesondere, dass der Schutz der Privatsphäre deshalb gewährleistet wird, um durch einheitliche Standards einen ungehinderten Datenverkehr zu ermöglichen. Die Richtlinie ist damit den Zielen des Binnenmarkts verpflichtet[476]. Ob sich dies bei der Auslegung des Artikels II-68 EV als Zielkonflikt auswirken wird, kann erst nach Vorliegen entsprechender Rechtsprechung beurteilt werden. Die Gerichte werden zu berücksichtigen haben, dass gemäß der Richtlinie dem freien Datenverkehr nicht grundsätzlich ein Vorrang zukommt[477].

Eine eigene Schrankenregelung besitzt Artikel II-68 EV nicht. Neben den Verarbeitungsgrundsätzen des Abs. 2 gelten für Eingriffe die allgemeinen Schrankenbestimmungen des Artikels II-112 EV.

Mit den Verarbeitungsgrundsätzen der Zweckbindung, des Einwilligungs- bzw. Regelungsvorbehaltes sowie der Betroffenenrechte haben fundamentale Prinzipien Eingang in die Charta gefunden. Mit Hilfe der Datenschutzrichtlinie, die gemäß den Erläuterungen maßgebend für Inhalt und Umfang des Artikels II-68 EV sein soll, können solche Grundsätze ergänzt werden, die die Vorschrift nicht aufführt. Dazu gehören ähnlich wichtige Bestimmungen, die allesamt aufzuführen den Rahmen der Grundrechtsnorm wohl gesprengt hätte. Zu nennen sind nur der besondere Schutz sensibler Daten, das Informationsrecht sowie der grenzüberschreitende Datenverkehr. Mit seinem Auslegungspotential ist Artikel II-68 EV jedenfalls geeignet, eine Handhabe für einen modernen Grundrechtsschutz zu bieten.

---

473 Lediglich aus den unverbindlichen Erläuterungen zur ursprünglichen Fassung dieser Vorschrift als Artikel 52 der Grundrechtecharta geht hervor, dass sich Bedeutung und Tragweite der garantierten Reche auch aus der Rechtsprechung des EGMR herleiten.

474 Bislang regelt der Verfassungsentwurf allerdings eine gerichtliche Zuständigkeit zur Auslegung der Grundrechte nach der EV noch nicht, vgl. Artikel I- 28 Abs. 3 EV.

475 Vgl. *Bernsdorff*, in: EU-Grundrechtecharta Kommentar, Artikel 8, Rn. 15.

476 *Simitis*, Die EU-Datenschutzrichtlinie - Stillstand oder Anreiz?, in: NJW 1997, S. 281 (282).

477 Vgl. *Simitis*, a.a.O. (Fn. 476), S. 282.

VII. Ergebnis

Zuammenfassend lässt sich festhalten:

- Die verbindlichen internationalen Bestimmungen zum Schutz der Menschenrechte erfassen ein Recht auf Schutz der personenbezogenen Daten als Teilaspekt des Schutzes des Privatlebens. Nach der Spruchpraxis des Europäischen Gerichtshofs für Menschenrechte müssen gesetzliche Eingriffsermächtigungen für den Bürger bestimmbar und zugänglich sowie gerichtlich überprüfbar sein. Die Datenverarbeitung unterliegt Prinzipien, die im Kern den Datenschutzgrundsätzen der Datenqualität, der Zweckbindung, der Betroffenenrechte, der Datensicherheit und einer unabhängigen Kontrolle entsprechen.

- Den speziellen internationalen Datenschutzinstrumenten ist gemein, dass sie die Ziele des Persönlichkeitsschutzes und des freien Datenverkehrs in Einklang zu bringen suchen. Daraus resultierten aber jeweils nur internationale Minimalstandards. Sie bedürfen ferner der Umsetzung durch die Vertragsstaaten, so dass keine unmittelbare Anwendbarkeit besteht. Der Datenschutzkatalog der Datenschutzkonvention des Europarates, die sich an der EMRK orientierte, fand aufgrund ihrer völkerrechtlichen Verbindlichkeit die meiste Beachtung. Kritikwürdig ist aber ihre grundsätzliche Beschränkung auf automatisierte Verarbeitungsvorgänge, ein fehlendes Aufsichtssystem sowie die unzureichende Ausgestaltung des grenzüberschreitenden Datenverkehrs.

- Aus den Verfassungen der Mitgliedstaaten kann lediglich eine allgemein verbreitete Akzeptanz eines Grundrechts auf Datenschutz abgeleitet werden. Detaillierte Regelungen enthalten sie nur vereinzelt wie in Österreich und Portugal. In den meisten Fällen regeln einfache Gesetze die näheren Voraussetzungen des Datenschutzes.

- Aus den genannten Quellen ergibt sich ein rudimentärer Katalog von internationalen Datenschutzgrundsätzen. Als internationale Kernprinzipien des Datenschutzes können danach die Zweckbindung, der besondere Schutz sensibler Daten, die Sicherheit der Daten, die unabhängige Kontrolle, das Vorhandensein von Betroffenenrechten und besondere Vorkehrungen für den grenzüberschreitenden Datenverkehr angesehen werden.

- Diese Grundsätze entfalten keine direkte Bindungswirkung gegenüber den Organen und Einrichtungen der Europäischen Union, respektive der Gemeinschaften. Es besteht aber eine mittelbare Verpflichtung, die auf der Selbstbindung der Union zur Achtung der Menschenrechte und Grundfreiheiten in Form der allgemeinen Gemeinschaftsgrundsätze basiert. Maßgeblich für diese mittelbare Bindung sind Artikel 6 Abs. 2 EU sowie die Rechtsprechung des EuGH.

- Ebenso wenig wie die Union der EMRK direkt unterworfen ist, besteht eine Bindung des EuGH an die - hinsichtlich des Datenschutzes beachtliche - Rechtsprechung des EGMR. Hier kann lediglich von einer Beachtung auf freiwilliger Basis gesprochen werden.

- Im Hinblick auf einen effektiven Grundrechtsschutz gegenüber den Handlungen der Organe und Einrichtungen der Gemeinschaften ist ein Beitritt zur EMRK die gebotene Maßnahme. Sie entspricht der verfassungsrechtlichen Realität der Mitgliedstaaten und gewährleistet eine einheitliche Auslegung der für die Union fundamentalen Menscherechte und Grundfreiheiten.

- Die Europäische Verfassung erfasst zwar den Datenschutz als eigenständiges Grundrecht, vermag ihn aber nicht umfassend zu regeln. Hinsichtlich der Auslegung muss daher auf das gemeinschaftliche Sekundärrecht zurückgegriffen werden. Zudem sind ihre Bestimmungen noch nicht verbindlich.

C Die Verordnung zum Schutz natürlicher Personen bei der Verarbeitung personenbezogener Daten durch die Organe und Einrichtungen der Gemeinschaft und zum freien Datenverkehr

I. Vorgeschichte

Vor dem Hintergrund einer global und innerhalb der Gemeinschaften ständig anwachsenden Datenkommunikation seit Beginn der siebziger Jahre[478] erkannte die Kommission die Notwendigkeit eines gemeinschaftlich einheitlichen Datenschutzstandards. Dieser sollte verhindern, dass sich die in einigen Mitgliedsstaaten bereits bestehenden Datenschutzregelungen zu einer nachhaltigen Behinderung grenzüberschreitender Datenströme entwickelten. Zugleich sollte er als Leitlinie für künftige technische Entwicklungen im Bereich der Datenverarbeitung dienen[479]. Zu diesem Zweck erließen das Europäische Parlament und der Rat am 24. Oktober 1994 die Richtlinie 95/46/EG zum Schutz natürlicher Personen und zum freien Datenverkehr, die einen gemeinschaftsweit einheitlichen Datenschutzstandard festlegt, von dem abgesehen es keine weiteren Reglementierungen für den gemeinschaftsweiten Datenaustausch geben darf.

Bereits während der Vorarbeiten an der Richtlinie wurde zunehmend kritisiert, dass es bei der Datenverarbeitung durch die Gemeinschaftsinstitutionen an einem vergleichbaren Schutzniveau mangelt. Denn die Richtlinie ist gemäß ihrem Artikel 34 ausschließlich an die Mitgliedstaaten adressiert[480]. Sondervorschriften für die Datenverarbeitung durch die Institutionen gab es nicht. Der Bedarf für eine solche Regelung war durchaus vorhanden, da die Gemeinschaftsinstitutionen vor allem auf dem Gebiet der Zoll- und Wettbewerbsverwaltung sowie in Bezug auf ihre Mitarbeiter eine große Menge an personenbezogenen Angaben verarbeiten[481].

---

478 Vgl. nur *Heil*, Die Internationalisierung der Datenflüsse, in: DuD 1999, S. 396; *Jacob*, Datenschutzrechtliche Entwicklungen im „informationellen Großraum" Europa, in: *Tinnefeld/Philipps/Heil (Hrsg.)*, Informationsgesellschaft und Rechtskultur in Europa, S. 93; *Eberspächer*, Die Telekommunikationsnetze in Europa wachsen - wächst auch die Sicherheit?, ebd., S. 147 (149f.).

479 *Brühann*, EU-Datenschutzrichtlinie - Umsetzung in einem vernetzten Europa?, in: DuD, 1996, S. 66 (67).

480 Zur „Lücke", die dadurch hinsichtlich der Organe und Institutionen bestand, *Sobotta*, in: Grabitz/Hilf, EGV/EUV, Artikel 286 EG, Rn. 2.

481 *Heil*, a.a.O. (Fn. 478), S. 398; *Dammann/Simitis*, EU-Datenschutzrichtlinie, Einleitung, Rn. 51; einen Überblick über die Gemeinschaftsinstitutionen, welche personenbezogene Daten verarbeiten, enthält Anhang 2c zum Finanzbogen zum Entwurf der Verordnung (EG) 45/2001, abgedruckt in BR-Drucksache Nr. 546/99, S. 60.

Das Fehlen adäquater Bestimmungen für die Gemeinschaftsverwaltung rührte auf Dauer an der Glaubwürdigkeit der Union[482], die einerseits über die Einhaltung der gemeinschaftlichen Datenschutzvorschriften wacht, deren interne Verarbeitungsvorgänge aber keinerlei Bindungen unterlagen. Parallel zu den Vorarbeiten an der Datenschutzrichtlinie stellte die Kommission deshalb erste Überlegungen für eine Erklärung an, nach der sich auch die Gemeinschaftsorgane und -einrichtungen an die in der Richtlinie festgelegten Standards binden sollten.[483] Diese Ansätze genügten jedoch nicht den Erwartungen, die der Maastrichter Vertrag mit seinem Bekenntnis zur Bindung der Union an die Grundrechte (Artikel F Abs. 2 EUV a.F. = Artikel 6 Abs. 2 EU) diesbezüglich an die Union stellte. Ironischerweise trug die Richtlinie dazu bei, dass das sogenannte „Datenschutzdefizit der Union" noch verdeutlicht wurde: Weil die Gemeinschaftsorgane und -einrichtungen nicht zum Adressatenkreis der Richtlinie gehören, wurde vertreten, sie konsequenterweise als Drittland im Sinne der Richtlinie zu behandeln[484], denn Artikel 25 der Richtlinie erlaubt eine Übermittlung in Drittländer grundsätzlich nur dann, wenn dort ein angemessenes Datenschutzniveau gewährleistet wird. Hinsichtlich der Organe und Einrichtungen musste dies aber verneint werden.[485] Schließlich sahen sich die Gemeinschaftsinstitutionen auch Kritik von Seiten des Europäischen Gerichtshofs ausgesetzt, der die mangelnde Beachtung von Grundrechten während eines Personaleinstellungsverfahrens gerügt hatte[486].

Vor diesem Hintergrund beschloss die Regierungskonferenz von Amsterdam im Jahr 1997 die Einfügung des Artikels 286 in den EG-Vertrag.

Artikel 286 EG lautet wie folgt:

> „1. Ab 1. Januar 1999 finden die Rechtsakte der Gemeinschaft über den Schutz natürlicher Personen bei der Verarbeitung personenbezogener Daten und dem freien Verkehr solcher Daten auf die durch diesen Vertrag oder auf der Grundlage dieses Vertrages errichteten Organe und Einrichtungen der Gemeinschaft Anwendung.
>
> 2. Vor dem in Absatz 1 genannten Zeitpunkt beschließt der Rat gemäß dem Verfahren des Artikels 251 die Errichtung einer unabhängigen Kontrollinstanz, die für die Überwachung der Anwendung solcher Rechtsakte der Gemeinschaft auf die Organe und Einrichtungen der Gemeinschaft verantwortlich ist, und erlässt erforderlichenfalls andere einschlägige Bestimmungen."

---

482 *Dammann/Simitis*, a.a.O. (Fn. 481), Einleitung, Rn. 52; *Rudolf*, Datenschutz in Europa, in: Zeitschrift für europarechtliche Studien (ZEUS) 2002, S. 217 (226), der insoweit ein spätes Engagement feststellt.

483 Vgl. *Dammann/Simitis*, a.a.O. (Fn. 481), Rn. 3 und 52; *Simitis*, Die EU-Datenschutzrichtlinie - Stillstand oder Anreiz?, in: NJW 1997, S. 281.

484 *Schild*, Zur Novellierung des BDSG - Ein Problemanriss offener Fragen, in: DuD 1997, S. 720 f.

485 *Dammann/Simitis*, a.a.O. (Fn. 481), Rn. 50; *Schild*, a.a.O. (Fn. 484), S. 721.

486 Urteil EuGH vom 5.10.1994 - Rs. C-404/92 P (*X./Kommission*), Rn. 17.

Abs. 1 erklärt die materiellen Datenschutzbestimmungen der einschlägigen Gemeinschaftsregelungen für die Organe für verbindlich. Gemeint sind damit vor allem die zentralen Rechtsakte der Datenschutzrichtlinie sowie der Telekommunikationsdatenschutzrichtlinie[487], welche in der Folge von allen Gemeinschaftsinstitutionen zu beachten sind[488]. Es handelt sich hierbei um eine dynamische Verweisung, die den jeweiligen Bestand der geltenden Datenschutzregelungen in Bezug nimmt. Offen lässt der Wortlaut, ob es sich um eine inkorporierende oder eine verweisende Bezugnahme handelt. Im Regelfall[489] einer inkorporierenden Bezugnahme würde das für den Datenschutz einschlägige Sekundärrecht in den Rang von Primärrecht erhoben. Es ergäbe sich dann aber die praktische Schwierigkeit, dass jede Änderung des Datenschutzreglements einer Vertragsänderung bedurfte. Neben diesem praktischen Grund spricht auch noch ein systematischer Aspekt gegen die Annahme einer inkorporierenden Verweisung, denn es entstünde ein potentieller Konflikt mit dem Grundrechtsschutz: Als allgemeine Rechtsgrundsätze des Gemeinschaftsrechts stehen die Grundrechte im Range von Primärrecht. Sollten nun die Datenschutzregelungen über Artikel 286 Abs. 1 EG diesen Rang teilen, könnten sie nicht mehr an höherrangigen Grundrechten gemessen werden[490]. Im Ergebnis könnte es so zu einem gespaltenen Grundrechtsschutz kommen, bei dem die Datenschutzvorschriften im Verhältnis zu den Mitgliedstaaten einer grundrechtlichen Überprüfung zugänglich wären, diese im Verhältnis zu den Gemeinschaftsorganen und - Institutionen jedoch ausgeschlossen wäre[491]. Daher ist bei Artikel 286 Abs. 1 EG von einer verweisenden Bezugnahme auszugehen.

---

[487] Richtlinie 97/66/EG des Europäischen Parlaments und des Rates vom 15.12.1997 zur Verarbeitung personenbezogener Daten und dem Schutz der Privatsphäre im Bereich der Telekommunikation, ABl. Nr. L 24 vom 30.1.1998, S. 1 ff.; mittlerweile ersetzt durch die Richtlinie 2002/58/EG des Europäischen Parlaments und des Rates vom 12.07.2002 über die Verarbeitung personenbezogener Daten und den Schutz der Privatsphäre in der elektronischen Kommunikation, ABl. Nr. L 201 vom 31.07.2002, S. 37 ff..

[488] *Kröger/Moos*, Der Europäische Datenschutz als neuer Bestandteil des Amsterdamer Vertrages, in: DuD 1999, S. 647 (649).

[489] *Brühann*, in: von der Groeben/Schwarze, EGV/EUV, Artikel 286 EG, Rn. 30; *Haratsch*, in: EuR 2000, S. 42 (44).

[490] *Haratsch*, a.a.O. (Fn. 489), S. 45; vgl. auch *Sobotta*, in: Grabitz/Hilf, EGV/EUV, Artikel 286 EG, Rn. 15.

[491] *Haratsch*, a.a.O. (Fn. 489), S. 45; dagegen *Brühann*, a.a.O. (Fn. 489), Rn. 30: Der beschriebene Grundrechtskonflikt ergebe sich nicht zwingend, da auch Primärrecht vom Gerichtshof im Lichte der Grundrechte ausgelegt werden könne, vgl. Urteil EuG vom 30.1.2002 – Rs. T-54/99, (*max.mobil/Kommission*), Rn. 48. Dieser Einwand *Brühanns*, mag im Einzelfall überzeugen, er hilft jedoch nicht über die generelle Unsicherheit hinweg, die sich im Falle gleichrangiger Rechtspositionen ergäben.

Keine Anwendung finden die Datenschutzbestimmungen auf die nicht in der ersten Säule beheimateten zwischenstaatlichen Einrichtungen Europol und Eurojust. Abs. 2 beauftragt den Rat mit der Errichtung einer unabhängigen Kontrollinstanz, die im Wesentlichen der Kontrollbehörde nach Artikel 28 der Richtlinie entspricht.

Mit Artikel 286 EG wurden seit langem bestehende Forderungen berücksichtigt. Denn neben dem angemessenen Schutzniveau wurde bei den Gemeinschaftsinstitutionen insbesondere eine unabhängige und effektive Datenschutzkontrollinstanz vermisst, an die sich jeder wenden kann, der sich bei der Verarbeitung seiner personenbezogenen Daten durch Stellen der Europäischen Union in seinen Rechten verletzt fühlt[492]. Die Aufgaben eines Europäischen Datenschutzbeauftragten sollten danach neben der Bearbeitung von Betroffeneneingaben auch die datenschutzrechtliche Beratung der EU-Organe sowie deren anlassunabhängige Kontrolle umfassen. Zudem wurde eine Mitwirkung des Europäischen Datenschutzbeauftragten als Sachverständiger bei der gemeinschaftlichen Normsetzung auf dem Gebiet des Datenschutzes befürwortet.

Die weitergehende Forderung nach einem für die EG-Institutionen verbindlichen eigenen Datenschutzrecht[493] wurde mit Artikel 286 Abs. 1 EG allerdings noch nicht erfüllt. Jedoch schon nach kurzer Zeit legte die Kommission auf der Grundlage des Artikels 286 Abs. 2 EG einen Vorschlag für eine Verordnung zum Datenschutz bei der Verarbeitung durch Gemeinschaftsorgane und -einrichtungen vor[494]. Die Verordnung[495] ist am 1. Februar 2001 in Kraft getreten[496]. Die Rechtsform der Verordnung wurde dabei bewusst gewählt, um den betroffenen natürlichen Personen gesetzlich durchsetzbare Rechte zu geben[497].

---

492 Entschließung der 50. Konferenz der Datenschutzbeauftragten des Bundes und der Länder vom 9./10. November 1995, sog. „Kopenhagener Resolution", abgedruckt in: *Dammann/Simitis*, a.a.O. (Fn. 481), S. 55 ff. (57).

493 Entschließung der 50. Konferenz der Datenschutzbeauftragten des Bundes und der Länder vom 9./10. November 1995, a.a.O. (Fn. 492), S. 57.

494 KOM (1999) 337 endg. vom 14.07.1999, abgedruckt in BR-Drucksache 546/99 vom 1.10.1999.

495 Verordnung (EG) 45/2001 des Europäischen Parlaments und des Rates vom 18.12.2000 zum Schutz natürlicher Personen bei der Verarbeitung personenbezogener Daten durch die Organe und Einrichtungen der Gemeinschaft und zum freien Datenverkehr, ABl. Nr. L 8 vom 12.01.2001, S. 1.

496 Kritisch zum späten Zeitpunkt einer solchen Gemeinschaftsregelung z.B. *Feral*, Un Pas supplementaire vers la Reconnaissance et la Protection d'un Droit fondamental dans l'Union Européenne, in: RMC 2001, S. 475 (485).

497 5. Erwägungsgrund der VO.

II. Gibt es eine Gemeinschaftskompetenz für den Datenschutz?

Bei der Frage einer Kompetenz der Gemeinschaft ist zu unterscheiden zwischen Regelungen, die die Mitgliedsstaaten betreffen und solchen, die allein für die Organe und Einrichtungen gelten.

1.) Kompetenz für die Rechtsangleichung in den Mitgliedstaaten

Eine ausdrückliche Rechtsgrundlage für die Einführung eines europäischen Datenschutzrechtes im ersteren Sinne fehlt im EG-Vertrag[498]. Auch der mittlerweile eingefügte Artikel 286 EG lässt sich nicht als allgemeine Kompetenzgrundlage heranziehen[499], da Abs. 2 nur den Erlass von Datenschutzregelungen bezogen auf die Gemeinschaftsorgane und -einrichtungen ermöglicht. Einen Anknüpfungspunkt für den Erlass der Datenschutzrichtlinie bot aber Artikel 100a EGV a.F. (=Artikel 95 EG): Da ein Rechtsgefälle beim Schutz personenbezogener Daten geeignet war, den Waren- und Dienstleistungsverkehr zwischen den Mitgliedstaaten zu hemmen[500], bestand ein Bedarf für die Angleichung der Rechtsvorschriften[501]. Als Annex zur Gewährleistung der Marktfreiheiten wurde die Angleichung der datenschutzrechtlichen Regelungen daher insbesondere auf Artikel 100a EGV a.F. (=Artikel 95 EG) gestützt.

Der Wahl der Kompetenzgrundlage ging ein - teilweise heftig geführter - Streit voraus, in dessen Verlauf immer wieder Artikel 235 a.F. EGV (=Artikel 308 EG) als Rechtsgrundlage befürwortet wurde. Zeitweise war sogar zu besorgen, dass das gesamte Vorhaben am Widerstand einzelner Mitgliedstaaten scheiter-

---

498 *Kilian*, Europäisches Wirtschaftsrecht, Rn. 958; *Simitis*, Datenschutz und Europäische Gemeinschaft, in: RDV 1990, S. 3 (14).

499 *Kingreen*, in: Calliess/Ruffert, EUV/EGV, Artikel 286 EG, Rn. 3; *Sobotta*, a.a.O. (Fn. 480), Rn. 30.

500 Zu den Auswirkungen von Datenschutzregelungen aus ökonomischer Sicht *Kilian*, a.a.O. (Fn. 498), Rn. 959 f. So berühren finanzielle Transaktionen häufig datenschutzrechtliche Belange, da der Kontoinhaber identifizierbar sein muss. Die daraus resultierenden Betroffenenrechte müssen entsprechend beachtet werden und erhöhen die Kosten der Transaktion. Diese Mehrkosten können allerdings minimiert werden, indem unterschiedliche nationale Rahmenbedingungen angeglichen werden.

501 Erwägungsgrund Nr. 8 der Richtlinie: Zur Beseitigung der Hemmnisse für den Verkehr personenbezogener Daten ist ein gleichwertiges Schutzniveau hinsichtlich der Rechte und Freiheiten von Personen bei der Verarbeitung dieser Daten in allen Mitgliedstaaten unerlässlich. Insbesondere unter Berücksichtigung der großen Unterschiede, die gegenwärtig zwischen den einschlägigen einzelstaatlichen Rechtsvorschriften bestehen, und der Notwendigkeit, die Rechtsvorschriften der Mitgliedstaaten zu koordinieren, damit der grenzüberschreitende Fluss personenbezogener Daten kohärent und in Übereinstimmung mit dem Ziel des Binnenmarktes im Sinne des Artikels 7a des Vertrags geregelt wird, lässt sich dieses für den Binnenmarkt grundlegende Ziel nicht allein durch das Vorgehen der Mitgliedstaaten verwirklichen. Deshalb ist eine Maßnahme der Gemeinschaft zur Angleichung der Rechtsvorschriften erforderlich.

te[502]. Hinter den aufgeworfenen Rechtsproblemen können diverse politische Interessen vermutet werden[503]. So war die Debatte nach Ansicht von *Simitis*[504] in weiten Teilen ein Instrument einer Obstruktionsstrategie, mit der eine Verabschiedung von Datenschutzvorschriften durch die Gemeinschaften ganz verhindert werden sollte.[505]

Vor allem Frankreich und Großbritannien schienen die Absicht verfolgt zu haben, eine Ausweitung der Richtlinie auf die öffentlichen nationalen Stellen zu verhindern.[506] Man fürchtete, dass sich eine auf der supranationalen Datenschutzregelung basierende Kontrolle sowie die darin vorgesehenen Betroffenenrechte zu Lasten der Effektivität und Wirtschaftlichkeit der Verwaltung auswirkten. Nach einem Vorschlag Frankreichs sollte die Polizei aus dem Regelungsbereich der Richtlinie herausgenommen werden. Aus dem selben Grund sollte später, wiederum auf Initiative Frankreichs, auch für audiovisuell verarbeitetes Datenmaterial von Sicherheitsbehörden eine Ausnahme gemacht werden. Die Vorstöße machten die Vorbehalte deutlich, die zeitweise im gesamten Ministerrat gegenüber einer datenschutzrechtlichen Kontrolle der Sicherheitsbehörden vorherrschten.

Der Streit konzentrierte sich schließlich auf die Frage, ob Artikel 100a EGV a.F. eine ausreichende Grundlage für Datenschutzregelungen im öffentlichen Bereich darstellte. Dies wurde bestritten unter Hinweis auf die privatwirtschaftliche Ausrichtung der Binnenmarktpolitik der Gemeinschaft[507]. Dem ist allerdings entgegenzuhalten, dass eine Trennung zwischen privater und rein administrativ geprägter Datenverarbeitung heute nicht mehr durchführbar ist. Wie stark beide Bereiche ineinander übergehen, zeigen die Beispiele der Verarbeitung von Sozial- und Arbeitnehmerdaten durch öffentliche Stellen[508]. Zudem muss die Gemeinschaft eine Antwort darauf finden, wie der Datenschutz in den

---

502 So erklärte Griechenland, nachdem die Verhandlungen zu Beginn der griechischen Präsidentschaft bereits auf dem Tiefstand gewesen waren, zu Beginn der deutschen Präsidentschaft im 2. Halbjahr 1994 die Richtlinie aus nicht nachvollziehbaren Gründen für unvereinbar mit der griechischen Verfassung.

503 Der Einfluss von Gegnern der Regelung wurde dabei bestärkt durch das in Artikel 308 EG vorgesehene Einstimmigkeitsprinzip.

504 *Simitis*, a.a.O. (Fn. 498), S. 13 f.

505 *Dammann/Simitis*, a.a.O. (Fn. 481), Einleitung, Rn. 4.

506 *Simitis*, Vom Markt zur Polis, in: *Tinnefeld/Philips/Heil* (Hrsg.), Informationsgesellschaft und Rechtskultur in Europa, S. 51 (57 f.).

507 *Ellger*, Der Datenschutz im grenzüberschreitenden Datenverkehr, S. 551; *Hoeren*, Datenschutz in Europa, in: WM 1994, S. 1 (3); *Karpenstein*, Zur Zuständigkeit der Europäischen Gemeinschaften auf dem Gebiete des Datenschutzes, in: *Bieber/Bleckmann* u.a. (Hrsg.), Das Europa der zweiten Generation, GS für Sasse, S. 889 (906).

508 *Simitis*, a.a.O. (Fn. 498), S. 15; auch *Karpenstein* gibt immerhin zu, dass im öffentlichen Bereich mehrere Grade von Verflechtungen mit dem privaten Bereich bestehen, a.a.O. (Fn. 508), S. 907, Fußnote 46.

Bereichen gewährleistet werden soll, die auf den EG-Vertrag selbst zurückgehen. Betroffen ist insbesondere die Verarbeitung von Daten im Rahmen der Gewährleistung der Freizügigkeit[509].

Im Ergebnis wurde an einer den öffentlichen Bereich erfassenden Regelung festgehalten, allerdings zum Preis diverser Zugeständnisse. So wurden die Auskunfts- und Informationsrechte der betroffenen Personen durch den eigens eingefügten Artikel 13 der Richtlinie eingeschränkt. Er enthält sieben fakultative Ausnahmetatbestände, die von der Sicherheit des Staates bis hin zum Schutz der Rechte und Freiheiten anderer Personen reichen.

2.) Regelung des Datenschutzes bei die Datenverarbeitung durch Gemeinschaftsorgane

Die Grundlage für legislatorische Gemeinschaftsmaßnahmen auf dem Gebiet des Datenschutzes bei den eigenen Einrichtungen bietet Artikel 286 Abs. 2 EG. Die Vorschrift bringt die Bindung der Gemeinschaft an das grundrechtlich geschützte Recht auf Schutz der Privatsphäre zum Ausdruck. Die gemeinschaftliche Verpflichtung zum Schutz der Grundrechte wurde bereits vor Einfügung des Artikels 286 EG als Grundlage für entsprechende Regelungen betrachtet[510]. Die Verordnung greift diesen Bezug ausdrücklich auf, indem sie den Schutz der Grundrechte und -freiheiten bei der Verarbeitung personenbezogener Daten als Ziel formuliert[511] und den Rat beauftragt, eine unabhängige Kontrollinstanz zu errichten, die die Anwendung der datenschutzrelevanten Bestimmungen der Gemeinschaft auf die Organe und Einrichtungen überwacht, und erforderlichenfalls „andere einschlägige Bestimmungen“ zu erlassen.

III. Inhalt und Aufbau der VO

Mit der Verordnung setzte der Gemeinschaftsgesetzgeber diesen Handlungsauftrag des Artikels 286 EG um. Im ersten Teil enthält die Verordnung spezielle Vorschriften für den Bereich der Datenverarbeitung durch die Organe und Einrichtungen der Gemeinschaften insbesondere für den Datenaustausch mit den Mitgliedstaaten. Im zweiten Teil finden sich die Bestimmungen zur Einrichtung von Kontrollinstanzen, die die Einhaltung dieser Vorschriften gewährleisten sollen. Die bedeutendste Rolle dabei kommt dem Europäischen Datenschutzbeauftragten zu.

Ziel der Verordnung wie der Richtlinie ist laut der offiziellen Bezeichnung der Schutz der Grundrechte und Grundfreiheiten, insbesondere der Privatsphäre, sowie die Gewährleistung eines ungehinderten Datenverkehrs. Die Beseitigung von Verkehrsbeschränkungen liegt im Falle der Richtlinie in ihrer Konzeption

---

509 Vgl. *Simitis*, a.a.O. (Fn. 498), S. 15.

510 *Ellger*, a.a.O. (Fn. 507), S. 552.

511 Erwägungsgründe Nr. 12 und 13 der Verordnung.

begründet. Die Richtlinie dient der Harmonisierung der nationalen Datenschutzbestimmungen *zum Zwecke der Verwirklichung des Binnenmarktes*[512]. Auf den ersten Blick scheint es daher verwunderlich, dass auch die Verordnung dem freien Datenverkehr gewidmet ist. So mag es fraglich erscheinen, welche Rolle die Zweckbestimmung des ungehinderten Datenverkehrs für die Gemeinschaftseinrichtungen und -organe im Geschehen des Binnenmarktes spielen sollte. Offenbar aus diesem Grund war die Erwähnung des ungehinderten Datenverkehrs im ersten Entwurf der Verordnung auch nicht vorgesehen[513]. Die Erwähnung des freien Datenverkehrs macht im Kontext mit den Gemeinschaftsinstitutionen jedoch durchaus Sinn. Denn der Gemeinschaftsgesetzgeber hat mit der Datenschutzrichtlinie ein Konzept vorgelegt, in dem weder der freie Datenverkehr noch der Datenschutz alleiniger Zweck sind. Vielmehr stehen beide Grundsätze in engem Zusammenhang. Dieser Zusammenhang lässt sich in drei Schritten nachvollziehen: Freier Datenverkehr funktioniert nur im Rahmen gemeinsamer Datenschutzvorschriften. Mit der Richtlinie wurde Europa datenschutzrechtlich harmonisiert. Nun sollen auch die Gemeinschaftsinstitutionen Teil der harmonisierten Rechtslandschaft werden, indem bei den Institutionen das Schutzniveau erreicht werden soll, das die Richtlinie bei Datentransfers nach außen verlangt. In seiner endgültigen Fassung enthält Artikel 1 Abs. 1 Halbsatz 2 der Verordnung deshalb das an die Gemeinschaftsorgane und -einrichtungen gerichtete Verbot, den freien Verkehr personenbezogener Daten zu beschränken und zu untersagen. Dies steht auch im Einklang mit der Rechtsgrundlage des Artikels 286 EG, der ja alle datenschutzrelevanten Rechtsakte der Gemeinschaften für die Institutionen für anwendbar erklärt.

IV. Materielles Datenschutzrecht

1.) Begriffsbestimmungen und Anwendungsbereich der VO

Die Begriffsbestimmungen greifen das Beispiel der Richtlinie auf. Entsprechend geht die Verordnung von einem weiten Verarbeitungstatbestand aus. Dieser umfasst jeden Vorgang im Zusammenhang mit personenbezogenen Daten. Exemplarisch werden in Artikel 2 lit. b) VO einige Verarbeitungsmaßnahmen aufgezählt, der Katalog ist allerdings nicht abschließend. Im Gegensatz dazu wurde beispielsweise in § 3 des deutschen BDSG eine deutlich engere Ausgestaltung des Verarbeitungstatbestandes gewählt, der zum einen zwischen automatisierter und nicht automatisierter Verarbeitung unterscheidet und zum anderen Vorgänge wie das Nutzen, Anonymisieren und Pseudonymisieren gesondert regelt[514]. Demgegenüber wurde die Definition des „für die Verarbeitung Ver-

---

512 Zum darin liegenden Verhältnis von Datenschutz und Freiheit des Datenverkehrs *Dammann/Simitis*, a.a.O. (Fn. 481), Einleitung, Rn. 8 f.

513 Vgl. Artikel 1 Abs. 1 Entwurf der Verordnung.

514 Die Konsequenz ist, dass die gesondert definierten Vorgänge nach dem BDSG nicht den Zulässigkeitsregeln für die Datenverarbeitung unterliegen. Das führt zu Abgren-

antwortlichen“ in Artikel 2 lit. d) VO dadurch präzisiert, dass sie konkret auf die jeweiligen Organisationsmöglichkeiten bei den Gemeinschaftsorganen und -einrichtungen eingeht. Danach soll auch die Benennung des Verantwortlichen zusammen mit der Rechtsgrundlage der Verarbeitung durch Rechtsakt bestimmt werden.

Artikel 3 VO legt den Anwendungsbereich der Verordnung fest. Noch im Entwurf der Verordnung war Artikel 3 so formuliert, dass er den Anwendungsbereich auf die Datenverarbeitung durch alle Einrichtungen und Organe der Gemeinschaft erstreckte. Daraus ergab sich die Frage, ob die Verordnung damit auch für die Verarbeitung von Daten gilt, die von diesen Organen und Einrichtungen im Rahmen der GASP oder der PJZS verarbeitet werden. Die Gemeinschaftsorgane sind nach Artikel 5 EU befugt, für Zwecke der EU tätig zu werden. Gegen die Annahme eines unionsweiten Anwendungsbereiches der VO sprachen jedoch systematische Gründe. Als Handlungsform speziell des EG-Vertrages kann der Rechtsakt der Verordnung nicht innerhalb eines anderen Bereichs der Union gelten. Auch im Hinblick auf die gemeinschaftsrechtliche Rechtsgrundlage des Artikel 286 EG schließt sich ein unionsweiter Anwendungsbereich der Verordnung aus. Die Verordnung ist damit in einen gemeinschaftsrechtlichen Zusammenhang eingebettet[515]. Artikel 3 der endgültigen Fassung der Verordnung stellt dies nunmehr klar, indem die Bindung der Organe und Einrichtungen an die Verordnung soweit gilt, wie deren Tätigkeiten in den Anwendungsbereich des Gemeinschaftsrechts fallen.

2.) Die Rechtmäßigkeit der Datenverarbeitung

a) Grundsatz der Datenqualität

Bei den Bestimmungen über die Qualität der Daten folgt die Verordnung der Richtlinie. Hier wie dort bezweckt diese Vorschrift zweierlei. Zum einen soll die Verwertbarkeit der Daten sichergestellt werden. Dies gelingt nur, wenn die Daten sorgfältig gepflegt, ihre Richtigkeit ständig kontrolliert und - falls erforderlich - aktualisiert werden. Zum anderen werden mit dem Grundsatz der Datenqualität die Grundrechte des Betroffenen bei der Verarbeitung seiner Informationen gewahrt[516]. Der grundrechtliche Ansatz des Artikels 4 VO wird auch daran deutlich, dass sich der als Vorbild dienende Artikel 6 der Richtlinie wiederum stark an dem Übereinkommen Nr. 108 des Europarats[517] orientiert.

---

zungsproblemen bei sich überschneidenden Tatbeständen z.B. der Löschung, die als eine Form der Verarbeitung gilt, und der Anonymisierung, die gesondert geregelt ist.

515 *Kingreen*, in: *Callies/Ruffert*, EG-Vertrag Artikel 286, Rn. 4.

516 Begründung zu Artikel 6 der Richtlinie.

517 *Dammann/Simitis*, a.a.O. (Fn. 481), Artikel 6, Rn. 1; *Kröger/Moos*, a.a.O. (Fn. 488), S. 648.

Artikel 4 Abs. 1 lit. a) VO verpflichtet den Verantwortlichen bei der Verarbeitung zur Beachtung der Grundsätze von Treu und Glauben. Danach hat der Umgang mit den Daten sorgfältig zu erfolgen. Wie in der Richtlinie wird dieser Tatbestand auch in Artikel 4 Abs. 1 lit. a) VO nicht näher konkretisiert. Es kann aber gefolgert werden, dass letztlich eine rechtmäßige Datenverarbeitung gefordert ist. Das Gebot von Treu und Glauben dürfte wie in der Richtlinie[518] somit als Auffangtatbestand dienen, um auch dort eine nicht ordnungsgemäße Datenverarbeitung ahnden zu können, wo sie gegen keine ausdrückliche gesetzliche Bestimmung verstößt.

Artikel 4 Abs. 1 lit. b) VO fordert die grundsätzliche Beachtung der Zweckbindung. Das bedeutet, dass personenbezogene Daten nur für die Zwecke genutzt und weiterverarbeitet werden dürfen, für die sie ursprünglich erhoben wurden. Im Unterschied zu der entsprechenden Bestimmung der Konvention Nr. 108 des Europarats ist die Erhebung aber nur für „eindeutige" Zwecke erlaubt. Mit dem strengeren Wortlaut sollte eine möglichst enge Festlegung erreicht werden[519]. Wie die Richtlinie lässt auch die Verordnung eine Ausnahme zugunsten historischer, statistischer und wissenschaftlicher Zwecke zu, sofern „Garantien" vorliegen. Neben der daraus folgenden Bindung an den neuen Verwendungszweck sind damit die bei der statistischen Verwertung von Daten üblichen Schutzvorkehrungen gemeint wie die Anonymisierung der Datensätze. Für die Praxis der Statistik bedeutet diese Anforderung aber kein Problem, da ein Personenbezug für die Gewinnung statistischer Erkenntnisse in der Regel nicht erforderlich ist.

Als Konsequenz des Zweckbindungsgebots ist die Datenerhebung nur insoweit zulässig, wie sie im Hinblick auf den Zweck erforderlich ist. Der Grundsatz führt also zu einer Reduktion der Verarbeitung personenbezogener Daten auf das Unvermeidliche.[520] Die Daten müssen nach Umfang und Art für ihren Verarbeitungszweck auch erheblich sein, insbesondere dürfen sie nicht den Zweck hinausgehen, wie Artikel 4 lit. c) VO klarstellt. Weiterhin enthält Artikel 4 VO das Gebot der Richtigkeit der Daten. Es ist darauf zu achten, dass Daten sachlich richtig und auf dem neuesten Stand sind und gegebenenfalls aktualisiert werden. Schließlich stellt Artikel 4 lit. e) VO klar, dass Daten die Identifizierung des Betroffenen nicht länger als erforderlich ermöglichen dürfen. Werden Daten nach Erfüllung oder Wegfall des Verarbeitungszwecks zu statistischen, historischen oder wissenschaftlichen Zwecken weiterverarbeitet, muss zumindest eine Anonymisierung erfolgen. Ist dies nicht möglich, genügt eine Ver-

---

518 *Dammann/Simitis*, a.a.O. (Fn. 481), Artikel 6, Rn. 2.

519 *Däubler*, Arbeitnehmerdatenschutz - ein Problem der EG?, in: *Tinnefeld/Philipps/Heil (Hrsg.)*, Informationsgesellschaft und Rechtskultur in Europa, S. 110 ff. (120); kritisch dazu *Dippoldsmann*, EG-Datenschutz - „Zwiedenken" auf europäisch - Zum Gebrauch des Datenschutzes als Instrument seiner Verhinderung, in: KJ 1994, S. 369 (376).

520 *Dammann/Simitis*, a.a.O. (Fn. 481), Einleitung, Rn. 31.

schlüsselung der Identität. Eine Löschung solcher Daten sehen weder die Richtlinie noch die Verordnung an dieser Stelle vor. Eine Löschungspflicht ist allerdings im Zusammenhang mit den Betroffenenrechten in den mittleren Teilen beider Texte vorgesehen, vgl. Artikel 16 VO. Auf die unterschiedliche Ausgestaltung der Betroffenenrechte gegenüber der Richtlinie wird unten näher einzugehen sein.

b) Anforderungen an die Datenverarbeitung

Eine Verarbeitung personenbezogener Daten kann nach Artikel 5 VO grundsätzlich aus zweierlei Gründen zulässig sein. Sie ist unproblematisch zulässig, wenn der Betroffene eingewilligt hat (Artikel 5 lit. d) VO). Diese Vorschrift stimmt mit Artikel 7 lit. a) der Richtlinie überein. Die Einwilligung setzt die Einwilligungsfähigkeit, d.h. unter anderem die Kenntnis der Sachlage[521], voraus und muss „ohne jeden Zweifel" vorliegen, was auch schlüssiges Handeln ausreichen lässt[522].

Daneben ist die Verarbeitung zulässig, wenn sie aus einem bestimmten Grund erforderlich ist.

Wie die Richtlinie unterscheidet auch Artikel 5 VO zwischen mehreren abschließend aufgeführten Fällen der Erforderlichkeit. Bei der Ausarbeitung der Verordnung wurden aber die besonderen Umstände der Gemeinschaftsverwaltung berücksichtigt. Diesen Grad an Spezialisierung vermochte die Richtlinie mit ihren sowohl privaten wie öffentlich-rechtlichen Adressatenkreisen nicht zu leisten.

Infolge dieser Spezialisierung bestand auch kein Bedarf, den Auffangtatbestand des Artikels 7 lit. f) der Richtlinie in der Verordnung aufzugreifen, der eine Verarbeitung zulässt, wenn sie zur Verwirklichung eines berechtigten Interesses des Verarbeitenden erforderlich ist und kein überwiegendes entgegenstehendes Interesse des Betroffenen besteht. Der weite Anwendungsbereich des Artikels 7 lit. f) der Richtlinie erfasst insbesondere privatwirtschaftliche Tätigkeiten[523]. Für die Belange der Gemeinschaftsverwaltung bestand keine Notwendigkeit für eine solche Bestimmung.

Hinsichtlich der übrigen Erforderlichkeitskriterien stimmen beide Texte im Wesentlichen überein. So ist nach Artikel 5 lit. a) VO eine Verarbeitung zulässig, wenn sie zur Wahrnehmung einer gemeinschaftsrechtlich vorgesehenen oder im öffentlichen Interesse liegenden Aufgabe erforderlich ist[524]. Artikel 5 lit. b) und

---

521 Sog. *informed consent*, der ggf. eine vorherige Belehrung durch den Verantwortlichen erfordert, vgl. *Schild*, Die EG-Datenschutzrichtlinie, in: EuZW 1996, S. 549 (551).

522 Zur entsprechenden Bestimmung der Richtlinie: *Dammann/Simitis*, a.a.O. (Fn. 481), Artikel 7, Rn. 4.

523 Erläuterung zu Artikel 5 des Verordnungsentwurfs, 5. Spiegelstrich.

524 Vgl. Artikel 7 lit. e) Richtlinie.

c) VO berücksichtigen die Fälle, in denen die Verarbeitung aufgrund einer rechtlichen Verpflichtung des Verarbeitenden sowie zur Erfüllung vertraglicher oder vorvertraglicher Verpflichtungen gegenüber dem Betroffenen notwendig ist[525]. Schließlich kann eine Verarbeitung auch zur Wahrung lebenswichtiger Interessen des Betroffenen erforderlich sein (Artikel 5 lit. e) VO)[526].

c) Änderung der Zweckbestimmung

Im Unterschied zur Richtlinie sieht die Verordnung eine besondere Möglichkeit der Änderung der Zweckbestimmung vor. Unbeschadet weiterer Ausnahmen[527] lässt Artikel 6 Abs. 1 VO eine Weiterverarbeitung zu einem anderen Zweck zu, wenn eine interne Vorschrift der Gemeinschaftsorgane und -einrichtungen dies erlaubt. Einer strengeren Zweckbindung unterliegen nur diejenigen Daten, die bei der Kontrolle der Verarbeitungssysteme und -vorgänge gewonnen werden. Diese Daten enthalten Informationen über das an der Verarbeitung beteiligte Personal und dessen Handlungen. Jene Daten dürfen ausschließlich nach Maßgabe des Artikels 20 Abs. 1 lit. a) VO für die Verhütung, Ermittlung, Feststellung und Verfolgung von Straftaten verwendet werden.

Warum die Änderung der Zweckbestimmung hier einen gesonderten Platz einnimmt, ist nicht ersichtlich. Systematisch gehört sie in den Zusammenhang der Ausnahmen und Beschränkungen, wo weitere Kriterien für eine Durchbrechung der Zweckbindung aufgezählt werden.

Auch inhaltlich ist Artikel 6 VO kritikwürdig. Anders als im 6. Abschnitt der Verordnung, der die Ausnahmen und Einschränkungen behandelt, ist bei einer Zweckänderung nach Artikel 6 VO kein Recht des Betroffenen vorgesehen, den Europäischen Datenschutzbeauftragten anzurufen. Ebenso wird der Betroffene nicht von der anderweitigen Verarbeitung seiner Daten informiert, da die Mitteilung der Zweckänderung von der Informationspflicht nach Artikel 11 und 12 VO nicht erfasst wird. Lediglich im Rahmen eines Auskunftsantrages hat der Betroffene die Möglichkeit, von der Weiterverarbeitung seiner personenbezogenen Daten zu erfahren. Davon wird er aber regelmäßig nur bei entsprechender Kenntnis Gebrauch machen, denn: Wer nichts ahnt, wird auch nicht nachfragen. Diesbezüglich sind die Betroffenenrechte in Artikel 6 VO nur unzureichend berücksichtigt worden.

---

525 Vgl. Artikel 7 lit. c) und b) Richtlinie.

526 Vgl. Artikel 7 lit. d) Richtlinie.

527 Ausnahmen und Einschränkungen sieht die Verordnung beispielsweise auch in Fällen des öffentlichen Interesses nach Artikel 20 VO vor. Dazu unten Kapitel B IV. 5.).

d) Besondere Voraussetzungen für die Übermittlung von Daten, Artikel 7 bis 9 VO

Für die Übermittlung personenbezogener Daten, die einen Unterfall des weit gefassten Verarbeitungstatbestandes darstellt, sehen die Artikel 7 bis 9 VO zusätzlich besondere Regelungen vor. Es werden drei Übermittlungstatbestände unterschieden: Die Übermittlung innerhalb oder zwischen Gemeinschaftsinstitutionen, die Übermittlung von den Institutionen an Stellen in den Mitgliedstaaten und die Übermittlung von den Institutionen an Stellen außerhalb des Anwendungsbereiches des Gemeinschaftsrechts. Der Übermittlung an Drittstaaten ist die Übermittlung an andere Internationale Organisationen gleichgestellt.

Die Übermittlung personenbezogener Daten ist Teilbereich des weitgefassten Verarbeitungstatbestandes und unterliegt daher grundsätzlich den Regelungen der Artikel 4 bis 6 VO. Die in den nachfolgenden Artikeln enthaltenen Präzisierungen gestalten die allgemeinen Pflicht des Verantwortlichen, die Verarbeitung der Daten nach Treu und Glauben und auf rechtmäßige Weise zu gewährleisten, konkret für den Fall der Datenübermittlung aus. Als *leges speciales* haben die Artikel 7 bis 9 VO gegenüber Artikel 4 Abs. 1 lit. a) VO Vorrang.

aa) Übermittlung innerhalb oder zwischen Gemeinschaftsorganen und -einrichtungen

Diese Vorschrift hat kein unmittelbares Vorbild in der Richtlinie. Vor einer Übermittlung innerhalb von oder zwischen Organen oder Einrichtungen muss nach Artikel 7 Abs. 1 VO geprüft werden, ob die Übermittlung erforderlich und die Empfängerstelle für die betreffende Aufgabe auch zuständig ist. Abs. 2 regelt, wer die Prüfung vorzunehmen hat und wer demzufolge für eine fehlerhafte Entscheidung die Verantwortung trägt. Dabei sind zwei Fälle zu unterscheiden.

Erfolgt die Übermittlung auf Ersuchen des Empfängers, „tragen sowohl der für die Verarbeitung Verantwortliche als auch der Empfänger die Verantwortung für die Zulässigkeit dieser Übermittlung", Nr. 2 Unterabs. 1. Die deutsche Fassung erweist sich hier als verwirrend, da der in Artikel 2 lit. d) VO legaldefinierte Begriff des „Verantwortlichen" neben dem der Verantwortung für die Zulässigkeit verwendet wird[528]. Letztere meint die Prüfungspflicht, der „Verantwortliche" ist dagegen diejenige Stelle, die die Entscheidung über die Verarbeitung trifft, hier also der Übermittler. Die Pflichten beider Stellen werden durch Artikel 7 Nr. 2 Unterabs. 2 und 3 VO näher konkretisiert. Der für die Verarbeitung Verantwortliche prüft zunächst die Zuständigkeit des Empfängers. Aus dem Wortlaut folgt, dass dabei nicht nur die Verbands- sondern auch die Organzuständigkeit der ersuchenden Stelle vorliegen muss. Sodann nimmt er

528 Ebenso die französische Fassung („*le responsable du traitment*" und „*la responsabilité*"). Unmissverständlich dagegen die englische Fassung („*controller*" und „*responsibility*").

eine „vorläufige“ Bewertung der Notwendigkeit der Übermittlung vor. Erscheint die Notwendigkeit zweifelhaft, sind weitere Auskünfte einzuholen. Der Empfänger hat demgegenüber zu gewährleisten, dass die Notwendigkeit der Übermittlung auch im Nachhinein kontrolliert werden kann. Die klare Zuordnung der Pflichten stellt sicher, dass im Falle einer unzulässigen Übermittlung eine Pflichtverletzung eindeutig zugerechnet werden kann.

Erfolgt die Übermittlung allein auf Initiative des Übermittlers, so folgt aus Artikel 7 Nr. 2 VO *e contrario* sowie aus seinen allgemeinen Pflichten als Verantwortlichen, dass ihm sowohl die Zuständigkeits- und Notwendigkeitskontrolle als auch die Pflicht zur Dokumentation obliegt.

In beiden Fällen ist der Empfänger nach Artikel 7 Nr. 3 VO an den Zweck gebunden, für den die Daten übermittelt wurden. Dieser Vorschrift kommt jedoch keine eigenständige Bedeutung zu, da sie den bereits in Artikel 4 Abs. 1 lit. b) VO enthaltenen Grundsatz der Zweckbindung lediglich wiederholt.

Mit der Zuständigkeitsprüfung hat Artikel 7 der Verordnung ein gegenüber der Richtlinie neues Prüfungskriterium eingeführt. Damit hebt die Verordnung den Maßstab einer zulässigen Übermittlung gegenüber der Richtlinie deutlich an. Im Fehlen einer Zuständigkeitsprüfungspflicht wird wiederum die Schwäche der Richtlinie offenbar. Eine Zuständigkeitsprüfung, wie sie nunmehr die Verordnung vorsieht, kann typischerweise nur im Bereich der Datenverarbeitung durch und zwischen öffentlichen Stellen verlangt werden, denn sie setzt ein Mindestmaß an Kenntnis der Strukturen und der Organisation der empfangenden Stelle voraus. Diese Kenntnis kann im Privatrechtsverkehr nicht erwartet werden, weil es an einer dem öffentlichen Bereich entsprechenden Transparenz der Strukturen fehlt. Eine solche Prüfpflicht hätte den Privatrechtsverkehr schlicht überfordert. Vor diesem Hintergrund wären allzu genaue Prüfungsverpflichtungen letztlich als zeitintensive und damit kostenwirksame Belastung empfunden worden. Da sich die Richtlinie die Aufgabe aufgebürdet hat, den öffentlichen und den privaten Bereich gleichermaßen zu regeln, wurde weitgehend auf besondere Bestimmungen für die einzelnen Bereiche verzichtet, so dass die Richtlinie hinsichtlich der Anforderungen stattdessen den kleinsten gemeinsamen Nenner verkörpert. Im Rahmen der Verhandlungen zur Verordnung brauchte auf die Bedenken der Privatwirtschaft keine Rücksicht genommen zu werden. So konnten die Voraussetzungen für die Übermittlung ohne weiteres verschärft werden.

Es besteht auch kein Grund zu der Annahme, dass das sinnvolle zusätzliche Erfordernis der Zuständigkeitsprüfung zu einer Hemmung des interinstitutionellen Datenverkehrs führen wird, da es keine übermäßige Belastung für die Arbeit der Gemeinschafts-Verwaltung darstellt. Denn anders als es bei privaten Unternehmen angenommen werden kann, dürften sich die Gemeinschaftsorgane und -einrichtungen in ihrer Organisation im Wesentlichen ähnlich sein. Nicht unwesentlich fällt dabei ins Gewicht, dass es mit Englisch und Französisch gemeinsame Arbeitssprachen gibt, Hindernisse infolge von Sprachbarrieren demnach nicht bestehen dürften.

bb) Übermittlung an Stellen, die der Datenschutzrichtlinie unterworfen sind

Wie im vorherigen Abschnitt gilt, dass ein Verantwortlicher bei der Übermittlung innerhalb des Rechtsraums der Richtlinie grundsätzlich an das Gebot von Treu und Glauben gebunden ist. Die nachfolgenden Bestimmungen gestalten diese Verpflichtung näher aus.

Artikel 8 VO regelt die Übermittlung an Personen und Einrichtungen in den Mitgliedstaaten, die nicht Organe und Einrichtungen der Gemeinschaft sind. Hierin kommt der Zweck der Verordnung zum Ausdruck, den ungehinderten Datenverkehr nicht nur von den Mitgliedstaaten zu den Institutionen sondern auch in umgekehrter Richtung zu ermöglichen.

Artikel 8 VO enthält zwei Alternativen, die je nach Übermittlungsgrund unterschiedliche Prüfungspflichten vorschreiben.

Eine Übermittlung ist zum einen zulässig, wenn sie im öffentlichen Interesse oder zur Ausübung öffentlicher Gewalt erforderlich ist. Dem Empfänger obliegt es, die Erforderlichkeit der Übermittlung nachzuweisen (Artikel 8 lit. a) VO). Aus dem Begriff „Nachweis" wird deutlich, dass der Empfänger sowohl in rechtlicher wie in tatsächlicher Hinsicht darlegen muss, warum er die beantragte Übermittlung für erforderlich hält.

Dient die Übermittlung einem anderen als einem öffentlichen Interesse, fordert Artikel 8 lit. b) VO neben dem Notwendigkeitsnachweis, dass kein Grund zur Annahme einer Interessenbeeinträchtigung beim Betroffenen besteht. Die Nichtbeeinträchtigung muss aber nicht vom Empfänger nachgewiesen werden. Denn der Formulierung des Artikels 8 Abs. 1 VO ist zu entnehmen, dass die Nichtbeeinträchtigung der Regelfall ist und eine Übermittlung nur dann unterbleibt, wenn eine Ausnahme ersichtlich ist. Dies zu prüfen, ist dann Sache des Übermittlers.

Nach seiner Formulierung geht Artikel 8 VO von dem Fall aus, dass eine Übermittlung auf Antrag des Empfängers stattfindet, da jener verpflichtet ist, die Erforderlichkeit der Übermittlung nachzuweisen. Da Artikel 8 VO aber auch Aussagen über Umfang und Intensität der Prüfung macht, gelten die Anforderungen an die Erforderlichkeit der Übermittlung nach Artikel 8 VO auch im Falle einer Übermittlung auf Initiative der Gemeinschaftsorgane und -einrichtungen.

Artikel 8 Abs. 2 des Verordnungsentwurfs stellte noch klar, dass im Falle einer Übermittlung in die Mitgliedstaaten eine Zweckänderung nicht erfolgen darf. Diese Bestimmung hatte keinen eigenständigen Inhalt und ist nicht in die endgültige Fassung übernommen worden. Die in die Mitgliedstaaten übermittelten Daten unterliegen nach der Übermittlung nämlich ohnehin dem Datenschutzregime der Richtlinie. Damit gilt auch der Grundsatz der Zweckbindung nach Artikel 6 Abs. 1 lit. b) und c) der Richtlinie. Zudem hätte die ursprüngliche Fassung ein umfassendes Zweckänderungsverbot gar nicht gewährleisten können, da die Richtlinie eine Weiterverarbeitung beispielsweise zu historischen, statistischen oder wissenschaftlichen Zwecken für grundsätzlich vereinbar mit dem Gebot der Zweckbindung erklärt[529].

cc) Übermittlung an Stellen außerhalb des Anwendungsbereichs der Richtlinie und der Verordnung

Bei der Übermittlung an Stellen außerhalb des Anwendungsbereichs der Richtlinie wurden die entsprechenden Verfahrensvorschriften der Richtlinie weitgehend aufgegriffen. Artikel 9 VO ist im Wesentlichen den Artikeln 25 und 26 der Richtlinie nachgebildet. Es gilt daher ein grundsätzliches Verbot von Übermittlungen an Stellen, bei denen es an einem angemessenen Schutzniveau für diese Übermittlung fehlt (Artikel 9 Abs. 1 VO)[530]. Dabei stellt die Verordnung klar, dass der Fall einer Übermittlung an eine Internationale Organisation einer Drittlandsübermittlung gleichsteht. Für den Anwendungsbereich der Richtlinie herrschte diesbezüglich bereits Einigkeit[531], obwohl in der Richtlinie eine solche Gleichsetzung fehlt. Artikel 9 Abs. 1 VO fordert außerdem, dass eine Übermittlung nur durch die für die betreffende Aufgabe zuständige Person durchgeführt wird. Als drittes Erfordernis enthielt der Entwurf zu Artikel 9 Abs. 1 VO noch die Einhaltung der Zweckbindung. Dieser Passus war überflüssig und wurde in die Endfassung nicht übernommen, denn nach Artikel 4 Abs. 1 lit. b) VO gilt der Grundsatz der Zweckbindung für jeden Verarbeitungsvorgang, und damit auch für die Übermittlung. Ob die Zweckbindung auch durch den Empfänger beachtet werden muss, ist wiederum eine Frage des angemessenen Schutzniveaus und unterliegt der Einschätzung nach den Abs. 2 - 5.

Artikel 9 Abs. 2 und 3 enthalten Bestimmungen über die Bewertung des Schutzniveaus beim Empfänger sowie über die Unterrichtung der Kommission und des Europäischen Datenschutzbeauftragten und entsprechen weitgehend der Richtlinie[532]. Nach Abs. 5 stellt die Kommission das Vorliegen oder Nichtvorliegen eines angemessenen Schutzniveaus fest[533]. Parallel zu der entsprechenden Bestimmung der Richtlinie bedeutet „angemessen", dass der Schutz personen-

529 Artikel 6 lit. b) der Richtlinie.
530 Vgl. Artikel 25 Abs. 1 Richtlinie.
531 Vgl. *Dammann/Simitis*, a.a.O. (Fn. 481), Artikel 25, Rn. 6.
532 Vgl. Artikel 25 Abs. 2 und 3 Richtlinie.
533 Vgl. Artikel 25 Abs. 4 Richtlinie.

bezogener Daten dem Kernbestand der Schutzprinzipien[534] der Verordnung im Wesentlichen gerecht wird. Defizite bei einzelnen Garantien sind danach grundsätzlich hinnehmbar, sofern ansonsten ein akzeptabler Schutz besteht. Für die Bewertung sind alle Umstände der Datenübermittlung heranzuziehen, wie Abs. 2 verdeutlicht. Es kommt daher lediglich darauf an, dass im Einzelfall der betreffenden Übermittlung ein gewisser Schutz besteht. Dieser kann, muss sich aber nicht aus der abstrakten Rechtslage des Drittlandes ergeben.

Ausnahmsweise kann nach Artikel 9 Abs. 6 VO eine Übermittlung auch bei Fehlen eines solchen Schutzniveaus erfolgen. Dies ist unproblematisch zulässig, wenn der Betroffene ohne jeden Zweifel eingewilligt hat. Wie in Artikel 5 lit. d) VO ist auch schlüssiges Verhalten ausreichend[535]. Daneben enthält Abs. 6 eine Reihe von Tatbeständen, die denen des Artikels 5 im Wesentlichen entsprechen. So kann eine Übermittlung zur Erfüllung vertraglicher Pflichten erforderlich sein oder der Wahrung öffentlicher oder lebenswichtiger Interessen des Betroffenen dienen. Erlaubt ist die Übermittlung auch, wenn die Daten aus einem öffentlich zugänglichen Register stammen. Zusätzlich berechtigt Artikel 9 Abs. 7 den Europäischen Datenschutzbeauftragten, für eine Übermittlung eine spezifische Einzelfallgenehmigung zu erteilen. Die Genehmigung setzt voraus, dass der Schutz des Betroffenen durch Garantien gewährleistet wird, die sich im Einzelfall auch aus entsprechenden Vertragsklauseln ergeben können. Hat ein Organ oder eine Einrichtung von der Ermächtigung nach Artikel 9 Abs. 6 VO Gebrauch gemacht, muss der Europäische Datenschutzbeauftragte unterrichtet werden (Artikel 9 Abs. 8 VO), wodurch der Ausnahmecharakter dieser Übermittlungstatbestände deutlich wird.

Die Regelung des Abs. 7, ein fehlendes gesetzliches Schutzniveau durch individuelle Absprachen ausgleichen zu können, lehnt sich an den Mechanismus des Artikels 26 Abs. 2 bis 4 der Richtlinie an. Die Richtlinie ermöglicht darin die Übermittlung in Drittländer ohne angemessenes Schutzniveau auch dann, wenn auf Empfängerseite ausreichende Garantien hinsichtlich des Schutzes der Daten sowie der Rechte des Betroffenen, beispielsweise Auskunfts- oder Widerspruchsrechte, abgegeben werden[536]. Hiermit zielte die Richtlinie insbesondere auf die für die europäische Wirtschaft wichtigen Verbindungen zu US-amerikanischen Unternehmen ab[537]. Damit Datentransfers in die USA trotz dort

---

534 Zur Angemessenheit im Rahmen der Richtlinie *Dammann/Simitis*, a.a.O. (Fn. 481), Artikel 25, Rn. 8.

535 Vgl. oben Kapitel B IV. 2.) b).

536 Zu den Alternativen dieser Regelung vgl. *Büllesbach/Höss-Löw*, Vertragslösung, Safe Harbour oder Privacy Code of Conduct, in: DuD 2001, S. 135 (137 f.).

537 Für diese Regelung wurde die Richtlinie auch als zweideutig kritisiert, da sie den datenverarbeitenden Stellen in den USA und anderen nichteuropäischen Ländern ermöglicht, die datenschützende Wirkung der Richtlinie zu unterlaufen, vgl. *Salbu*, The Euro-

fehlender umfassender und allgemein verbindlicher Datenschutzgesetze gleichwohl möglich blieben, ließ die Richtlinie auch freiwillige Selbstverpflichtungen genügen. Mittlerweile existieren Leitlinien für vertragliche Selbstverpflichtungserklärungen, die von US-amerikanischer sowie von europäischer Seite akzeptiert sind. Die am 21. Juli 2000 vom Amerikanischen Handelsministerium vorgelegten sogenannten „Grundsätze des sicheren Hafens“[538] wurden am 27. Juli 2000 durch eine Entscheidung der Europäischen Kommission[539] als angemessen im Sinne der Richtlinie qualifiziert.

Artikel 9 Abs. 7 war im Verordnungsentwurf noch nicht vorgesehen und ist erst zuletzt in die endgültigen Fassung aufgenommen worden. Die fehlende Berücksichtigung der individuellen Garantien im Verordnungsentwurf wurde zu Recht als änderungsbedürftig erkannt. Dadurch wären nämlich die Übermittlungen, die vor dem rechtlichen Hintergrund solcher Selbstverpflichtungen stattfinden, einem Verbot unterworfen worden. Praktisch hätte dies insbesondere die Tätigkeit der Kommission erschwert, die etwa im Zusammenhang mit der wettbewerbsrechtlichen Aufsicht auf regen Datenaustausch mit US-amerikanischen Stellen angewiesen ist. Auch die mittlerweile geltenden „Grundsätze des sicheren Hafens“ hätten dem nicht abgeholfen, da sie nicht als „angemessenes Schutzniveau“ im Sinne des Artikels 9 Abs. 2 VO qualifiziert werden können. Für den Datenaustausch in die USA wäre den Gemeinschaftsorganen und -einrichtungen lediglich übriggeblieben, sich auf die fallspezifischen Ausnahmen nach Artikel 9 Abs. 6 VO zu berufen.

3.) Sensible Daten

Artikel 10 Abs.1 VO verbietet grundsätzlich jede Verarbeitung solcher personenbezogener Daten, welche Aufschluss über bestimmte intime oder ähnliche, besonders private Umstände des Betroffenen geben, sogenannte sensible Daten[540]. Dazu gehören Informationen über die rassische oder ethnische Herkunft, die religiöse oder philosophische Überzeugung sowie die Gesundheit oder das

---

pean Union Data Privacy Directive and International Relations, in: VanJTL Vol. 35, 1 (2002), S. 655 (677).

538 Grundsätze des sicheren Hafens, vorgelegt vom Amerikanischen Handelsministerium, veröffentlicht unter: http://www.datenschutz-berlin.de/doc/eu/sonst/source/sh_de.pdf .

539 Entscheidung der Europäischen Kommission vom 26.7.2000 gemäß der Richtlinie 95/46/EG des Europaeischen Parlaments und des Rates über die Angemessenheit des von den Grundsätzen des "sicheren Hafens" und der diesbezüglichen "Häufig gestellten Fragen" (FAQ) gewährleisteten Schutzes, vorgelegt vom Handelsministerium der USA (Bekannt gegeben unter Aktenzeichen K(2000) 2441), ABl. Nr. L 215 vom 25.8.2000, S. 7.

540 Vgl. *Ellger*, Konvergenz oder Konflikt bei der Harmonisierung des Datenschutzes in Europa?, in: CR 1994, S. 558 (563); *Geis*, Individualrechte in der sich verändernden europäischen Datenschutzlandschaft, in: CR 1995, S. 171 (174); *Simitis*, in: Simitis/Dammann u.a., BDSG § 1, Rn. 181 ff.

Sexualleben des Betroffenen. Das Verbot unterliegt nicht dem Vorbehalt des Artikels 20 VO. Unter den besonderen Voraussetzungen des Artikels 10 Abs. 2 - 4 VO gestattet die Verordnung aber Ausnahmen vom Verarbeitungsverbot.

Eine Verarbeitung ist danach zulässig, wenn der Betroffene ausdrücklich eingewilligt hat. Allein konkludentes Handeln reicht hierfür nicht aus[541], womit die Anforderung gegenüber den allgemeinen Regelungen der Artikel 5 lit. d) und Artikel 9 Abs. 6 lit. a) VO höher liegen. Eine Verarbeitung ist ferner zulässig, wenn der Betroffene die betreffenden Daten offensichtlich selbst öffentlich zugänglich gemacht hat.

Sensible Daten dürfen auch dann verarbeitet werden, wenn dies der Abwendung von Lebensgefahr für den Betroffenen dient. Dies setzt aber voraus, dass der Betroffenen physisch oder rechtlich außerstande ist, seine Einwilligung zu erteilen. Die Vorschrift geht damit weiter als Artikel 5 lit. e) VO, da sie die mutmaßliche Einwilligung des Betroffenen nur bei besonders schwerwiegenden Hinderungsgründen gelten lässt.

Bestimmte arbeitsrechtliche Belange können ebenfalls eine Verarbeitung rechtfertigen, sofern dies nach einem Gemeinschaftsrechtsakt oder einer Genehmigung des Europäischen Datenschutzbeauftragten zulässig ist. Der Grund für diese Ausnahme liegt darin, dass bestimmte Daten, die als sensibel eingestuft sind, im Verhältnis von Arbeitnehmer und Arbeitgeber ständig verwendet werden, beispielsweise Daten über die Gesundheit. Durch den Vorbehalt werden als Ausgleich hierfür die entsprechenden Schutzgarantien gewährleistet.

Weiterhin ist die Verarbeitung sensibler Daten zur Geltendmachung gerichtlicher Ansprüche erlaubt. Danach soll niemand deswegen vor Gericht unterliegen, weil anspruchsbegründende Tatsachen als sensible Daten Dritter eingestuft sind und nicht preisgegeben werden dürfen. Anwendung könnte dies insbesondere bei beamtenrechtlichen Konkurrentenklagen finden.

Daneben ist auch die fallweise Genehmigung einer Verarbeitung durch den Europäischen Datenschutzbeauftragten möglich, wenn ausreichende Schutzgarantien vorliegen. Deren konkrete Ausgestaltung ist zwar nicht vorgegeben, doch bieten die Abs. 2 lit. e) und 3 eine Orientierungshilfe. Die Verarbeitung sensibler Daten ist auch zum Zweck der Gesundheitsvorsorge, der medizinischen Diagnostik und der Gesundheitsversorgung zulässig, sofern der Verantwortliche dabei dem Berufsgeheimnis unterliegt.

Abs. 4 enthält eine Generalklausel, nach der durch Gemeinschaftsrecht oder durch Entscheidung des Europäischen Datenschutzbeauftragten weitere Ausnahmen zugelassen werden können. Anwendung könnte dies beispielsweise

---

541 zur entsprechenden Bestimmung der Richtlinie: *Dammann/Simitis*, a.a.O. (Fn. 481), Artikel 8, Rn. 9.

finden, um die missbräuchliche Verbreitung von rassistischen Informationen oder Pornographie durch einen Beschäftigten einer Einrichtung zu verfolgen.[542] Bei der Genehmigung von Ausnahmen ist das Ermessen des Datenschutzbeauftragten aber insoweit begrenzt, als er sich an den im Gemeinschaftsrecht festgelegten Ausnahmen orientieren muss.[543] Daten über Straftaten dürfen nur verarbeitet werden, sofern es gemeinschaftsrechtliche Garantien gibt oder der Europäische Datenschutzbeauftragte dies genehmigt hat. Die nach der Richtlinie[544] gegebene Möglichkeit der Mitgliedstaaten, derartige Daten ersatzweise auch unter behördlicher Aufsicht zu führen, ist den Gemeinschaftsorganen und -einrichtungen damit verwehrt.

Obwohl nicht ausdrücklich festgelegt, ist bei der Übermittlung sensibler Daten von einem Stufenverhältnis zwischen Artikel 10 und den Artikeln 7, 8 und 9 VO auszugehen. Dies hat zur Folge, dass die Übermittlung sensibler Daten nur zulässig ist, wenn sie nach Artikel 10 VO verarbeitet werden dürfen. Grundlegend ist der Gedanke, dass sensible Daten besonders schützenswert sind, wenn sie den Schutzbereich der Gemeinschaft verlassen[545]. Die besondere Schutzwürdigkeit sensibler Daten beginnt jedoch nicht erst mit der Überschreitung der Außengrenzen der Gemeinschaft, vielmehr gelten die Bestimmungen des Artikels 10 VO auch bei internen Transfers vorrangig. Das folgt bereits aus der Formulierung des Artikels 10 VO, der die *Verarbeitung* besonderer Datenkategorien und damit auch deren Übermittlung einschließt. Zudem lässt sich aus der systematischen Stellung des Artikels 10 nach den Regelungen zur Übermittlung schließen, dass es sich insoweit um eine Sondervorschrift handelt.

4.) Informations- und Auskunftsrecht des Betroffenen

Die Voraussetzung für die Inanspruchnahme von Betroffenenrechten ist die Kenntnis über Art und Umfang der verarbeiteten Daten einer Person. Hier sind zwei Ausgangssituationen zu unterscheiden. Erfolgte eine Datenerhebung ohne Wissen des Betroffenen, kann sich dieser nur dann gegen die Konsequenzen wehren, wenn er zuvor von ihr in Kenntnis gesetzt worden ist. Für diese Fälle sehen Artikel 11 und 12 VO eine Informationspflicht vor. Zum anderen kann ein Betroffener auch initiativ um Auskunft über ihn betreffende Datenverarbeitungsvorgänge ersuchen. Hierfür gibt ihm Artikel 13 VO ein Auskunftsrecht.

---

[542] Erläuterung zu Artikel 10 des Verordnungsentwurfs.

[543] Erläuterung zu Artikel 10 des Verordnungsentwurfs.

[544] Artikel 8 Abs. 5 Richtlinie.

[545] *Kopp*, Tendenzen der Harmonisierung des Datenschutzrechts in Europa, in: DuD 1995, S. 204 (209).

a) *Information des Betroffenen anlässlich der Erhebung von Daten*

Die Pflicht, dem Betroffenen eine minimale Anzahl von Informationen zu geben, ist Ausdruck einer gewissen Fairness[546] im Umgang mit dem Betroffenen. Er soll in die Lage versetzt werden, seine Situation einzuschätzen und gegebenenfalls von seinen Rechten Gebrauch zu machen[547]. Die Informationspflichten sind daher essentielle Voraussetzung für die Verwirklichung des „informationellen Selbstbestimmungsrechts", wie es das Bundesverfassungsgericht in seiner Rechtsprechung herausgearbeitet hat.[548]

Artikel 11 VO, der insoweit mit Artikel 10 der Richtlinie identisch ist, verpflichtet den für die Verarbeitung Verantwortlichen zur Abgabe zumindest folgender Informationen an den Betroffenen: Identität des Verantwortlichen, Zweck der Erhebung, Informationen über den Empfänger der Daten, den Hinweis, ob die Beantwortung bestimmter Fragen obligatorisch oder freiwillig erfolgt und die Konsequenzen einer unterlassenen Beantwortung sowie das Bestehen von Auskunfts- und weiteren Rechten bezüglich verarbeiteter Daten. Dieser Minimalkatalog spiegelt die allgemeine Transparenzpflicht des Verantwortlichen wieder[549]. Artikel 11 Abs. 1 lit. f) VO verpflichtet den Verantwortlichen darüber hinaus dazu zu prüfen, ob nach Treu und Glauben zusätzliche Informationen abgegeben werden müssen. Ist dies der Fall, ist der Betroffene über die Rechtsgrundlage der Verarbeitung oder über die zeitliche Begrenzung der Datenspeicherung zu informieren oder darauf hinzuweisen, dass er den Europäischen Datenschutzbeauftragten anrufen kann.

Negativ fällt auf, dass die Mitteilung der Rechtsgrundlage nicht zu den obligatorischen Informationen gehört. Vor dem Hintergrund, dass jede Datenverarbeitung das Recht auf informationelle Selbstbestimmung berührt, wäre dies jedoch geboten. Die mit der Rechtsgrundlage versehene Begründung gehört zu den essentiellen Informationen, die ein Betroffener erhalten muss, um angemessen auf die Verarbeitung zu reagieren und gegebenenfalls justitielle Schritte einzuleiten. Als wesentliches Erfordernis jedes rechtstaatlichen Verfahrens ist die Mitteilung der Rechtsgrundlage im Falle eines Grundrechtsbezugs sogar notwendige Folge aus diesem[550]. Wegen der nicht obligatorischen Mitteilung der Rechtsgrundlage ist Artikel 11 VO zu kritisieren.

---

546 Vgl. Begründung zu Artikel 11 der Richtlinie .

547 *Dammann/Simitis*, a.a.O. (Fn. 481), Artikel 11, Rn. 1.

548 *Kopp*, a.a.O. (Fn. 545), S. 209.

549 *Dammann/Simitis*, a.a.O. (Fn. 481), Einleitung, Rn. 32; zur entsprechenden Regelung im deutschen BDSG *Gola/Schomerus*, BDSG-Kommentar, § 19a, Rn. 1; *Mallmann*, in: Simitis, Kommentar zum BDSG, § 19a, Rn. 3.

550 Zum Begründungszwang bei belastenden Verwaltungsakten nach dem deutschen Verwaltungsverfahrensrecht Urteil BVerfG vom 16.1.1957 - 1 BvR 253/56 (*Elfes*), E 6, S. 32 ff. (44); *Kopp/Ramsauer*, VwVfG-Kommentar, § 39, Rn. 3.; *P.Stelkens/U. Stelkens*,

Bei der Frage des Zeitpunktes der Informationserteilung verbleibt dem Verantwortlichen ein Einschätzungsspielraum. Über dessen Grenzen enthalten weder die Verordnung noch die Richtlinie ausdrückliche Festlegungen. Einen Rahmen setzt jedoch der Grundsatz der Verarbeitung nach Treu und Glauben[551], so dass regelmäßig von einer Information zum Zeitpunkt der Erhebung der Daten auszugehen ist[552].

Die Erteilung bestimmter Informationen kann für statistische Zwecke nach Artikel 11 Abs. 2 VO ganz oder teilweise zurückgestellt werden. In jedem Fall muss der Betroffene aber über die Identität des für die Erhebung Verantwortlichen, den Verarbeitungszweck sowie darüber informiert werden, ob die Beantwortung von Fragen obligatorisch ist. Grundsätzlich ist die Information nachzuholen, sobald der Grund für die Zurückstellung nicht mehr besteht.

Einen praktisch bedeutsamen Fall regelt Artikel 12 VO. Werden Daten nicht bei der betroffenen Person erhoben und weiterübermittelt und ist der Betroffene noch nicht über die Erhebung in Kenntnis gesetzt worden, soll sich dies nicht zu seinen Lasten auswirken. Daher verpflichtet Artikel 12 VO auch die Empfänger dazu, den Betroffenen ordnungsgemäß zu informieren. Dies gilt auch im Falle mehrfacher Weiterübermittlung. Nach Abs.2 findet keine Information statt, wenn dies nicht oder nur schwerlich möglich ist oder wenn die Übermittlung gemeinschaftsrechtlich vorgesehen ist. Es dürfte sich dabei hauptsächlich um die statistische, historische oder wissenschaftliche Weiterverwendung der Daten handeln. Dass Abs. 2 hier derart weitreichende Ausnahmen zulässt, kann nur damit erklärt werden, dass die Schutzwürdigkeit des Betroffenen anderweitig berücksichtigt wird. So sind in allen Fällen nach Konsultation des Europäischen Datenschutzbeauftragten geeignete Schutzgarantien vorzusehen. Bei einer Weiterverwendung zu statistischen Zwecken greifen zudem nach Artikel 4 Abs. 1 lit. e) VO entsprechende Schutzmaßnahmen wie die Anonymisierung der Datensätze.

b) Auskunftsrecht, Sperrung und Löschung

Die Auskunfterteilung auf Antrag des Betroffenen ist Gegenstand des Artikels 13 VO. Artikel 14 bis 17 VO behandeln weitere Anträge des Betroffenen. Die übersichtliche Aufteilung in mehrere Artikel ist bereits eine redaktionelle Verbesserung gegenüber der Richtlinie, die all dies in einem einzigen Artikel abfasst.

---

in: Stelkens/Bonk/Sachs, VwVfG Kommentar, § 39, Rn. 1; *Henneke*, in: Knack, VwVfG-Kommentar, § 39 Rn. 6; *Dechsling*, in: DÖV 1985, S. 714 ff. (714 f.); *Ule/Laubinger*, Verwaltungsverfahrensrecht, § 1 Rn. 10.

551 Artikel 4 Abs. 1 lit. a) VO, Artikel 6 Abs. 1 lit. a) Richtlinie.

552 Erläuterung zu Artikel 11 des Verordnungsentwurfs.

Auf Antrag des Betroffenen muss der Verantwortliche Auskunft über Art, Inhalt und Umfang der gegenwärtig verarbeiteten Daten, den Verarbeitungszweck und im Falle der automatisierten Verarbeitung über deren Ablauf geben, (Artikel 13 VO). Daraus folgt, dass der Verantwortliche ggf. auch verpflichtet ist mitzuteilen, dass keine Daten verarbeitet werden, sog. Negativauskunft[553]. Die Erteilung erfolgt ohne unzumutbare Verzögerung und – im Unterschied zur Richtlinie – zwingend unentgeltlich[554]. Stellen sich die Daten als unrichtig heraus, muss sie der Verantwortliche auf Antrag des Betroffenen berichtigen (Artikel 14 VO).

Der Betroffene kann aber auch eine Sperrung erwirken, solange der Verantwortliche die bestrittene Richtigkeit der Daten nachprüft (Artikel 15 Abs. 1 lit. a) VO). Eine Sperrung erfolgt auch dann, wenn der Verantwortliche die Daten nicht länger benötigt, diese aber zu Beweiszwecken aufzubewahren sind, lit. b). Schließlich müssen Daten auch dann gesperrt werden, wenn der Betroffene einer Löschung widerspricht und stattdessen die Sperrung fordert, lit. c). Aus einer Sperrung folgt ein grundsätzliches Nutzungsverbot der Daten, die aber weiterhin gespeichert bleiben. In Betracht kommt eine erneute Verwendung nur mit Einwilligung des Betroffenen, zur Behebung einer Beweisnot oder bei berechtigten Interessen Dritter (Artikel 15 Abs. 3 VO).

Eine Löschung erfolgt nach Artikel 16 VO auf Antrag des Betroffenen, wenn die Verarbeitung rechtswidrig war. Aus dem Grundsatz der Datenqualität nach Artikel 4 Abs. 1 lit. e) VO folgt darüber hinaus, dass Daten von Amts wegen gelöscht werden, wenn man sie nicht mehr benötigt. Schließlich kann der Betroffene nach Artikel 17 VO beantragen, dass Dritte, denen Daten weitergegeben wurden, von den obengenannten Maßnahmen in Kenntnis gesetzt werden, es sei denn, dies erweist sich als zu aufwendig.

In ihrer endgültigen Fassung stellen Artikel 14 bis 17 VO jetzt klar, dass es sich bei der Berichtigung, Sperrung, Löschung und Mitteilung an Dritte um Rechte des Betroffenen handelt, die einen entsprechenden Antrag erfordern. In der Entwurfsfassung waren jene Vorschriften zum Teil missverständlich so formuliert, als finde die Sperrung und die Löschung ausschließlich von Amts wegen statt. Zwar hätte eine solche Auslegung der Artikel 14 bis 17 VO nicht nahe gelegen, denn sie stehen ja unter der Überschrift der Betroffenenrechte. Zudem ergeben sich die Amtspflichten bereits weitgehend aus dem Grundsatz der qualitativen Verarbeitung nach Treu und Glauben gemäß Artikel 4 VO. Bemerkenswert ist aber, dass die Richtlinie an der entsprechenden Stelle nicht eindeutig ist. Nach Artikel 12 lit. b) der Richtlinie garantieren die Mitgliedstaaten jeder betroffenen Person, eine Berichtigung, Löschung oder Sperrung zu erhalten.

---

553 *Dammann/Simitis*, a.a.O. (Fn. 481), Artikel 12 Rn. 4.

554 Artikel 12 lit. a) Richtlinie verlangt eine Auskunfterteilung nur „ohne (...) übermäßige Kosten".

Ob dies in Form eines Antragsverfahrens oder von Amts wegen erfolgen soll, wurde den Mitgliedstaaten überlassen. Das deutsche BDSG hat von diesem Spielraum in der Weise Gebrauch gemacht, dass Berichtigung, Sperrung und Löschung von Amts wegen erfolgen[555]. Die Klarstellung in der Endfassung der VO ist daher erfreulich, da sie das Textverständnis erleichtert und Zweifeln über die Tragweite der Betroffenenrechte vorbeugt. Im Ergebnis ist die Position des Betroffenen damit zweifach abgesichert: Schon der Grundsatz der Datenqualität legt dem Verantwortlichen Sorgfaltspflichten auf. Sollten diese dennoch nicht eingehalten werden, hat der Betroffenen die Möglichkeit, selbst auf die Einhaltung zu dringen.

c) Widerspruchsrecht

Nach Artikel 18 VO kann der Betroffenen in bestimmten Fällen gegen die Verarbeitung seiner Daten Widerspruch einlegen. Der Widerspruch dient dazu, die Unrechtmäßigkeit der Verarbeitung geltend zu machen, indem der Betroffene auf zwingende, schutzwürdige, sich aus seiner Person ergebende Gründe gegen die Verarbeitung verweist (Artikel 18 lit. a) VO). Die Regelung ist Ausdruck des Interessenabwägungsgedankens, dem jede Datenverarbeitung unterliegen muss.[556] Ist der Widerspruch berechtigt, muss die weitere Verarbeitung unterbleiben. Die Verordnung lässt zwar offen, wem gegenüber der Widerspruch erklärt werden muss. Aus dem Zusammenhang mit den vorangehenden Artikeln 13 bis 17 kann jedoch geschlossen werden, dass für den Widerspruch insoweit das gleiche gilt wie für die anderen Betroffenenrechte, so dass der Widerspruch ebenfalls bei dem für die Verarbeitung Verantwortlichen einzulegen ist.

Der Widerspruch ist jedoch unzulässig in den Fällen des Artikels 5 lit. b), c) und d) VO. Ein Betroffener kann danach einer Verarbeitung nicht widersprechen, wenn der Verantwortliche zu ihrer Durchführung rechtlich verpflichtet ist, sie zur Erfüllung rechtlicher Verpflichtung des Betroffenen dient oder der Betroffene seine Einwilligung gegeben hat. Da der Verarbeitungstatbestand des Artikels 5 VO abschließend ist, bleibt für den Widerspruch somit dann Raum, wenn die Verarbeitung mit der Wahrung lebenswichtiger Interessen des Betroffenen oder der Wahrnehmung einer Aufgabe im öffentlichen Interesse gerechtfertigt wurde. Die Verordnung geht damit über Artikel 14 lit. a) der Richtlinie hinaus, der es den Mitgliedstaaten anheim stellte, ein Widerspruchsrecht auch in anderen Fällen als bei Verarbeitung im öffentlichen Interesse vorzusehen. Der noch in Artikel 14 lit. a) der Richtlinie vorhandene Bezug auf die Generalklausel des Artikels 7 lit. f) der Richtlinie wird in der Verordnung nicht aufgegrif-

---

555 § 20 Abs. 1-4 BDSG; *Mallmann*, in: Simitis, Kommentar zum BDSG, § 20, Rn. 35; *Gola/Schomerus*, BDSG-Kommentar, § 20, Rn. 9.

556 Zu der entsprechenden Bestimmung der Richtlinie, *Kopp*, a.a.O. (Fn. 545), S. 210.

fen, da, wie oben dargestellt, für jenen Verarbeitungstatbestand bei den Gemeinschaftsorganen und -einrichtungen kein Bedarf besteht.

Das Widerspruchsrecht steht dem Betroffenen auch zu, wenn Daten erstmalig weitergegeben oder erstmalig durch Dritte für Zwecke der Direktwerbung verwendet werden (Artikel 18 lit. b) VO). Da der Betroffene hiervon in der Regel nichts weiß, ist er vorab über die Weitergabe oder geänderte Nutzung in Kenntnis zu setzen und über sein Widerspruchsrecht zu informieren.

d) Automatisierte Einzelentscheidungen

Im gleichen Abschnitt findet sich schließlich der Grundsatz, dass Entscheidungen über einzelne Aspekte einer Person, die rechtliche Folgen oder eine Beeinträchtigung für diese Person mit sich bringt, nicht ausschließlich aufgrund einer automatisierten Verarbeitung von Daten ergehen darf (Artikel 19 VO). Als besonders schützenswert bewertet Artikel 19 VO Daten über die Leistungsfähigkeit, die Zuverlässigkeit oder das Verhalten einer Person. Mit dem grundsätzlichen Verbot soll sichergestellt werden, dass personenbezogene Entscheidungen von wesentlicher Tragweite nur unter menschlicher Mitwirkung getroffen werden. Ausnahmen sind nur aufgrund von Rechtsvorschriften zulässig, die auch die Interessen des Betroffenen berücksichtigen. Die Vorschrift macht den grundrechtsschützenden Charakter sowohl der Richtlinie als auch der Verordnung deutlich. Wie schon in Artikel 15 Abs. 1 der Richtlinie stand hier die Absicht im Hintergrund, das Risiko im Falle von Fehlfunktionen zu begrenzen und aus diesem Grunde eine menschliche Kontrolle einzubauen. Dies soll zum einen verhindern, dass ein Betroffener in einer das Persönlichkeitsrecht berührenden Angelegenheit zum bloßen Objekt einer Computerentscheidung degradiert wird, zum anderen, dass aufgrund des automatisierten Verfahrens die Verantwortlichkeiten verschwimmen[557].

5.) Ausnahmen und Einschränkungen

Artikel 20 VO erlaubt die Einschränkung bestimmter Datenschutz-Grundsätze aus wichtigen Gründen. Dazu zählen die Verhütung und Verfolgung von Straftaten, ein wichtiges wirtschaftliches oder finanziellen Interesse eines Mitgliedstaates oder der Europäischen Union, der Schutz des Betroffenen sowie Rechte und Freiheiten anderer. Diese Aufzählung ist wie die entsprechende Liste in der Richtlinie[558] abschließend. Im Gegensatz zum Entwurf fanden auch die Gründe der Sicherheit, der Landesverteidigung und der öffentlichen Sicherheit der Mitgliedstaaten Eingang in die Endfassung (Artikel 20 Abs. 1 lit. d) VO)[559]. Die Erläuterungen zum Entwurf erklärten das Fehlen dieser nach der Richtlinie vorgesehenen Einschränkungsmöglichkeit damit, dass diese Gründe auf die Ge-

---

557 *Dammann/Simitis*, a.a.O. (Fn. 481), Artikel 15 Rn. 2.

558 Begründung zu Artikel 13 der Richtlinie.

559 Vgl. Artikel 13 der Richtlinie.

meinschaftsorgane und -einrichtungen nicht anwendbar seien. Damit bezog man sich allerdings auf die Sicherheit der Gemeinschaft, die in der Tat nicht definiert ist. Im Gegensatz dazu hat man aber offensichtlich anerkannt, dass im Rahmen der Verordnung Datenschutzgrundsätze zur Sicherheit der Mitgliedstaaten eingeschränkt werden können. Insgesamt fasst sich die Verordnung hinsichtlich der Ausnahmegründe kürzer als die Richtlinie, deren zahlreiche, sich inhaltlich teilweise überschneidende Generalklauseln kritisiert wurden[560].

Gegenstand der Einschränkung ist zum einen der Grundsatz der Datenqualität. Obwohl Artikel 20 Abs. 1 VO die Anwendung von Artikel 4 Abs. 1 VO insgesamt für einschränkbar erklärt, dürfte das Ziel der Vorschrift vor allem darin liegen, die Zweckbindung und die begrenzte Speicherungsdauer nach Artikel 4 Abs. 1 lit. b), c) und e) VO zu überwinden, denn nur diese Grundsätze sind überhaupt geeignet, den oben genannten Interessen entgegenzustehen. Artikel 20 Abs. 1 VO ermöglicht auf diese Weise mehr Einschränkungen als praktisch benötigt. Die unpräzise Formulierung folgt damit dem schlechten Vorbild des Artikels 13 der Richtlinie.

Neben Artikel 6 VO liefert Artikel 20 Abs. 1 VO nun eine zweite Grundlage zur zweckfremden Weiterverwendung vorhandener Daten.

Mögliche Gegenstände einer Einschränkung sind auch das Informations- und das Auskunftsrecht sowie die damit verbundenen Betroffenenrechte wie die Berichtigung, Sperrung und Löschung. Der Verordnungsentwurf nahm die letztgenannten Rechte noch von der Einschränkungsmöglichkeit aus, was ihren Charakter als Antragsrechte zusätzlich[561] verschleierte. In den Erläuterungen zum Entwurf wurde dies damit begründet, die Inanspruchnahme jener Rechte setze ohnehin eine vorherige Auskunft an den Betroffenen logisch voraus. Wenn bereits das Auskunftsrecht eingeschränkt werde, sei jede weitere Einschränkbarkeit der übrigen Betroffenenrechte überflüssig[562]. Indem die Endfassung nunmehr alle Betroffenenrechte ausdrücklich für einschränkbar erklärt, folgt sie zum einen der entsprechenden Formulierung der Richtlinie, zum anderen vermeidet sie eine Widersprüchlichkeit in der Formulierung der Verordnung.

Schließlich kann auch die Privatsphäre bei der Benutzung interner Telekommunikationsnetze nach Artikel 20 Abs. 1 VO eingeschränkt werden. Vorgesehen ist dabei der Zugriff auf den Inhalt und die Verkehrsdaten von Telekommunikation.

Im Falle einer Einschränkung ist der Betroffene über die Gründe und das Recht zu unterrichten, sich an den Europäischen Datenschutzbeauftragten zu wenden (Artikel 20 Abs. 3 VO). Davon ausgenommen dürften aber die Fälle sein, in

---

560 *Dammann/Simitis*, a.a.O. (Fn. 481), Einleitung, Rn. 37 und 46.

561 Vgl. unten Kapitel B VI.

562 Erläuterung zu Artikel 18 des Verordnungsentwurfs.

denen dem Betroffenen unter Einschränkung der Informationspflicht nicht mitgeteilt wird, dass seine Daten überhaupt verarbeitet werden. Andernfalls hätte jene Einschränkung keinen Zweck. Sobald es der Zweck aber zulässt, kommen die Rechte wieder voll zur Anwendung.

6.) Vertraulichkeit und Sicherheit der Verarbeitung

Artikel 21 bis 23 VO sehen personelle und technische Vorkehrungen vor, die bei der Verarbeitung beachtet werden müssen.

Der Gewährleistung der vertraulichen Behandlung personenbezogener Daten dient Artikel 21 VO, indem er die Person des Verantwortlichen in den Mittelpunkt rückt. Die Vorschrift fußt auf der Erkenntnis, dass Gefahren für die Vertraulichkeit, also das Datengeheimnis, nicht nur von dem Verantwortlichen sondern von jedem Dritten ausgehen kann, der Zugang zu den Daten hat. Daher ordnet Artikel 21 VO an, dass Personen, die dem Verantwortlichen unterstellt sind, personenbezogene Daten nur auf dessen Weisung verarbeiten dürfen. Daraus folgt, dass jede nicht durch Weisung veranlasste Verarbeitung unzulässig ist.[563] Gleiches gilt für Dritte, die Daten im Auftrag des Verantwortlichen verarbeiten. Hieraus folgt gleichzeitig, dass eine Übertragung der Verantwortung nach der Verordnung nicht vorgesehen ist. Wird nicht der Verantwortliche selbst tätig, sondern bedient er sich eines Dritten, wird statt einer Übertragung der Verantwortlichkeit ein Weisungsverhältnis eingerichtet, in dem der Verantwortliche die maßgebliche Figur bleibt. Dadurch wird erreicht, dass Verarbeitungsvorgänge unter Beteiligung von Dritten auch im nachhinein nachvollziehbar bleiben, weil die Person des Verantwortlichen jederzeit feststeht.

Gegenstand des Artikels 22 VO sind insbesondere technische Vorkehrungen, die der Sicherheit der Verarbeitung dienen. Dabei unterscheidet Artikel 22 VO nicht ausdrücklich zwischen manueller und automatisierter Verarbeitung. Allerdings fordert Abs. 2 für letztere besondere Maßnahmen, woraus folgt, dass Abs. 1 sich auf sämtliche Verarbeitungsvorgänge bezieht.

Das Kernstück des Artikels 22 VO ist der Begriff des angemessenen Schutzniveaus, an dem sich alle Sicherheitsmaßnahmen orientieren müssen. Es steht nicht von vorneherein fest, sondern muss jeweils anhand des spezifischen Risikos, dem Stand der Technik und den mit der Maßnahme verbundenen Kosten ermittelt werden. Das spezifische Risiko bemisst sich nach der Größe des drohenden Schadens und der Wahrscheinlichkeit seines Eintritts[564]. Dabei gilt, je höher das Risiko ist, desto weniger fallen die Kosten ins Gewicht.

---

563 Gleichwohl enthält die Verordnung ein solches Verbot nicht ausdrücklich. Es wurde leider auch darauf verzichtet, konkrete Folgen für den Fall der Zuwiderhandlung vorzusehen. In Betracht kämen arbeitsrechtliche Konsequenzen bzw. eine Strafregelung, wie § 43 BDSG sie vorsieht.

564 *Dammann/Simitis*, a.a.O. (Fn. 481), Artikel 17, Rn. 6.

Konkret verlangt Artikel 22 Abs. 1 Unterabs. 2 VO angemessene Maßnahmen gegen die unbefugte Weitergabe und Zugriff jeder Art. Speziell bei der automatisierten Verarbeitung sind die Vorgaben des Abs. 2 zu beachten. Er enthält eine Aufzählung von in der Praxis typischen Störungen bei der Datenverarbeitung. Die Formulierung „zu verhindern/gewährleisten/erfassen" macht jeweils deutlich, dass es nicht ausreicht, bestimmten Störungsursachen lediglich vorzubeugen. Der Verantwortliche ist vielmehr verpflichtet, deren Auswirkungen zu verhindern. Wie die entsprechende Bestimmung der Richtlinie[565] ist Artikel 22 Abs. 2 damit als erfolgsorientierte Vorschrift gefasst. Eine Festlegung auf bestimmte Maßnahmen wird vermieden, was vor dem Hintergrund sich rasch ändernder technischer Rahmenbedingungen sinnvoll ist. Der Verantwortliche unterliegt somit auch der Verpflichtung, gegebenenfalls neue technische Möglichkeiten zu nutzen, wenn diese sich als geeigneter als die bisherigen erweisen.

Die Liste des Abs. 2 umfasst im wesentlichen solche Störungen, die durch praktische oder potentielle unbefugte Einflussnahmen auf den Datenverarbeitungsvorgang gekennzeichnet sind. Dieser gegenüber Artikel 17 Abs. 1 Unterabs. 1 der Richtlinie präzisierte Katalog berücksichtigt einige neuere Empfehlungen des Europarats zum Datenschutz[566] sowie Artikel 118 des Schengen-Durchführungsübereinkommens[567]. Verhindert werden muss danach der unbefugte Zutritt und Zugang zu Verarbeitungseinrichtungen sowie der unberechtigte Zugriff auf Daten. Ferner muss jederzeit ersichtlich sein, welche Daten von wem und wann verarbeitet worden sind (Eingabekontrolle). Auch bei der Weitergabe, also der Übermittlung und Übertragung von Daten, sind Vorkehrungen gegen den unbefugten Zugriff zu treffen. Der Verantwortliche hat die organisatorische Struktur seiner Einrichtung gemäß diesen Richtlinien zu gestalten[568].

Erfolgt die Datenverarbeitung im Auftrag, hat der Beauftragte gemäß Artikel 23 VO die oben genannten Anforderungen zu erfüllen. Wie in der Richtlinie darf die Auftragsverarbeitung nur auf der Grundlage eines schriftlichen Vertrages oder Rechtsakts erfolgen, der die Weisungsabhängigkeit des Beauftragten vom Verantwortlichen unterstreicht und die technischen Erfordernisse der Artikel 21 und 22 VO beinhaltet. Artikel 23 VO führt damit die oben genannten Ansätze

---

565 *Dammann/Simitis*, a.a.O. (Fn. 481), Artikel 17, Rn. 3.

566 Recommendation Nr. R (95) 4 vom 7.2.1995; Recommendation R (91) 10 vom 9.9.1991; zu weiteren Empfehlungen vgl. oben Kapitel B, Fußnoten 296 f.

567 Übereinkommen vom 19.6.1990 zur Durchführung des Übereinkommens von Schengen vom 14. Juni 1985 zwischen den Regierungen der Staaten der Benelux-Wirtschaftsunion, der Bundesrepublik Deutschland und der Französischen Republik betreffend den schrittweisen Abbau der Kontrollen an den gemeinsamen Grenzen, abgedruckt in BGBl. 1993 II S. 1013.

568 Im wesentlichen entspricht die Liste den „Goldenen Regeln" der Datensicherheit in der Anlage zu § 9 Satz 1 BDSG.

konsequent weiter und lässt auch hier keine neue Verantwortlichkeit entstehen, sondern ergänzt die bestehende um ein Weisungsverhältnis.

7.) Interne Telekommunikationsnetze

Ein ganzes Kapitel widmet sich den von den Organen und Einrichtungen betriebenen internen Telekommunikationsnetzen. Die Bestimmungen beziehen die Anforderungen der Richtlinie 97/66/EG über die Verarbeitung personenbezogener Daten und den Schutz der Privatsphäre im Bereich der Telekommunikation[569] (im Folgenden: TK-DS-Richtlinie) teilweise in modifizierter Form mit ein.

Die Organe und Einrichtungen treffen die technischen und organisatorischen Vorkehrungen, um die Sicherheit des Telekommunikationsverkehrs zu garantieren (Artikel 35 VO). Wie in der TK-DS-Richtlinie bestimmt sich das Maß der Netzsicherheit nach dem Verhältnismäßigkeitsgrundsatz. Danach sind die technischen Möglichkeiten und die entstehenden Kosten mit dem jeweils bestehenden Risiko abzuwägen (Artikel 35 Abs. 1 VO). Im Falle eines besonderen Risikos haben die Netzbetreiber, hier die Organe und Einrichtungen, die Nutzer davon zu unterrichten. Der offen formulierte Sicherheitsmaßstab legt sich nicht auf konkret genannte Sicherheitstechnologien fest, was auch künftige Technologien einbezieht. Allerdings wurde wie bei der TK-DS-Richtlinie darauf verzichtet, die derzeit bekannten und praktizierten kryptographischen Methoden als Mindestgrenze eines allgemeinen Schutzstandards zu etablieren[570]. Anders als bei den Verhandlungen zur TK-DS-Richtlinie, bei denen einige Mitgliedstaaten eine Festlegung auf Verschlüsselungstechniken im Interesse ihrer Sicherheitsbehörden offenbar vermeiden wollten[571], ist die fehlende Aussage zur Kryptographie im Anwendungsbereich der Verordnung nicht erklärbar.

Daneben gewährleisten die Gemeinschaftsorgane und -einrichtungen die Vertraulichkeit des Telekommunikationsverkehrs (Artikel 36 VO). Der noch im Entwurf enthaltene Passus, dass insbesondere das Mithören, Abhören, Speichern, Abfangen und Überwachen von Übermittlungen ohne Einwilligung der Nutzer untersagt ist, wurde nicht in die Endfassung aufgenommen. Sie geht auf in der Verweisung auf die allgemeinen Grundsätze des Gemeinschaftsrechts.

569 Richtlinie 97/66/EG des Europäischen Parlaments und des Rates vom 15.12.1997 zur Verarbeitung personenbezogener Daten und dem Schutz der Privatsphäre im Bereich der Telekommunikation, ABl. Nr. L 24 vom 30.1.1998, S. 1 ff; mittlerweile ersetzt durch die Richtlinie 2002/58/EG des Europäischen Parlaments und des Rates vom 12.07.2002 über die Verarbeitung personenbezogener Daten und den Schutz der Privatsphäre in der elektronischen Kommunikation, ABl. Nr. L 201 vom 31.07.2002, S. 37 ff.

570 Kritisch zur TK-DS-Richtlinie insoweit *Schild*, Die Richtlinie über den Schutz personenbezogener Daten und den Schutz der Privatsphäre in der Telekommunikation, in: EuZW 1999, S. 69 (70).

571 *Dix*, Der Entwurf der ISDN-Datenschutzrichtlinie, Ein erstes Beispiel für ein bereichsspezifisches europäisches Datenschutzrecht, in: DuD 1997, S. 278 (280).

Damit werden unter anderem die einschlägigen Bestimmungen TK-DS-Richtlinie einbezogen, deren Artikel 5 insbesondere das Mithören, Abhören, Speichern und andere Arten der Überwachung ohne Einwilligung der Nutzer verbietet. Daneben zählen zu den allgemeinen Grundsätzen des Gemeinschaftsrechts nach Artikel 6 Abs. 2 EU auch die Grundrechte, wie sie sich aus der EMRK ergeben. Das Fernmeldegeheimnis[572] ist vom Recht auf Schutz des Privatlebens im Sinne des Artikels 8 EMRK[573] umfasst. Über Artikel 8 EMRK besteht mithin ein für die Gemeinschaft bindendes grundsätzliches Verbot von Eingriffen in das Fernmeldegeheimnis. Eine Rechtsprechungspraxis der Gemeinschaftsgerichte zum Fernmeldegeheimnis fehlt bislang.

Als Nutzer gilt jede natürliche Person, die ein unter der Kontrolle eines Organs oder einer Einrichtung betriebenes Telekommunikationsnetz nutzt (Artikel 34 Unterabs. 2 VO)[574]. Anders als es auf den ersten Blick scheinen mag, schließt diese Definition auch den Angerufenen mit ein. Dafür spricht zum einen, dass im nachfolgenden Text von den Nutzern stets in der Mehrzahl die Rede ist, und zum zweiten, dass die Verordnung an anderer Stelle ausdrücklich zwischen dem anrufenden und dem angerufenen Nutzer unterscheidet. Eingriffe in den Telekommunikationsverkehr bedürfen daher auch der Einwilligung des Angerufenen. Den in der TK-DS-Richtlinie zusätzlich enthaltenen Begriff des Teilnehmers[575] greift die Verordnung dagegen nicht auf. Eine Ausnahme vom Einwilligungserfordernis ist mit Zustimmung des Europäischen Datenschutzbeauftragten zulässig, wenn dies dem Nachweis von Handlungen im Rahmen der Aufgabenerfüllung der Organe und Einrichtungen dient. Gemeint ist unter anderem die Speicherung von Daten für die Überwachung der Internetbenutzung durch die Bediensteten.

Spezielle Beschränkungen gelten für die Speicherung von Verkehrsdaten. Sie müssen grundsätzlich nach Beendigung des Telekommunikationsvorgangs gelöscht oder anonymisiert werden (Artikel 37 Abs. 1 VO). Für Zwecke der Gebührenabrechnung oder der Verwaltung des Telekommunikationshaushaltes dürfen sie aber nach Artikel 37 Abs. 2-3 VO verarbeitet werden.

---

572 Siehe oben Kapitel B I. 3.) c) aa).

573 Nach ständiger Rechtsprechung der Gemeinschaftsgerichte als ein von der Gemeinschaftsordnung geschütztes Grundrecht anerkannt, siehe oben Kapitel B IV. 3.) b) bb).

574 Dies entspricht im Wesentlichen der Definition in Artikel 2 lit. h) der TK-Rahmenrichtlinie, Richtlinie 2002/21/EG des Europäischen Parlaments und des Rates vom 7.3.2002 über einen gemeinsamen Rechtsrahmen für elektronische Kommunikationsnetze und -dienste (Rahmenrichtlinie), ABl. Nr. L 108 v. 24.4.2002, S. 33 ff.

575 Teilnehmer im Sinne des Artikels 2 lit. a) der TK-DS-Richtlinie ist eine natürliche oder juristische Person, die mit einem Anbieter von Telekommunikationsleistungen einen Vertrag über die Inanspruchnahme des Dienstes geschlossen hat.

Nutzerverzeichnisse für den internen Gebrauch sollten nach Artikel 38 VO nur die nötigsten Daten enthalten. Zudem müssen Vorkehrungen getroffen werden, die verhindern, dass die Daten zu sachfremden Zwecke wie dem Adresshandel oder Direktmarketing missbraucht werden.

Artikel 39 und 40 VO regeln die näheren Umstände der Rufnummernunterdrückung.

V. Kontrollmechanismen

Um die Einhaltung der oben genannten Grundsätze zu gewährleisten, richtet die Verordnung ein zweigliedriges Kontrollsystem ein. Als Kontrollinstanz außerhalb der jeweiligen Behörde wacht der Europäische Datenschutzbeauftragte über die Einhaltung dieser Verordnung. Ergänzt wird seine Tätigkeit durch eine intern organisierte Selbstkontrolle[576] in Form der behördlichen Datenschutzbeauftragten.

1.) Der Europäische Datenschutzbeauftragte

Die Verordnung richtet das Amt des Europäischen Datenschutzbeauftragten als unabhängige Kontrollbehörde ein. Bei der Ausgestaltung dieses Amtes sind Parallelen zu dem allgemein gehaltenen Artikel 28 der Richtlinie erkennbar, der die Errichtung innerstaatlicher Kontrollstellen zum Gegenstand hat. Allerdings geht die Verordnung insbesondere bei der Zuteilung von Befugnissen über die Richtlinie hinaus.

a) Status

Entscheidendes Merkmal des Europäischen Datenschutzbeauftragten ist seine Unabhängigkeit, die in einem eigenen Artikel geregelt wird. Artikel 44 Abs. 1 VO wiederholt zunächst den Grundsatz aus Artikel 28 Abs. 1 Unterabs. 2 der Richtlinie, in dem für die Kontrollstellen in den Mitgliedstaaten bei den ihnen zugewiesenen Aufgaben „völlige Unabhängigkeit“[577] gefordert wird. Mit dieser Formulierung sollte zum einen eine Verstärkung zum Ausdruck gebracht, zum anderen die Unabhängigkeit als Merkmal der Aufgabenzuweisung im Gegensatz zu einem unabhängigen Status als Institution verdeutlicht werden[578]. Der Grundsatz der völligen Unabhängigkeit wird durch die folgenden Absätze in Artikel 44 VO weiter konkretisiert. Nach Abs. 2 ist der Europäische Datenschutzbeauftragte an keinerlei Anweisungen gebunden. Wie schon in der Richtlinie wird damit klargestellt, dass jegliche Einflussnahme auf die Tätigkeit der Kontrollstelle ausgeschlossen ist. Das Prinzip der Weisungsfreiheit verdeutlicht

---

576 Zu der entsprechenden Bestimmung der Richtlinie, *Dammann/Simitis*, a.a.O. (Fn. 481), Artikel 18, Rn. 11; *Kopp*, a.a.O. (Fn. 545), S. 210.

577 Abs. 1 der Begründung zu Artikel 30 des geänderten Vorschlags der Richtlinie; Abs. 62 der Erwägungsgründe der Richtlinie.

578 *Dammann/Simitis*, a.a.O. (Fn. 481), Artikel 28, Rn. 5.

zudem, dass der Begriff der „völligen Unabhängigkeit" funktionell im Sinne einer Unabhängigkeit gegenüber dem Kontrollierten[579] zu verstehen ist. Denn der Europäische Datenschutzbeauftragte agiert zwar frei von Weisungen, unterliegt aber einer Art Rechtsaufsicht von Parlament, Rat und Kommission. Zu diesem Zweck ist er diesen Organen jährlich berichtspflichtig (Artikel 48 Abs. 1 VO). Den Gemeinschaftsorganen und -einrichtungen steht es frei, zu dem Bericht Bemerkungen zu verfassen und dadurch eine Prüfung durch das Europäische Parlament zu initiieren. Das Parlament, die Kommission oder der Rat können jeweils beim Europäischen Gerichtshof die Amtsenthebung des Europäischen Datenschutzbeauftragten beantragen. Voraussetzung der Amtsenthebung ist nach Artikel 42 Abs. 5 VO Amtsunfähigkeit oder eine schwere Verfehlung[580]. Davon unberührt ist das Recht, Entscheidungen des Europäischen Datenschutzbeauftragten gerichtlich anzufechten.[581]

Artikel 44 Abs. 3 VO erstreckt den Grundsatz der Unabhängigkeit auch auf sonstige Verpflichtungen und verbietet die Ausübung entgeltlicher und unentgeltlicher Nebentätigkeiten. Das Verbot ist allerdings vor dem Hintergrund zu interpretieren, dass die Tätigkeit des Europäischen Datenschutzbeauftragten nicht beeinträchtigt werden soll. Es greift daher nur dann, wenn die betreffende Tätigkeit mit der Amtsführung unvereinbar ist, ähnlich dem Artikel 213 Abs. 2 EG. Schließlich unterliegt der Europäische Datenschutzbeauftragte auch nach Beendigung seiner Amtszeit der Verpflichtung, sich bei der Annahme von Mandaten oder Leistungen ehrenvoll und zurückhaltend zu verhalten (Artikel 44 Abs. 4 VO).

Das Verfahren zur Ernennung des Europäischen Datenschutzbeauftragten orientiert sich an dem Verfahren, das für die Ernennung des Europäischen Bürgerbeauftragten nach Artikel 195 EG vorgesehen ist. Jener ist wie der Europäische Datenschutzbeauftragte eine selbstständige und völlig unabhängige Einrichtung der EU. Allerdings besteht ein wesentlicher Unterschied darin, dass der Bürgerbeauftragte an das Europäische Parlament angebunden ist[582]. Nach Artikel 195

579 Zur entsprechenden Auslegung des Artikels 28 der Richtlinie *Kopp*, a.a.O. (Fn. 545), S. 211; kritisch *Giesen*, Die Kontrolle des Datenverkehrs mit Drittländern - Modelle und Grenzen, in: DuD 1996, S. 394 (395); in Bezug auf den Status der staatlichen Kontrollstellen im nicht-öffentlichen Bereich weitergehend *Haslach*, Unabhängige Datenschutzkontrolle nach Art. 28 EG-Datenschutzrichtlinie - Zum Anpassungsbedarf des nationalen Datenschutzrechtes, in: DuD 1999, S. 466 (468f.); *Groß*, Unabhängigkeit der Datenschutzaufsicht - Zur Neuordnung des Datenschutzes in Hessen, in: DuD 2002, S. 684 (685 ff.).

580 Eine ähnliche Regelung sieht der EG-Vertrag für die Mitglieder der Kommission vor, Artikel 216 EG. Ein Antragsrecht des Parlamentes ist dort allerdings nicht vorgesehen.

581 Siehe oben Kapitel B VI.

582 Zu den zwischenzeitlichen Bestrebungen, das Amt des Europäischen Datenschutzbeauftragten noch weitergehender nach dem Vorbild des Europäischen Bürgerbeauftrag-

EG erlässt das Europäische Parlament die notwendigen Regelungen seiner Amtsausübung Der Bürgerbeauftrage wird vom Parlament ernannt und kann nur auf Antrag des Parlaments seines Amtes enthoben werden. Er residiert ferner am Sitz des Parlamentes und ist ihm berichtspflichtig. Es besteht demnach eine enge parlamentarische Anbindung des Europäischen Bürgerbeauftragten[583]. Typischerweise betreffen dessen Untersuchungen auch hauptsächlich die Organe und Institutionen der Gemeinschaft, die mit Rechtswirkung unmittelbar für und gegen den Bürger handeln. Seine Tätigkeit ist insoweit vergleichbar mit dem in skandinavischen Ländern populären Modell des staatlichen Ombudsmanns[584].

In der Endfassung der Verordnung hat man sich nunmehr für eine klare organisatorische Trennung des Europäischen Datenschutzbeauftragten vom Europäischen Parlament entschieden[585]. Noch im Verordnungsentwurf war vorgesehen, dass das Parlament die erforderliche personelle und materielle Ausstattung des Europäischen Datenschutzbeauftragten garantiert. Sein Haushalt sollte hierfür in einem gesonderten Kapitel des Haushalts des Europäischen Parlaments geführt werden. Stattdessen ist der Etat des Europäischen Datenschutzbeauftragten nach Artikel 43 Abs. 3 VO jetzt Gegenstand des Einzelplans VIII des Gesamtplans der Europäischen Union[586]. Auch die Aufgaben des Europäischen Datenschutzbeauftragten sind durch eine eher übergeordnete Kontrolltätigkeit geprägt, die jede Institution betrifft. Aus Artikel 46 VO geht hervor, dass unterschiedslos alle Gemeinschaftsorgane und -einrichtungen überwacht und beraten werden. Beginn und Ende des Amtes des Europäischen Datenschutzbeauftragten werden ebenfalls im Zusammenwirken der großen Gemeinschaftsorgane bestimmt. Der Europäische Datenschutzbeauftragte wird nach Artikel 42 VO auf Vorschlag der Kommission im Einverständnis mit dem Europäischen Parlament und dem Rat ernannt[587]. Seine „Arbeitsbedingungen", zu denen Artikel

---

ten auszugestalten, *Brühann*, Sektorspezifischer Datenschutz in Europa, in: DuD 2002, S. 359 (360).

583 *Schwarze*, in: Schwarze, EU-Kommentar, Artikel 195 EG, Rn. 3.

584 Vergleichbare Befugnisse hat der z.B. der Petitionsausschuss des Deutschen Bundestages, vgl. Gesetz über die Befugnisse des Petitionsausschusses vom 19.7.1975, BGBl. I, S. 1921.

585 Vgl. hierzu die Forderung der Datenschutzbeauftragten des Bundes und der Länder anlässlich der Konferenzen der EU-Datenschutzkontrollinstanzen vom 25./26. Mai 1994 und 8. September 1995 sowie der Konferenz der Datenschutzbeauftragten des Bundes und der Länder vom 25. August 1994; zu den frühen Erwägungen, den Europäischen Bürgerbeauftragten als Datenschutz-Kontrollbehörde auszubauen, *Brühann*, a.a.O., (Fn. 479), S. 70.

586 Vgl. Haushalt für das Jahr 2003, ABl. Nr. L 54 vom 28.2.2003, S. 531 f., worin der Europäische Datenschutzbeauftragte zusammen mit dem Europäischen Bürgerbeauftragten aufgeführt ist.

587 Im Rahmen des Auswahlverfahrens hatte die Europäische Kommission eine Liste mit ca. 300 Bewerbern veröffentlicht. Mittlerweile sind *Peter Hustinx* und *Joaquin Bayo*

40 Abs. 1 VO das Gehalt und sonstige finanzielle Zuwendungen zählt, wird ebenfalls einvernehmlich durch die drei Organe festgelegt.

Ein Sitz wird dem Europäischen Datenschutzbeauftragten in der Verordnung nicht zugewiesen. Nachdem zunächst angeregt wurde, der Europäische Datenschutzbeauftragte solle seinen Sitz in Straßburg begründen und mit dem Europäischen Bürgerbeauftragten ein gemeinsames Sekretariat bilden[588], beschlossen das Parlament, der Rat und die Kommission[589], Brüssel als Sitz festzulegen. Auch damit wird die Unabhängigkeit des Europäischen Datenschutzbeauftragten vom Parlament symbolisch bekräftigt.

b) Aufgaben

Für die Ausgestaltung der Aufgaben des Europäischen Datenschutzbeauftragten dienten die entsprechenden Vorschriften des Artikels 28 der Richtlinie als Vorbild. Danach haben die nationalen Kontrollbehörden Überwachungs- und Beratungsaufgaben wahrzunehmen[590], Eingaben[591] von Bürgern zu bearbeiten, auf Antrag die Rechtsmäßigkeit von Verarbeitungen zu überprüfen[592] sowie regelmäßig Berichte über ihre Tätigkeit[593] vorzulegen. Die Artikel 41, 46 und 48 VO greifen diese Aufgabenzuweisung auf und ergänzen und konkretisieren sie in einem umfangreichen Aufgabenkatalog.

Artikel 41 Abs. 2 VO fasst die Aufgaben des Europäischen Datenschutzbeauftragten leitsatzartig zusammen. Sein Zweck besteht darin, für die Achtung der Grundrechte und Grundfreiheiten der Betroffenen zu sorgen. Hierzu überwacht und berät er die Gemeinschaftsorgane und -einrichtungen bei der Einhaltung der Bestimmungen der Verordnung.

aa) Prüfung von Beschwerden

Allem voran stellt der Aufgabenkatalog des Europäischen Datenschutzbeauftragten die Pflicht, Beschwerden entgegenzunehmen und zu prüfen (Artikel 46 lit. a) Artikel 46 VO). Dies korrespondiert mit dem Beschwerderecht einer je-

---

Delgado zum Europäischen Datenschutzbeauftragen und zum Stellvertretenden Datenschutzbeauftragten ernannt worden.

588 *Kathalijne Maria Buitenweg* (GRÜNE/EFA, NL), Entwurf des Gesamthaushaltsplans der Europäischen Union für das Haushaltsjahr 2002 und Berichtigungsschreiben Nr. 1/2002 zum Entwurf des Gesamthaushaltsplans der Europäischen Union für das Haushaltsjahr 2002.

589 Beschluss des Europäischen Parlaments, des Rates und der Kommission über die Regelungen und allgemeinen Bedingungen für die Ausübung der Aufgaben des Europäischen Datenschutzbeauftragten vom 1.7.2002, ABl. Nr. L 183 vom 12.7.2002, S. 1.

590 Artikel 28 Abs. 1 und 2 der Richtlinie.

591 Artikel 28 Abs. 4 UA 1 der Richtlinie.

592 Artikel 28 Abs. 4 UA 2 der Richtlinie.

593 Artikel 28 Abs. 5 der Richtlinie.

den Person nach Artikel 32 Abs. 2 VO[594]. Wie noch darzustellen ist, sind damit zugleich die Beschwerden gemeint, mit denen sich gemäß Artikel 33 VO die Gemeinschaftsbediensteten an den Europäischen Datenschutzbeauftragten wenden können. Materiell ist dies mit der in Artikel 28 Abs. 4 der Richtlinie geregelten Annahme von Eingaben und Prüfungsanträgen identisch. Bemerkenswert ist aber, dass die Wortwahl insoweit abweicht, als in der Verordnung der Begriff Beschwerde anstelle der in der Richtlinie verwendeten Begriffe „Eingabe“ und „Antrag“[595] benutzt wurde. Der Grund für diese sprachliche Diskrepanz könnte darin liegen, dass das Beschwerdeverfahren in der Verordnung förmlich ausgestaltet wurde, ein solches Verfahren in der Richtlinie jedoch nicht ausdrücklich geregelt ist[596]. Zudem existiert ein „Beschwerdeverfahren“ bereits im Beamtenstatut bzw. in den Beschäftigungsbedingungen sonstiger Bediensteter der Europäischen Gemeinschaften.

Die Bearbeitung von Beschwerden beinhaltet auch eine zeitnahe Unterrichtung der Beschwerdeführer vom Ergebnis der Untersuchungen (Artikel 46 lit. b) VO). Der Europäische Datenschutzbeauftragte ist aber nur im Fall eines positiven Untersuchungsergebnisses zur Unterrichtung verpflichtet. Hält er die Beschwerde für unzulässig oder unbegründet, kann nach Artikel 32 Abs. 2 Unterabs. 2 VO eine Unterrichtung des Betroffenen unterbleiben. In diesem Fall gilt die Beschwerde sechs Monate nach ihrem Eingang als abgelehnt.[597] Ergänzend hierzu sieht Artikel 20 Abs. 4 VO vor, in welchem Umfang der Betroffenen unterrichtet wird, wenn er einer Ausnahme oder Einschränkung nach Artikel 20 VO unterliegt. In diesem Fall teilt der Europäische Datenschutzbeauftragte dem Betroffenen lediglich mit, ob die Verarbeitung ordnungsgemäß erfolgte oder ggf. die Daten berichtigt wurden. Auf die noch im Entwurf vorgesehene Möglichkeit, die Bestätigung ganz zu unterlassen, wenn dadurch der Zweck der Beschränkung zunichte gemacht würde, wurde in der Endfassung verzichtet.

bb) Kontrolle und Beratung der Gemeinschaftsorgane und -einrichtungen

Artikel 46 lit. c) und d) VO betreffen die Kontroll- und Beratungsfunktion des Europäischen Datenschutzbeauftragten. Der Überwachung unterliegen grundsätzlich alle Gemeinschaftsorgane und -einrichtungen. Eine Ausnahme gilt für den Gerichtshof und das Gericht erster Instanz bei Handlungen in ihrer gericht-

---

594 Vgl. oben Kapitel B VI.

595 Dieser Unterschied besteht auch in der englischen („*claim*“ für Eingabe und Antrag) und französischen („*demande*“ für Eingabe und Antrag) Fassung.

596 Die Richtlinie spricht lediglich in Artikel 22 unter der Überschrift „Rechtsbehelfe“ davon, dass vor der Einlegung eines gerichtlichen Rechtsbehelfs ein verwaltungsrechtliches Beschwerdeverfahren durchgeführt werden kann.

597 Zu dieser Regelung siehe unten Kapitel B VII. 2.).

lichen Eigenschaft[598]. Ihr Sinn dürfte wie in der vergleichbaren Vorschrift des § 24 Abs. 3 BDSG[599] in dem Grundsatz der richterlichen Unabhängigkeit[600] liegen. Erst wo diese endet, greift die Überwachungskompetenz des Bundesdatenschutzbeauftragten ein. Infolgedessen findet die Überwachung statt, wenn die Gerichte lediglich auf dem Gebiet der Justizverwaltung tätig sind. Die Tätigkeit der Mitglieder des Europäischen Rechnungshofes unterliegt dagegen in vollem Umfang der Überwachung des Europäischen Datenschutzbeauftragten.

Neben ihrer Überwachung berät der Europäische Datenschutzbeauftragte die Organe und Einrichtungen in allen datenschutzrelevanten Fragen, vor allem im Vorfeld der Ausarbeitung datenschutzrelevanter Regelungen. Artikel 28 VO ergänzt dies, indem er die obligatorische Konsultation des Europäischen Datenschutzbeauftragten anordnet, wenn die Gemeinschaftsorgane und -einrichtungen verwaltungsrechtliche Maßnahmen im Zusammenhang mit der Verarbeitung personenbezogener Daten erlassen wollen. Neben diesen innerbehördlichen Maßnahmen wird der Europäischen Datenschutzbeauftragten auch bei der Ausarbeitung von gemeinschaftlichen Rechtsvorschriften auf dem Gebiet des Datenschutzes mit einbezogen. Die Kommission konsultiert ihn dann bei Annahme eines entsprechenden Vorschlages.

cc) Vorabkontrolle

Zu den Aufgaben zählt Artikel 46 lit. j) VO auch die Vorabkontrolle besonders risikoreicher automatisierter Verarbeitungsvorgänge nach Artikel 27 VO. Charakteristisch für diese Vorgängen ist die Kombination eines automatischen Ablaufs mit einer besonderen Schutzwürdigkeit der verwendeten Informationen oder einer besonders gewichtigen Rechtsfolge für den Betroffenen. Treten diese Faktoren zusammen, gilt die Verarbeitung nach Abs. 1 als gefährlich. Als riskant gelten nach Artikel 27 Abs. 2 VO beispielsweise Verarbeitungen von Daten, die Aufschluss über die Gesundheit oder darüber geben, dass der Betroffene einer Straftat verdächtig oder vorbestraft ist. Weiterhin trifft dies auf Verarbeitungen zu, die eine Bewertung der Persönlichkeit des Betroffenen ermöglichen, etwa im Rahmen einer dienstlichen Beurteilung. Schließlich fallen auch Verarbeitungen darunter, die eine Verknüpfung von Daten mit unterschiedlichen Verarbeitungszwecken ermöglichen oder solche, als deren Folge eine Person eine Rechtsposition verliert. In seiner Endfassung fasst Artikel 27 VO den Anwendungsbereich der Vorabkontrolle somit enger als der Entwurf, der vorsah, dass die Verarbeitung von Datenkategorien nach Artikel 10 VO, also sensible

---

598 Die Richtlinie enthält keine entsprechende Regelung in Bezug auf die innerstaatlichen Kontrollstellen.

599 Die Vorschrift nimmt die unmittelbar der Rechtsprechung dienende Tätigkeit der Bundesrichter von der Kontrolle des Bundesbeauftragten für den Datenschutz aus.

600 Zum Konflikt zwischen den Grundsätzen des Datenschutzes und desjenigen der richterlichen Unabhängigkeit siehe unten Kapitel B VII. 2.).

Daten, zu einer Vorabkontrolle führen sollte. Der generelle Verweis auf Artikel 10 VO ist in die Endfassung nicht übernommen worden. Von den sensiblen Daten wird lediglich die Verarbeitung gesundheitlicher Daten durch Artikel 27 Abs. 2 VO ausdrücklich erfasst. Die Formulierung der Endfassung orientiert sich an der Richtlinie, welche die Vorabkontrolle ebenfalls nicht zwingend mit der Verarbeitung sensibler Daten verknüpft. Allerdings ist darauf hinzuweisen, dass der Katalog des Abs. 2 nicht abschließend ist. Ob im Einzelfall eine Verarbeitung sensibler Daten ein besonderes Risiko im Sinne des Artikels 27 Abs. 1 VO enthält, unterliegt damit der Einschätzung der behördlichen sowie des Europäischen Datenschutzbeauftragten.

Das Verfahren der Vorabkontrolle baut darauf auf, dass riskante Verarbeitungen zunächst den behördlichen Datenschutzbeauftragten gemeldet werden, der daraufhin den Europäischen Datenschutzbeauftragten unterrichtet[601]. Durch diesen zweistufigen Ablauf wird die interne Überwachung durch die behördlichen Datenschutzbeauftragten mit der Kontrollfunktion des Europäischen Datenschutzbeauftragten koordiniert. Mit diesem Modell entschied man sich gegen eine andere nach der Richtlinie mögliche Variante, nach der jede automatisierte Verarbeitung vorab vom Verantwortlichen an die Kontrollstelle[602] zur Vorabprüfung gemeldet werden muss. Ohne vorherige Befassung der internen Datenschutzbeauftragten hätte die Kontrollstelle jede automatisierte Verarbeitung darauf prüfen müssen, ob spezifische Risiken vorliegen – eine entsprechend hohe Arbeitsbelastung der Kontrollstellen wäre die Folge gewesen. Mit der Zwischenschaltung der behördlichen Datenschutzbeauftragten erreicht die Verordnung nun eine effiziente Arbeitsteilung, die es ermöglicht, dass dem Europäischen Datenschutzbeauftragten nur solche Vorgänge vorgelegt werden, die Anlass zu Bedenken geben. Offenkundig unbedenkliche automatisierte Verarbeitungen können unproblematisch und ohne Verzögerung durchgeführt werden. In ähnlicher Weise nutzt auch das Bundesdatenschutzgesetz den Spielraum des Artikels 20 Abs. 2 der Richtlinie, indem § 4d Abs. 6 BDSG die Vorabkontrolle in die Hände der internen Datenschutzbeauftragten legt und nur in Zweifelsfällen die Konsultation des Bundesbeauftragten für den Datenschutz vorsieht.

Hinsichtlich der geprüften Verarbeitungen gibt der Europäische Datenschutzbeauftragte eine positive oder negative Stellungnahme innerhalb von zwei Monaten ab, wobei die Frist ausgesetzt oder verlängert werden kann. Mit einer negativen Stellungnahme sind keine unmittelbaren Rechtsfolgen verknüpft. Der Europäische Datenschutzbeauftragte kann allerdings zusätzlich ein Verarbeitungsverbot oder im Falle der Missachtung auch die Löschung der Daten anordnen[603].

---

601 Hierzu oben Kapitel B V. 2.) b).

602 Gemeint ist die dem Europäischen Datenschutzbeauftragten nach der Richtlinie entsprechende nationale Stelle.

603 Vgl. Artikel 46 Abs. 2 lit. a) und b) VO.

Erfolgt keine fristgerechte Reaktion, gilt dies als positive Stellungnahme. Alle gemeldeten Verarbeitungen werden in einem öffentlich einsehbaren Register erfasst, das alle für das Register des behördlichen Datenschutzbeauftragten vorgesehenen Informationen enthält.

dd) Zusammenarbeit mit den Mitgliedstaaten

Parallel zu Artikel 28 Abs. 6 der Richtlinie sieht Artikel 46 lit. f) VO eine Kooperation mit den mitgliedstaatlichen Kontrollstellen vor, mit denen alle sachdienlichen Informationen ausgetauscht werden. Der Europäische Datenschutzbeauftragte kann außerdem eine nationale Stelle gezielt zum Tätigwerden auffordern. Die Aufforderung kann der Europäische Datenschutzbeauftragte nur im Rahmen der Erfüllung seiner Pflichten abgeben. Eine Verarbeitung durch die Gemeinschaftsorgane oder -einrichtungen muss demnach zugleich in den Kompetenzbereich der Mitgliedstaaten fallen. Zu denken ist etwa an einen Datenaustausch zwischen einer Gemeinschafts- und einer mitgliedstaatlichen Stelle. Das Aufforderungsrecht ist nicht im Sinne eines Weisungsrechts im Rahmen einer allgemeinen Aufsicht über die mitgliedstaatlichen Kontrollstellen zu verstehen. Hierfür gäbe weder Artikel 286 EG eine Rechtsgrundlage, noch wäre dies mit dem Subsidiaritätsprinzip zu vereinbaren[604]. Vielmehr handelt es sich um einen allgemein formulierten Appell zur Zusammenarbeit.

Neu gegenüber der Richtlinie ist, dass die ständige fachliche Weiterbildung in den Aufgabenkatalog des Europäischen Datenschutzbeauftragten aufgenommen wurde. Schließlich nimmt er wie die nationalen Datenschutzbeauftragten an den Sitzungen der Arbeitsgruppe nach Artikel 29 der Richtlinie teil. Des weiteren ist seine Mitarbeit in den Datenschutzgremien im Rahmen der Polizeilichen und Justitiellen Zusammenarbeit in Strafsachen vorgesehen.

ee) Festlegung von Ausnahmen und Genehmigungen

Artikel 46 lit. h) VO fasst die Vorschriften zusammen, die unter Mitwirkung des Europäischen Datenschutzbeauftragten Ausnahmen von bestimmten Datenschutzgrundsätzen ermöglichen. So kann der Europäische Datenschutzbeauftragte vorbehaltlich angemessener Garantien eine Verarbeitung sensibler Daten für arbeitsrechtliche Zwecke genehmigen (Artikel 10 Abs. 2 lit. b) VO). Er ist außerdem berechtigt, weitere als die in Artikel 10 Abs. 2 VO enthaltenen Ausnahmen vorzusehen (Abs. 4). Auch die ausnahmsweise Verarbeitung von Daten über Straf- oder sonstigen justitiellen Maßnahmen gegenüber dem Betroffenen kann durch den Europäischen Datenschutzbeauftragten genehmigt werden. Wenn im Rahmen statistischer, historischer oder wissenschaftlicher Forschung von einer Information nach Artikel 12 Abs. 1 VO abgesehen wurde, sind auf den Rat des Europäischen Datenschutzbeauftragten geeignete Garantien vorzu-

---

604 *Giesen*, a.a.O. (Fn. 579), S. 396.

sehen (Artikel 12 Abs. 2 VO). Mit seiner Genehmigung können auch automatisierte Einzelentscheidungen nach Artikel 19 VO durchgeführt werden, wobei dem Betroffenen die Gelegenheit zur Stellungnahme eingeräumt werden muss. Schließlich genehmigt er nach Artikel 37 Abs. 2 VO eine Liste mit den Verkehrsdaten, die zum Zwecke der Gebührenabrechnung verarbeitet werden dürfen.

Damit der Europäische Datenschutzbeauftragte einen Überblick über die Nutzung der von ihm genehmigten Ausnahmen behält, unterrichten ihn die Organe und Einrichtungen von den Maßnahmen, die sie im Anschluss daran getroffen haben (Artikel 29 VO).

c) Befugnisse

Artikel 47 VO stattet den Europäischen Datenschutzbeauftragten zur Erfüllung seiner Aufgaben mit umfassenden Befugnissen aus.

aa) Beratung

Unabhängig von einer Beschwerde hat der Europäische Datenschutzbeauftragte jederzeit das Recht, einen Betroffenen bei der Ausübung seiner Rechte zu unterstützen (Artikel 47 Abs. 1 lit. a) VO). Dies umfasst auch die Beratung im Rahmen eines Verfahrens vor dem Europäischen Gerichtshof.

bb) Untersuchungsbefugnisse

Nach Artikel 47 Abs. 2 lit. a) VO ist der Europäische Datenschutzbeauftragte berechtigt, zur Durchführung von Untersuchungen Zugang zu allen personenbezogenen Daten und allen erforderlichen Informationen zu erhalten. Ferner ist ihm Zutritt zu sämtlichen Räumen zu gewähren, in denen Datenverarbeitungen vorgenommen werden (Abs. 2 lit. b)). Unerheblich ist, ob er aus eigener Initiative oder aufgrund einer Beschwerde tätig wird. Flankiert wird die Untersuchungsbefugnis von der allgemeinen Verpflichtung zur Zusammenarbeit nach Artikel 30 VO. Danach unterstützen die für die Verarbeitung Verantwortlichen den Europäischen Datenschutzbeauftragten insbesondere dadurch, dass sie ihm jederzeit Auskunft und Zugang gewähren. Diese – nicht abschließende – Auflistung der Untersuchungsbefugnisse des Europäischen Datenschutzbeauftragten sind gegenüber den entsprechenden Regelungen der Richtlinie präziser ausgefallen. Deren Artikel 28 Abs. 3 (1. Gedankenstrich) forderte ausdrücklich nur das Recht der Kontrollstelle auf Zugang zu Daten und das Recht auf Einholung aller für die Erfüllung erforderlichen Informationen. Vor allem hinsichtlich des Auskunftsrechts erhält der Europäische Datenschutzbeauftragte weitere Befugnisse als seine mitgliedstaatlichen Kollegen, da die Auskunftspflicht nach der Verordnung nicht auf das für die Untersuchung erforderliche Maß begrenzt sind, sondern sich auf alle die Untersuchung betreffenden Informationen erstreckt.

cc) Aufsichts- und Zugriffsbefugnisse

Im Falle der Verletzung von Datenschutzvorschriften ergeben sich die Rechte des Europäischen Datenschutzbeauftragten aus Artikel 47 Abs. 1 i.V.m. Artikel 31 VO. Danach hat er in datenschutzrelevanten Fragen das „letzte Wort" und kann der betroffenen Gemeinschaftseinrichtung auch Weisungen erteilen.

Liegen Anhaltspunkte für einen Verstoß vor, befasst der Europäische Datenschutzbeauftragte zunächst den für die Verarbeitung Verantwortlichen mit der Angelegenheit und übermittelt ggf. Verbesserungsvorschläge. Innerhalb einer von ihm gesetzten Frist hat die betreffende Institution eine Stellungnahme zu übermitteln, welche Aufschluss über die getroffenen Verbesserungsmaßnahmen gibt.

Der Europäische Datenschutzbeauftragte ist darüber hinaus berechtigt, den Verantwortlichen zu ermahnen oder zu verwarnen (Artikel 47 Abs. 1 lit. d) VO). Weiterhin ist er befugt, nach Abs. 1 lit. e) und f) die Berichtigung, Sperrung, Löschung oder Vernichtung anzuordnen oder die Verarbeitung endgültig oder vorübergehend zu verbieten. Wurde einem Betroffenen rechtswidrig die Gewährung seiner Rechte nach den Artikeln 13 – 19 VO versagt, kann der Europäische Datenschutzbeauftragte die Bewilligung des Antrags anordnen (Abs. 1 lit. c)). Zusätzlich hat der Europäische Datenschutzbeauftragte das Recht, der betreffenden Institution oder, falls erforderlich, dem Europäischen Parlament, der Kommission und dem Rat über die Angelegenheit zu berichten. Die Befassung der politischen und administrativen Spitzen der Gemeinschaft ermöglicht es ihm, Druck auf die jeweilige Institution auszuüben.

Obwohl der Europäische Datenschutzbeauftragte bei der Ausübung dieser Befugnisse keiner bestimmten Reihenfolge unterliegt, ist davon auszugehen, dass die Beanstandung mit Frist zur Stellungnahme als das mildeste Mittel möglichst zuerst eingesetzt werden soll. Das folgt daraus, dass der Europäische Datenschutzbeauftragte gegenüber anderen Gemeinschaftsorganen und -einrichtungen zur Rücksicht auf deren organschaftliche Rechte verpflichtet ist. Demnach muss er vorrangig eine Beanstandung aussprechen, bevor er zum Mittel der Verwarnung oder zum Zugriff auf die Daten selbst übergeht. Hierbei wird allerdings mit der Schutzwürdigkeit des Betroffenen abzuwägen sein. Falls dem Betroffenen eine besondere Gefahr droht, etwa bei der fehlerhaften Verarbeitung sensibler Daten, muss der Europäische Datenschutzbeauftragte die Daten schnellstmöglich sperren oder löschen lassen.

Mit diesen Befugnissen geht die Verordnung wiederum einen Schritt weiter als die Richtlinie. Jene stellt den Mitgliedstaaten in Artikel 28 Abs. 3 (2. Gedankenstrich) anheim, die Kontrollbehörde alternativ mit den Rechten der Vorabkontrolle, der unmittelbaren Einwirkung auf die Daten oder der Möglichkeit auszustatten, Verwarnungen und Ermahnungen auszusprechen[605]. Mittels mehrerer Alternativen wollte die Richtlinie es den Mitgliedstaaten ermöglichen, die jeweils bestehenden Kontrollmechanismen beizubehalten[606]. Eine solche Rücksichtnahme war im Zusammenhang mit den Gemeinschaftsinstitutionen nicht notwendig, so dass kurzerhand alle in der Richtlinie aufgeführten Alternativen kumulativ umgesetzt werden konnten.

dd) Gerichtliche Intervention

Nach Artikel 47 Abs. 1 lit. h) kann der Europäische Datenschutzbeauftragte vor dem Gerichtshof Klage erheben[607]. Auch hier wird offenbar, dass sich die Verordnung an der Richtlinie orientiert, da mit dem Klagerecht der Gedanke des Artikels 28 Abs. 3 (3. Spiegelstrich) der Richtlinie aufgegriffen wird[608]. Neu ist dagegen die Vorschrift des Abs. 1 lit. i), die es dem Europäischen Datenschutzbeauftragten ermöglicht, einem anhängigen Verfahren beizutreten. So kann er auf Kläger- wie auf Beklagtenseite intervenieren. Dagegen war im Entwurf lediglich vorgesehen, den Betroffenen vor Gericht als Sachverständiger zu unterstützen. Zwar war danach nicht ausdrücklich ausgeschlossen, dass der Europäische Datenschutzbeauftragte in gerichtlichen Verfahren als Sachverständiger auf Seiten des Organs oder der Einrichtung auftritt. Gleichwohl wäre fraglich geblieben, ob deren gerichtliche Unterstützung nicht einen Interessenkonflikt dargestellt hätte. In der Endfassung ist diese Regelung nun deutlich neutraler ausgefallen. Wie dargestellt, ist es dem Europäischen Datenschutzbeauftragten nach Maßgabe der allgemeinen Beratungsfunktion nach Artikel 47 Abs. 1 lit. a) VO aber weiterhin möglich, den Betroffenen als Sachverständiger im Prozess zu unterstützen.

ee) Vergleich mit OLAF

Der Vergleich mit dem Europäischen Amt für Betrugsbekämpfung (OLAF) fördert sowohl Gemeinsamkeiten als auch Unterschiede zu Tage. Grundsätzlich vergleichbar sind beide Institutionen in der Ausgestaltung der Untersuchungs-

---

605 In Deutschland hat man sich im öffentlichen Bereich des Bundes für die letzte Variante entschieden, vgl. § 25 BDSG. Gleiches gilt für die Kontrolle des öffentlichen Bereichs der Länder durch die Landesdatenschutzbeauftragten, vgl. nur § 27 Hessisches Datenschutzgesetz oder § 24 Datenschutzgesetz Nordrhein-Westfalen. Die Kontrolle des nicht öffentlichen Bereichs ist nach § 38 Abs. 6 BDSG den Ländern übertragen. Die hier im Einzelnen bestehenden Befugnisse lassen sich nur schwer vergleichen, da die Aufgabe von jeweils unterschiedlichen Behörden aufgrund unterschiedlicher Vorschriften wahrgenommen wird.

606 *Weber*, a.a.O. (Fn. 618), S. 298.

607 Die Verordnung verweist hier auf die im Vertrag vorgesehenen Bedingungen. In Betracht kommt damit das Verfahren nach Artikel 230 ff. EG.

608 Danach verfügt die nationale Kontrollstelle über das Klagerecht oder eine Anzeigebefugnis bei Verstößen gegen einzelstaatliche Vorschriften zur Umsetzung der Richtlinie.

befugnisse sowie prinzipiell in ihrer Unabhängigkeit gegenüber den übrigen Gemeinschaftsorganen und -einrichtungen.

aaa) Umfang der Untersuchungsbefugnisse

Wie der Europäische Datenschutzbeauftragte hat auch das OLAF im Rahmen interner Untersuchungen das Recht auf Zugang zu Räumlichkeiten von Organen, Einrichtungen, Ämtern und Agenturen und darf deren Mitglieder um Informationen ersuchen[609]. Im Einzelnen sind die Befugnisse des OLAF allerdings viel weiter gefasst[610]. Ein wesentlicher gradueller Unterschied zu den Befugnissen des Europäischen Datenschutzbeauftragten liegt darin, dass das OLAF Durchsuchungen auch „unverzüglich und ohne Voranmeldung" durchführen darf. Dieses Recht zu „Überraschungsbesuchen" ist dem Aufgabenschwerpunkt des Amtes geschuldet, der auf der Beweissicherungsfunktion im Rahmen strafrechtlich relevanter Ermittlungen zum Schutz der finanziellen Interessen der Gemeinschaften liegt[611]. Dementsprechend darf das OLAF auch die Rechnungsführung kontrollieren, Kopien aller Unterlagen und Datenträger anfertigen sowie die betreffenden Quellen sicherstellen, um ein mögliches Verschwinden zu verhindern[612]. Umfangreicher ausgestaltet sind auch die Verpflichtungen der Gemeinschaftsorgane und -einrichtungen gegenüber dem OLAF zur Kooperation sowie die Verpflichtung ihrer Mitglieder zur Anzeige bzw. Mitteilung verdächtiger Sachverhalte[613].

bbb) Status der Unabhängigkeit

Obwohl beide Behörden als unabhängige Institutionen konzipiert wurden, sticht das Ausmaß der dem OLAF gewährten Unabhängigkeit doch deutlich hervor. Gemeinsam ist beiden Institutionen zunächst das Prinzip der richterlichen Kontrolle: Sofern einzelne Bedienstete durch Maßnahmen einer der beiden Stellen beschwert sind, steht bezüglich der jeweiligen Maßnahme das Beschwerde-

609 Artikel 4 Abs. 2 der Verordnung (EG) Nr. 1073/1999 des Europäischen Parlaments und des Rates vom 25.5.1999 über die Untersuchungen des Europäischen Amtes für Betrugsbekämpfung (OLAF), ABl. Nr. L 136 vom 31.5.1999, S. 1 ff. Die Verordnung ist inhaltlich weitgehend identisch mit der Verordnung (Euratom) Nr. 1074/1999 des Rates vom 25.5.1999, ABl. Nr. L 136, S. 8 ff.

610 vgl. *Haus*, OLAF - Neues zur Betrugsbekämpfung in der EU, in: EuZW 2000, S. 745 (748).

611 *Kuhl/Spitzer*, Das Europäische Amt für Betrugsbekämpfung, in: EuR 2000, S. 671 (678 ff.).

612 Artikel 4 Abs. 2 der Verordnungen (EG) Nr. 1073/1999 und (Euratom) Nr. 1074/1999 (Fn. 609); kritisch dazu *Haus*, a.a.O. (Fn. 610).

613 vgl. Artikel 1 und 2 des Standardbeschlusses im Anhang zur Interinstitutionellen Vereinbarung vom 25.5.1999 zwischen dem Europäischen Parlament, dem Rat der Europäischen Union und Kommission der Europäischen Gemeinschaften über die internen Untersuchungen des Europäischen Amtes für Betrugsbekämpfung (OLAF), ABl. Nr. L 136 vom 31.5.1999, S. 15 ff.

bzw. das Klageverfahren nach den Vorschriften über Beamte und sonstige Bedienstete der Europäischen Gemeinschaften offen. Außerdem unterliegen beide Stellen einer regelmäßigen Berichtspflicht gegenüber dem Parlament, dem Rat und der Kommission (im Falle von OLAF auch gegenüber dem Rechnungshof).

Es fällt allerdings auf, dass man auf eine spezielle Vorschrift zur Amtsenthebung des Direktors des OLAF - anders als beim Europäischen Datenschutzbeauftragten - verzichtet hat. Zudem obliegt die operative Kontrolle des OLAF ausschließlich einem eigens eingesetzten Überwachungsausschuss[614]. Die Schaffung dieses mit externen Mitgliedern besetzten Kontrollgremiums betont in besonderer Weise die Unabhängigkeit und Weisungsfreiheit des OLAF gegenüber den durch das Amt kontrollierten Gemeinschaftsorganen und -einrichtungen.[615]

2.) Behördliche Datenschutzbeauftragte

a) Status

Mit der Verordnung wurden die Regelungen zum behördlichen Datenschutzbeauftragten im Vergleich zur Richtlinie deutlich erweitert.

Noch in der Richtlinie war in Artikel 18 Abs. 2 zweiter Spiegelstrich die Bestellung eines behördlichen bzw. betrieblichen Datenschutzbeauftragten lediglich optional vorgesehen. So können die Mitgliedstaaten Ausnahmen oder Vereinfachungen hinsichtlich der Meldepflicht zulassen, wenn ein interner Datenschutzbeauftragter bestellt wurde. Die Richtlinie berücksichtigt damit, dass eine vergleichbare Institution zum Zeitpunkt der Verhandlungen nur in wenigen Mitgliedstaaten bekannt war[616]. Entsprechend rudimentär wird auch der Pflichtenkreis der internen Datenschutzbeauftragten damit umrissen, die Einhaltung der in der Richtlinie vorgesehenen Grundsätze zu überwachen und ein öffentliches Register zu führen, in dem alle gemeldeten Verarbeitungen verzeichnet werden. Hinsichtlich der Befugnisse ist der Richtlinie zu entnehmen, dass diese den Schutz der Rechte und Freiheiten der Betroffenen effektiv sollen bewirken kön-

---

614 vgl. Artikel 4 des Beschlusses der Kommission vom 28.4.1999 zur Errichtung des Europäischen Amtes für Betrugsbekämpfung (OLAF), ABl. Nr. L 136 vom 31.5.1999, S. 20 ff.; Artikel 11 der Verordnung (EG) Nr. 1073/1999 (Fn. 609).

615 *Kuhl/Spitzer*, a.a.O. (Fn. 611), S. 684; kritisch zur Effizienz dieser Kontrolle *Gleß*, Das Europäische Amt für Betrugsbekämpfung, in: EuZW 1999, S. 618 (620 f.).

616 Artikel 28 Abs. 2 der Richtlinie ist auf deutschen Wunsch in den Richtlinientext aufgenommen worden. In Deutschland bestand nach der alten Fassung des BDSG lediglich eine Pflicht zur Bestellung eines betrieblichen Datenschutzbeauftragten in der Privatwirtschaft. Mittlerweile sieht § 4f BDSG in der Fassung des Änderungsgesetzes vom 22. Mai 2001 die obligatorische Bestellung von behördlichen Datenschutzbeauftragten vor. Privatwirtschaftliche Unternehmen sind ab einer gewissen Größe hierzu verpflichtet.

nen[617]. Die nähere Ausgestaltung überlässt die Richtlinie der Umsetzung durch die Mitgliedstaaten[618].

Demgegenüber sind die Artikel 24 bis 26 VO ausführlicher ausgefallen. Im Gegensatz zu den datenverarbeitenden Stellen in den Mitgliedstaaten ist die Bestellung mindestens eines Datenschutzbeauftragten für die Organe und Einrichtungen der Gemeinschaft obligatorisch. Einen besonderen Zeitpunkt zur Einführung der Beauftragten nennt die Verordnung nicht. Damit besteht für die Gemeinschaftsorgane und -einrichtungen spätestens nach Ablauf des Übergangszeitraums von einem Jahr nach Inkrafttreten der Verordnung[619] die Pflicht, interne Datenschutzbeauftragte zu bestellen. Wegen des Umfangs der Verarbeitung personenbezogener Daten dürfte insbesondere die Kommission die Möglichkeit nutzen, mehrere Datenschutzbeauftragte einzurichten[620]. Dies liegt nahe, da die einzelnen Kommissionsdienststellen getrennte organisatorische Einheiten sind und die Art der Datenverarbeitung von Dienst zu Dienst erheblich abweichen kann.[621] In der Planungsphase[622] wurde die Zahl der innerhalb der Dienststellen der Kommission benötigten Datenschutzbeauftragten auf 40 geschätzt. Dem Datenschutzbeauftragten im Generalsekretariat der Kommission soll dabei als „Hauptdatenschutzbeauftragten" eine hervorgehobene koordinierende Funktion zukommen. In den übrigen Gemeinschaftsorganen und -Einrichtungen sollen 22 Beauftrage ernannt werden[623]. Mit Ausnahme des Hauptdatenschutzbeauftragten sollen die interne Datenschutzbeauftragten jeweils nur einen Teil ihrer regulären Arbeitszeit einsetzen.

Nach Artikel 24 Abs. 1 lit. c) VO garantiert der behördliche Datenschutzbeauftragte „in unabhängiger Art und Weise" die interne Anwendung der Bestimmungen der Verordnung. Zu diesem Zweck genießt er im Rahmen seiner Aufgaben völlige Weisungsfreiheit (Abs. 7). Weder die Richtlinie noch die Verordnung gestalten diese Weisungsfreiheit näher aus. Im innerstaatlichen Diskurs über die Bestimmungen der Richtlinie wird hier eine rechtlich abgesicherte Unkündbarkeit des behördlichen Datenschutzbeauftragten für die Dauer seiner

---

617 *Brühann*, a.a.O. (Fn. 479), S. 69.

618 Damit sollte insbesondere ermöglicht werden, bereits bestehende Strukturen der internen Kontrolle beibehalten zu können, *Weber*, EG-Datenschutzrichtlinie, Konsequenzen für die deutsche Datenschutzgesetzgebung, in: CR 1995, S. 297 (298).

619 Artikel 50 VO. Der Übergangszeitraum endete damit am 1. Februar 2002.

620 Vgl. Erläuterung zu Artikel 25 des Verordnungsentwurfs.

621 Vgl. Finanzbogen zum Vorschlag der Verordnung, abgedruckt in BR-Drucksache Nr. 546/99, S. 49.

622 Anhang 2b zum Finanzbogen.

623 Anhang 2c zum Finanzbogen.

Aufgaben befürwortet[624]. Die Behörde ist für die erforderliche Ausstattung des internen Datenschutzbeauftragten verantwortlich (Abs. 6). Falls zur Erfüllung seiner Aufgaben erforderlich, ist der behördliche Datenschutzbeauftragte von seinen sonstigen dienstlichen Aufgaben freizustellen. Die Amtszeit beträgt nach Abs. 4 mindestens zwei Jahre. Eine vorzeitige Abberufung des behördlichen Datenschutzbeauftragten kann nach Abs. 4 nur mit Zustimmung des Europäischen Datenschutzbeauftragten erfolgen, wenn der behördliche Datenschutzbeauftragte die erforderliche Qualifikationen nicht mehr erfüllt. Als Verbesserung gegenüber dem Entwurf sind nunmehr die statusrechtlichen Rahmenbedingungen des behördlichen Datenschutzbeauftragten im Verordnungstext selbst geregelt worden. Dagegen fasste der Entwurf einige Rahmenbedingungen lediglich in einem Anhang zusammen, der den Institutionen als Maßstab weiterer Durchführungsbestimmungen dienen sollte. Die Einbeziehung in den Verordnungstext stärkt die Stellung des behördlichen Datenschutzbeauftragten damit zumindest symbolisch.

Des weiteren unterliegen der behördliche Datenschutzbeauftragte und seine Mitarbeiter der Verschwiegenheitspflicht. Diese richtet sich zunächst nach außen, verbietet also eine Preisgabe von Informationen gegenüber Außenstehenden, die nicht der Gemeinschaftsverwaltung angehören. Entsprechend betont Abs. 5 des Anhangs der Verordnung, dass neben der Verschwiegenheitspflicht auch Artikel 287 EG für die genannten Personen Anwendung findet.

Fraglich ist aber, ob nach dieser Vorschrift auch eine Geheimhaltungspflicht gegenüber der Verwaltungsleitung besteht. Diese Frage berührt die Verschwiegenheitspflicht und die Unabhängigkeit der behördlichen Datenschutzbeauftragten gleichermaßen. Zugrundegelegt sei der Fall, dass ein Behördenleiter den Datenschutzbeauftragten auffordert, Mitarbeiter zu benennen, die über mangelnden Datenschutz geklagt haben. Artikel 287 EG gibt hier nur begrenzt Auskunft, da er lediglich die Preisgabe von Informationen an Unbefugte verbietet[625]. Artikel 287 EG steht einer Informationsweitergabe also nur dann entgegen, wenn sie ohne Erlaubnis des Schutzberechtigten oder ohne sonstiges Recht erfolgt. Ein solches Recht könnte hier darin liegen, dass ein Bediensteter gegenüber seinem Behördenleiter grundsätzlich zur vollständigen Rechenschaft verpflichtet ist. Das folgt aus seiner Treuepflicht, die sich unter anderem in der Weisungsgebundenheit des Bediensteten niederschlägt. Aufgrund seines unabhängigen Status im Rahmen seiner Aufgaben unterliegt der behördliche Daten-

---

624 *Büllesbach*, Konzeption und Funktion des Datenschutzbeauftragten vor dem Hintergrund der EG-Richtlinie und der Novellierung des BDSG in: RDV 2001, S. 1 (3); *Gola/Schomerus*, BDSG-Kommentar § 4f, Rn. 53.

625 *Schwarze*, in: Schwarze, EU-Kommentar, Artikel 287 EG, Rn. 9; *Geiger*, EUV/EGV, Artikel 287 EG, Rn. 9; vgl. *Wegener*, in: Calliess/Ruffert, EUV/EGV, Artikel 287 EG, Rn. 3.

schutzbeauftragte einer solchen Weisungsgebundenheit jedoch nicht. Im Rahmen seiner Aufgaben trifft ihn mithin nur eine begrenzte Treuepflicht. Es ist also zu fragen, ob im oben angenommenen Fall eine Information gegenüber der Behördenleitung die Unabhängigkeit des behördlichen Datenschutzbeauftragten gefährden könnte. Das ist jedenfalls zu bejahen, denn der behördliche Datenschutzbeauftragte ist unter anderem auch auf Hinweise von Bediensteten angewiesen, um etwaige Mängel zu aufzudecken. Wäre die vertrauliche Behandlung kritischer Hinweise nicht gesichert, würden sie mangels Bereitschaft nicht mehr erfolgen, so dass den behördlichen Datenschutzbeauftragten eine Informationsquelle fehlte. Dies berücksichtigt auch Abs. 3 des Anhangs zur Verordnung, nach dem einem Hinweisgeber keine Nachteile entstehen dürfen. Infolgedessen steht die im Anhang zur Verordnung geforderte unabhängige Stellung des behördlichen Datenschutzbeauftragten einer Berichtspflicht[626] im Sinne des Artikels 287 EG entgegen, so dass eine Preisgabe von konkreten Informationen auch gegenüber der Leitung unterbleiben darf[627]. Die Verschwiegenheitspflicht des behördlichen Datenschutzbeauftragten nach Abs. 5 des Anhangs zur Verordnung ist demnach als vorrangig zur Treuepflicht zu werten.

b) *Aufgaben*

Vornehmliche Aufgabe der behördlichen Datenschutzbeauftragten ist zu verhindern, dass die Rechte und Freiheiten der betroffenen Personen durch die Verarbeitungen beeinträchtigt werden. Nach Artikel 24 Abs. 1 lit. a) VO unterrichten sie hierzu die für die Verarbeitung Verantwortlichen und die Betroffenen über ihre Rechte und Pflichten. Gegenüber dem allgemeinen Inhalt der Richtlinie wirkt dieser Passus zwar ebenfalls wenig konkret. Die Verordnung hebt die Unterrichtung aber deswegen hervor, weil sie als Grundvoraussetzung für die ordnungsgemäße Einhaltung der Datenschutzgrundsätze betrachtet werden kann.[628]

Der behördliche Datenschutzbeauftragte hat ein Register zu führen, das alle ihm gemeldeten Verarbeitungsvorgänge enthält (Artikel 24 Abs. 1 lit. d) und Artikel 26 VO). Damit korrespondiert die Pflicht des für die Verarbeitung Verantwortlichen, jede geplante Verarbeitung personenbezogener Daten zu melden (Artikel 25 Abs. 1 VO). Neben Auskünften über die Person des für die Verarbeitung Verantwortlichen sind Informationen über die Zweckbestimmung und die

---

626 Zur Verschwiegenheitspflicht des betrieblichen Datenschutzbeauftragten nach dem BDSG *Gola/Schomerus*, BDSG-Kommentar, § 4f, Rn. 50. Der betriebliche Datenschutzbeauftragte muss danach im Rahmen seiner Berichtspflicht lediglich abstrakte Angaben machen.

627 So in Bezug auf § 4f Abs. 4 BDSG auch *Schild*, Der behördliche Datenschutzbeauftragte, in: DuD 2001, S. 31 (33).

628 Erläuterung zu Artikel 25 des Verordnungsentwurfs.

Rechtsgrundlage der Verarbeitung sowie die Sperr- und Löschungsfristen anzugeben. Das Register ist für jedermann einsehbar.

Die behördlichen Datenschutzbeauftragten müssen mit dem Europäischen Datenschutzbeauftragten kooperieren. Artikel 24 Abs. 1 lit. b) VO verpflichtet sie allgemein dazu, seinen Anfragen nachzukommen und auf eigene Initiative oder auf sein Ersuchen hin mit ihm zu kooperieren. Einer konkreten Regelung unterliegt die Zusammenarbeit im Rahmen der Vorabkontrolle[629]. Von den ihnen gemeldeten Verarbeitungen unterrichten die internen Datenschutzbeauftragten ihrerseits den Europäischen Datenschutzbeauftragten über solche Vorgänge, die besondere Risiken für die Rechte und Freiheiten der Betroffenen darstellen können (Artikel 24 Abs. 1 lit. e) VO). Hierzu gehören insbesondere die Verarbeitung sensibler Daten sowie solcher Daten, die zur Bewertung der Persönlichkeit des Betroffenen dienen[630]. Der Europäische Datenschutzbeauftragte unterzieht die geplante Verarbeitung dann einer Bewertung („Vorabkontrolle“) nach Artikel 27 VO und kann eine negative Stellungnahme abgeben (Artikel 27 Abs. 4 VO).

Als Sachverständiger auf dem Gebiet des Datenschutzes bringen die behördlichen Datenschutzbeauftragten auch Verbesserungsvorschläge hinsichtlich der Verarbeitungsvorgänge in der betreffenden Dienststelle vor[631].

c) *Befugnisse*

Über die Befugnisse der behördlichen Datenschutzbeauftragten sagt die Verordnung wenig konkretes. Die Befugnisse sind vielmehr Gegenstand des Anhangs zur Verordnung, nach dessen Maßgabe die jeweilige Behörde weitere Durchführungsbestimmungen erlassen muss. Danach müssen die behördlichen Datenschutzbeauftragten gegenüber den für die Verarbeitung Verantwortlichen mit einem umfassenden Auskunftsrecht ausgestattet werden, ebenso ist ihnen Zugang zu den betreffenden Daten und den Einrichtungen, in oder mit denen sie verarbeitet werden, zu gewähren. Es muss ferner vorgesehen werden, dass derjenige, der dem behördlichen Datenschutzbeauftragten eine Verletzung der Verordnung zur Kenntnis bringt, vor nachteiligen Konsequenzen geschützt ist.

Die behördlichen Datenschutzbeauftragten sind nicht befugt, einen bestimmten Datenverarbeitungsvorgang zu verhindern. Hierzu ist nach Artikel 46 Abs. 2 VO nur der Europäische Datenschutzbeauftragte berechtigt. Wie dargestellt muss der behördliche Datenschutzbeauftragte einen möglicherweise ordnungswidrigen Vorgang aber dem Europäischen Datenschutzbeauftragten zur Kenntnis bringen, worauf letzterer entsprechende Maßnahmen ergreifen kann.

---

629 Siehe unten Kapitel B V. 1.) b) cc).

630 Etwa im Rahmen dienstlicher Beurteilungen sowie bei Auswahlverfahren.

631 Vgl. Abs. 1 des Anhangs zur Verordnung.

VI. Rechtsschutz

Gegenüber Artikel 14 der Richtlinie ist das Kapitel III „Rechtsbehelfe" der Verordnung etwas ausführlicher ausgefallen. Es regelt das Recht des Betroffenen, Beschwerde und Klage einzulegen.

1.) Beschwerde

Mit einer Beschwerde kann sich der Betroffene an den Europäischen Datenschutzbeauftragten wenden, um eine Verletzung von Datenschutzgrundsätzen durch die Gemeinschaftsorgane und -einrichtungen geltend zu machen. Die Verordnung knüpft an die Einlegung einer Beschwerde keine besonderen Zulässigkeitsvoraussetzungen. So kann eine Beschwerde einlegen, wer der Ansicht ist, durch ein Gemeinschaftsorgan oder eine -einrichtung in seinen Rechten nach Artikel 286 EG verletzt worden zu sein. Für die Zulässigkeit einer Beschwerde wird damit ausreichen, dass die Möglichkeit einer Verletzung in eigenen Rechten nicht ganz fern liegt. Regelmäßig dürfte der Europäische Datenschutzbeauftragte daher eine Prüfung vornehmen, um die Begründetheit des Vorwurfs in der Sache zu untersuchen.[632]

Das Beschwerderecht steht auch den bei den Organen und Einrichtungen beschäftigten Personen offen. Artikel 33 VO betont, dass Bedienstete im Rahmen von Beschwerden nicht an den Dienstweg gebunden sind und aufgrund der Beschwerde keine Nachteile erfahren dürfen. Im Gegensatz zum Entwurf, der im Zusammenhang mit den Bediensteten noch den Begriff der Eingabe verwendete, ist in der Endfassung nunmehr einheitlich von der Beschwerde die Rede. Der Datenschutzbeauftragte kann Beschwerden zum Anlass von Untersuchungen nehmen und hinsichtlich der betroffenen Daten nach Artikel 46 VO ein Verarbeitungsverbot oder sogar die Löschung anordnen.

Im Gegensatz zu Beschwerden externer Betroffener sind die Beschwerden Bediensteter an eine Zwei-Monatsfrist gebunden. Dies ergibt sich aus Artikel 90b und 90 Abs. 2 des Beamtenstatuts sowie Artikel 46 der Beschäftigungsbedingungen für die sonstigen Bediensteten der Europäischen Gemeinschaften[633]. Die Frist beginnt ab Bekantmachung, Mitteilung, Kenntnisnahme der betreffenden

---

[632] Im Jahr 2004 hat der Europäische Datenschutzbeauftragte acht in seinen Zuständigkeitsbereich fallende Beschwerden bearbeitet, vgl. Jahresbericht des Europäischen Datenschutzbeauftragten 2004, an die Präsidenten des Europäischen Parlaments, des Rates der Europäischen Union und der Europäischen Kommission übersandt mit Schreiben vom 18.3.2005.

[633] Statut der Beamten der Europäischen Gemeinschaften und Beschäftigungsbedingungen der sonstigen Bediensteten der Europäischen Gemeinschaften, Verordnungen Nr. 31 (EWG) und Nr. 11 (EAG) der Räte vom 18.12.1961, ABl. Nr. L 45, vom 14.6.1962, zuletzt geändert durch Verordnung /EG, Euratom) Nr. 23/2005, ABl. Nr. L 006, vom 8.1.2005, S. 1.

Maßnahme oder fruchtlosem Ablauf einer Beantwortungsfrist, wenn sich die Beschwerde auf die stillschweigende Ablehnung eines Antrags bezieht.

2.) Klage

a) Zuständigkeit des Gerichtshofs und Klagefrist

Anders als der Widerspruch[634] stellt die Klage ein echtes Rechtsmittel dar, für den gemäß Artikel 32 Abs. 1 VO der Gerichtshof zuständig ist.

Ein von einer im Zusammenhang mit einer Datenverarbeitung getroffenen Entscheidung Betroffener kann diese grundsätzlich gemäß Artikel 230 Abs. 4 EG beklagen. Artikel 32 Abs. 1 VO stellt insoweit die Zuständigkeit des Gerichtshofs für alle Streitigkeiten im Zusammenhang mit den Bestimmungen der Verordnung klar. Auch die Entscheidungen des Europäischen Datenschutzbeauftragten unterliegen der gerichtlichen Kontrolle (Artikel 32 Abs. 3 VO). Das Gericht kann sowohl von den betroffenen Organen als auch vom Betroffenen angerufen werden.

Grundsätzlich muss bei Klagen gemäß Artikel 230 EG die nach Abs. 5 vorgesehene Klagefrist beachtet werden. Danach ist eine Klage innerhalb von zwei Monaten nach Bekanntgabe, Mitteilung oder sonstiger Kenntnis von der betreffenden Maßnahme zu erheben. Es handelt sich um eine Ausschlussfrist, nach deren Ablauf das Klagerecht verloren geht.[635] Die Erwähnung der Klagefrist erlangt hier eine besonderer Bedeutung, wenn man sich Artikel 32 VO vor Augen hält. So kann ein Betroffener eine Beschwerde zum Europäischen Datenschutzbeauftragten einlegen und diesen so zu einer Entscheidung über die betreffende Maßnahme zwingen. Diese Entscheidung ist dann vor dem Gerichtshof anfechtbar, es beginnt eine neue Zwei-Monats-Frist gemäß Artikel 230 Abs. 5 EG zu laufen, beginnend mit der Beantwortung der Beschwerde bzw. mit der stillschweigenden Ablehnung (siehe unten). Auf diese Weise könnte sich ein Betroffener, dessen Klage gegen eine datenschutzrechtliche Maßnahme wegen Ablaufs der Zwei-Monats-Frist nicht mehr zulässig wäre, durch Beschwerdeeinlegung beim Europäischen Datenschutzbeauftragten eine zweite Klagemöglichkeit verschaffen.

Erwähnenswert ist auch Artikel 32 Abs. 2 Unterabs. 2 VO, wonach eine Beschwerde zum Europäischen Datenschutzbeauftragten stillschweigend als abgelehnt gilt, wenn dieser innerhalb von 6 Monaten nicht geantwortet hat. Wie im Fall der auch im deutschen Recht bekannten Untätigkeitsklage soll so verhindert werden, dass ein potentieller Kläger quasi „ausgehungert" wird. Zwar erleidet der Beschwerdeführer hier insoweit einen Nachteil, als er über die Grün-

---

634 Siehe oben Kapitel B IV. 4.) c).

635 vgl. EuGH Urteil vom 12.7.1984 - Rs. 227/83 (*Moussis/Kommission)*, Rn. 12; *Koenig/Pechstein/Sander*, EU- / EG-Prozessrecht, S. 62.

de der Ablehnung nicht förmlich unterrichtet wird. Auch könnte sich die Verwaltung ermuntert fühlen, Beschwerden, die sie ablehnen würde, gar nicht zu bescheiden. Dennoch wird gewährleistet, dass der Kläger auch bei Fehlen eines Bescheides über seine Beschwerde eine Möglichkeit zur gerichtlichen Prüfung seiner Beschwerde *in der Sache* hat. Dies geht über die in Artikel 232 Abs. 3 EG geregelte Untätigkeitsklage insoweit hinaus, als mit dieser nur die Feststellung begehrt werden, kann, dass die Untätigkeit eines Gemeinschaftsorgans gegen das Gemeinschaftsrecht verstößt[636]. Artikel 32 VO führt so im Ergebnis zu einer Stärkung der Rechtsschutzmöglichkeiten des Beschwerdeführers[637].

b) Erweiterung des Kreises der potentiellen Klagegegner durch Sekundärrecht?

Mit der Möglichkeit, gegen den Europäischen Datenschutzbeauftragten Klage einzureichen, erweitert die VO den Kreis der möglichen Beklagten gemäß Artikel 230 Abs. 1 EG[638]. Dies erscheint auf den ersten Blick zumindest ungewöhnlich, da durch Sekundärrecht die einschlägigen Regelungen des Primärrechts berührt und sogar inhaltlich ergänzt werden. In der Gemeinschaftsrechtsordnung finden sich allerdings auch noch andere Beispiele für eine solche Ergänzung des Artikels 230 Abs. 1 EG. So können auch Entscheidungen der Beschwerdekammern des Harmonisierungsamts für den Binnenmarkt oder des gemeinschaftlichen Sortenamts[639] mit einer Klage bzw. einer Beschwerde angegriffen werden[640]. Da es sich bei den genannten Gemeinschaftsinstitutionen um nachgeordnete Behörden der Kommission handelt, dürfte die Erweiterung des Kreises der Passivlegitimierten vereinbar mit Artikel 230 Abs. 1 EG sein, sofern diese Behörden eine eigene Rechtspersönlichkeit besitzen und Handlungen mit

---

636 *Ehricke*, in: Streinz, EUV/EGV, Artikel 232 EG, Rn. 1; *Koenig/Pechstein/Sander*, EU-/EG-Prozessrecht, Rn. 555; im Gegensatz dazu eröffnet die Untätigkeitsklage nach § 75 VwGO den Klageweg für Gestaltungsklagen abweichend vom Erfordernis, zuvor ein Vorverfahren durchzuführen, *Kopp/Schenke*, VwGO-Kommentar, § 75 Rn. 1. Vgl. auch *Sobotta*, a.a.O. (Fn. 480), Rn. 65, der die stillschweigende Ablehnung im Hinblick auf die Möglichkeit der Untätigkeitsklage für überflüssig hält.

637 Eine vergleichbare Regelung findet sich auch in Artikel 90 Abs. 2 des Statuts der Beamten der Europäischen Gemeinschaften (in Kraft seit dem 1.5.2004), veröffentlicht durch das Referat „Rechts- und Statutsfragen" der Europäischen Kommission: Eine dem Statut unterworfene Person kann Beschwerde gegen eine sie beschwerende Maßnahme der Anstellungsbehörde einlegen. Wird die Beschwerde innerhalb von vier Monaten durch die Anstellungsbehörde nicht beantwortet, so gilt sie als stillschweigende Ablehnung, gegen die eine Klage zulässig ist.

638 Dazu *Sobotta*, a.a.O. (Fn. 480), Artikel 286, Rn. 66.

639 Vgl. Klage gemäß Artikel 63 der VO (EG) 40/94 vom 20.12.1993, ABl. Nr. L 11, vom 14.11.1994, S. 1 ff.; Beschwerde bzw. direkte Beschwerde gemäß Artikel 73 bzw. 74 der VO (EG) 2100/94 vom 27.07.1994, ABl. Nr. L 227 vom 1.9.1994, S. 1 ff..

640 Hierauf weist *Booß* hin, in: Grabitz/Hilf, EGV/EUV, Artikel 230 EG, Rn. 9.

Außenwirkung vornehmen können[641]. Diese Voraussetzungen sind auch hinsichtlich des Europäischen Datenschutzbeauftragten erfüllt.

c) Besonderheiten bei Klagen von Beamten und sonstigen Bediensteten der Europäischen Gemeinschaften

Für Beamte oder sonstige Bedienstete der Europäischen Gemeinschaften gelten die besonderen Vorschriften des einschlägigen Beamtenstatuts bzw. Artikel 46 der Beschäftigungsbedingungen, der auf diese Regelungen verweist. Artikel 91 Abs. 2-4 des Beamtenstatuts sehen vor, dass das vorherige Einlegen einer Beschwerde zwingende Zulässigkeitsvoraussetzung für eine spätere Klageerhebung ist. Eine anschließende Klage vor dem neuerdings errichteten Gericht für den öffentlichen Dienst kann innerhalb von drei Monaten eingelegt werden. Für sonstige Bedienstete gelten diese Regelungen entsprechend (Artikel 46 der Beschäftigungsbedingungen).

3.) Anspruch auf Schadenersatz und Zuständigkeit des Gerichtshofs

Die Zuständigkeit des Gerichtshofs ist ausdrücklich auch für Schadenersatzklagen gegeben. Artikel 32 Abs. 4 VO stellt klar, dass Artikel 288 EG anwendbar ist, wenn durch die ordnungswidrige Verarbeitung von Daten ein Schaden entsteht. Grundlage für die möglichen gerichtlichen Verfahren dürften dann Artikel 230, 231, 233 und 235 EG sein. Obwohl nach dem Wortlaut des Artikels 32 Abs. 1 VO vom Gerichtshof der Europäischen Gemeinschaft die Rede ist, ist bei Klagen natürlicher Personen die Zuständigkeit des Gerichts erster Instanz gegeben. Dies folgt aus Artikel 225 Abs. 1 EG in der Fassung des Vertrages von Nizza[642], der insoweit den Beschluss des Rates[643] zur Errichtung eines Gerichts erster Instanz vom 24. Oktober 1988 ersetzt.

Mit der ausdrücklichen Ermöglichung von Schadenersatzklagen gemäß Artikel 288 EG wird zudem die Frage positiv beantwortet, ob ein Schaden aus der Verletzung von Datenschutzvorschriften überhaupt ersatzfähig ist. Regelmäßig dürften hier nämlich nur immaterielle Schäden entstehen. Immaterielle Schäden sind nach ständiger Rechtsprechung von Artikel 288 Abs. 2 EG erfasst[644], sofern sie auf Nachteilen beruhen, die der Betroffene an rechtlich geschützten Gütern

---

641 *Booß*, a.a.O. (Fn. 640).

642 Änderung gemäß Artikel 2 Nr. 31 des Vertrags von Nizza.

643 Artikel 3 des Beschlusses des Rates zur Errichtung eines Gerichts erster Instanz der Europäischen Gemeinschaften vom 24.10.1988, ABl. Nr. L 319 vom 25.11.1988, S.1

644 Vgl. Urteil EuGH vom 7.11.1985 - Rs. C-145/83 (*Adams/Kommission)*, Rn. 53, Slg. 1985, 3539; EuGH vom 5.10.1988 - Rs. C-180/87 (*Hamil/Kommission*), Rn. 10 ff., Slg. 1988, S. 6141; EuG vom 21.3.1996 - Rs. T-230/94 (*Frederic Farrugia/Kommission)*, Rn. 42 ff., Slg. 1996 II, S. 195.

erleidet[645]. Durch Artikel 32 Abs. 4 VO wird daher indiziert, dass die Privatsphäre des Betroffenen einen im Sinne des Artikel 288 Abs. 2 EG ausreichenden rechtlichen Schutz genießt.

VII. Bewertung und Ergebnis

Da es sich mit der Verordnung um einen Rechtsakt handelt, der sich an den Zielen der Datenschutzrichtlinie orientiert, soll zunächst festgehalten werden, wo die Umsetzung dieser Ziele zu einem befriedigenden Ergebnis geführt hat und wo Verbesserungen notwendig erscheinen. Sodann werden die in der Verordnung enthaltenen Standards den im ersten Teil gefundenen Ergebnissen gegenüber gestellt, um zu einer Aussage zu gelangen, ob und in wie weit die ermittelten internationalen Anforderungen erfüllt wurden.

1.) Stärkung des Datenschutzes

Indem die Verordnung inhaltlich über die Richtlinie hinaus geht, *füllt sie die Lücke auf, die die Richtlinie noch für den öffentlichen Bereich gelassen hat.* Wo sich die Regelungen der Richtlinie auf den in den privaten und öffentlich-rechtlichen Bereichen kleinsten gemeinsamen Nenner beschränkt, enthält die Verordnung einen präzisen Katalog von eigens für den öffentlich-rechtlichen Bedarf der Gemeinschaftsinstitutionen zugeschnittenen Regelungen[646]. Beispiele dafür sind die Bestimmungen der Übermittlung von Daten sowie die Ausgestaltung der Kontrollstellen.

Darüber hinaus ist die Verordnung an zahlreichen Stellen *detaillierter als die Richtlinie*. Die unterschiedliche Regelungsdichte folgt aus dem legislatorischen Zweck beider Rechtsinstrumente. Im Sinne des Artikel 286 Abs. 1 EG dient die Verordnung der Umsetzung der Rahmenbedingungen[647] der Richtlinie. Gelungen ist diese Umsetzung im Hinblick auf die Ausgestaltung der *internen Kontrollstellen*. Die Einführung des behördlichen Datenschutzbeauftragten ist nach der Verordnung verpflichtend. Daneben enthält sie umfangreiche Regelungen zu seinem unabhängigen Status und zu seinen Aufgaben.

Weiterführend ist die Verordnung auch bei den *Einwirkungsbefugnissen des Europäischen Datenschutzbeauftragten*. Hinsichtlich der staatlichen Kontrollstellen enthält die Richtlinie lediglich einen Beispielkatalog, der den Mitgliedstaaten mögliche Alternativen bei der Ausgestaltung der Kontrollmöglichkeiten aufzeigt. Der entsprechende Katalog der Verordnung ordnet alle in der Richtlinie optional vorgesehenen Befugnisse als obligatorisch an und konkretisiert sie

---

645 Urteil EuGH vom 195.1992 - Rs. C-104/89 (*Mulder/Rat u.a.*), Rn. 23 ff., Slg. 1992 I, S. 3061; EuGH vom 26.6.1990 - Rs. C-152/88 (*Sofrimport/Kommission*), Rn. 24, Slg. 1990 I, S .2477.

646 *Rudolf*, a.a.O. (Fn. 482), S. 227.

647 *Kopp*, a.a.O. (Fn. 545), S. 206.

zusätzlich. Die Verordnung setzt damit die in der Richtlinie enthaltene Anforderung, der Kontrollstelle wirksame Befugnisse zu geben, konsequent um[648].

Da die Verordnung strukturell auf der Richtlinie aufbaut, übernahm sie auch deren grundsätzliche inhaltliche Vorteile. Besonders gilt dies für *sensible Daten*. Beide Rechtsinstrumente gewähren hier einen deutlich weitreichenderen Schutz als die Konvention Nr. 108 des Europarates, die die Vertragsstaaten lediglich auffordert, einen „geeigneten Schutz" zu gewährleisten. Demgegenüber gestalten Richtlinie und Verordnung diesen Schutz konkret aus[649], indem die Verarbeitung besonders empfindlicher Daten vorbehaltlich einiger weniger Ausnahmen grundsätzlich verboten wird.

Mit Artikel 286 EG verfügt die Gemeinschaft allerdings nicht über eine umfassende *Kompetenznorm* auf dem Gebiet des Datenschutzes[650]. Die Bestimmung ermächtigt allein zum Erlass der auf die Organe und Einrichtungen bezogenen Bestimmungen nach dem Vorbild der bestehenden Regelungen, namentlich der Datenschutzrichtlinie. Schließlich kann Artikel 286 EG auch nicht als Grundlage für einen subjektiv-öffentliches Recht auf informationelle Selbstbestimmung angesehen werden.

2.) Defizite

Die Verordnung orientiert sich an den *Regelungszielen* der Richtlinie. Somit dient sie gleichermaßen dem Schutz des Einzelnen wie dem freien Datenverkehr. Das Konzept der Richtlinie basiert auf dem ständigen Ausgleich der Interessen des ungehinderten Datenverkehrs und des Datenschutzes. Erwartungen, die Verordnung könne allein dem Grundrechtsschutz gewidmet werden, wurden damit enttäuscht.

Es ist nicht nachvollziehbar, warum für die *Ausnahmen vom Grundsatz der Zweckbindung* eine separate Vorschrift eingeführt wurde. Da es sich bei Artikel 6 VO um eine weitere Ausnahme bzw. Einschränkung handelt, hätte sie aus Gründen der Übersichtlichkeit und Rechtsklarheit eigentlich in den sechsten Abschnitt der Verordnung gehört.

Inhaltlich berücksichtigt *Artikel 6 VO* die Betroffenenrechte nur unzureichend. Der Grundsatz der *Transparenz* gegenüber dem Betroffenen wird dadurch beschränkt, dass jener nicht informiert wird, wenn seine Daten zu anderen Zwecken weiterverwendet werden. Ferner erlaubt Artikel 6 Abs. 1 VO, dass die Rechtsgrundlagen hierfür in internen Vorschriften geregelt werden können. Diese sind einem Betroffenen regelmäßig nicht bekannt. Als lediglich interne

---

648 Kritisch zur Möglichkeit der Beanstandung des deutschen Bundesbeauftragten für den Datenschutz nach dem BDSG *Schild*, a.a.O. (Fn. 485), S. 722.

649 *Ellger*, a.a.O., (Fn. 540), S. 563; *Henke*, Die Datenschutzkonvention des Europarates, S. 113.

650 *Kingreen*, in: Calliess/Ruffert, EUV/EGV, Artikel 286 EG, Rn. 3

Bestimmungen dürften sie mangels Außenwirkung auch nicht gerichtlich angreifbar sein. Ohne ersichtlichen Grund fehlt schließlich die Möglichkeit, den Europäischen Datenschutzbeauftragten anzurufen.

Bei der *Gewährleistung der Vertraulichkeit* wäre die Festlegung arbeitsrechtlicher bzw. strafrechtlicher Konsequenzen für den Fall der eigenmächtigen Verarbeitung von Daten wünschenswert gewesen.

Die *Information des Betroffenen* über die Rechtsgrundlage der Datenerhebung ist nach den Artikeln 11 und 12 VO nicht obligatorisch sondern unterliegt einer Abwägung. Im Einzelfall besteht dadurch die Gefahr, dass dem Betroffenen ein wichtiges Kriterium zur Einschätzung der Rechtmäßigkeit vorenthalten wird. Zu kritisieren ist ferner, dass die Information ganz unterbleiben kann, wenn die Daten nicht bei der betroffenen Person erhoben wurden und die Information deshalb als zu aufwendig erscheint. Hier wirkt sich ein an sich schon unübersichtlicher Erhebungsprozess schließlich zu Lasten des Betroffenen aus. Diese unbillige Einschränkung der Betroffenenrechte soll dadurch gemildert werden, dass im Falle einer unterbleibenden Information nach Anhörung des Europäischen Datenschutzbeauftragten geeignete Garantien vorgesehen werden. Es ist aber nicht einzusehen, warum diese zum Gegenstand einer weiteren Einzelfallentscheidung gemacht und nicht wie im Falle der statistischen Weiterverwendung bereits in der Verordnung festgesetzt werden.

Im Rahmen der *Einschränkungen und Ausnahmen* erlaubt Artikel 20 VO unter anderem die Einschränkung des Grundsatzes der Datenqualität. Tatsächlich erforderlich dürften aber lediglich die Einschränkung der Zweckbindung und der begrenzten Speicherungsdauer der Daten sein, die beide nur Bestandteile des weitergehenden Grundsatzes der Datenqualität sind. Es ist nicht ersichtlich, warum die Wahrung von höherrangigen Rechtsgütern eine Einschränkung der Grundsätze von Treu und Glauben oder der sachlichen Richtigkeit der Daten erforderlich macht. Die Formulierungen von Artikel 20 VO sowie Artikel 13 der Richtlinie ermöglichen daher mehr Einschränkungen als praktisch benötigt.

Nicht erklärbar ist, warum die Verordnung hinsichtlich der *internen Telekommunikationssysteme* keine Festlegung auf Verschlüsselungstechniken enthält. Die entsprechende Regelung im Rahmen der TK-DS-Richtlinie resultierte aus der Rücksichtnahme auf die Interessen der staatlichen Sicherheitsorgane. Anders als bei den Verhandlungen zur TK-DS-Richtlinie war im Rahmen der Verordnung eine solche Rücksichtnahme aber nicht erforderlich, da den staatlichen Behörden ohnehin die Befugnis zu Eingriffen in die Telekommunikationsnetze der Gemeinschaftsorgane fehlt.

Eine Besonderheit besteht hinsichtlich der *Europäischen Gerichte*. Zwar sind die Bestimmungen der Verordnung für sie bindend, doch unterliegen sie im Rahmen ihrer justitiellen Tätigkeit nicht der Kontrolle durch den Europäischen

Datenschutzbeauftragten. Die fehlende Kontrolle ist Ergebnis einer Abwägung mit dem Prinzip der richterlichen Unabhängigkeit. Auf den gerichtlichen Bereich zugeschnittene Schutzmaßnahmen enthalten die insoweit spezielleren Verfahrensordnungen. Als Beispiel sei die Möglichkeit des Ausschlusses der Öffentlichkeit[651] genannt. Vom Ausschluss der Öffentlichkeit von der mündlichen Verhandlung nach der EuGH-Verfahrensordnung dürfte insbesondere in Personalverfahren Gebrauch gemacht werden, in denen sensible Informationen über einen Beteiligten, beispielsweise sein Geistes- oder Gesundheitszustand diskutiert werden.

3.) Würdigung im Hinblick auf den im ersten Teil festgestellten Datenschutzstandard

Die Verordnung und die ihr voran gegangene Richtlinie schaffen einen Standard, der den im ersten Teil ermittelten internationalen Datenschutzstandard übertrifft. Nachweisen lässt sich dies anhand der folgenden Kriterien:

Verordnung und Richtlinie liegt ein weiter gefasster Verarbeitungstatbestand und damit ein erweiterter *Anwendungsbereich* zugrunde. Dadurch werden alle Vorgänge im Zusammenhang mit personenbezogenen Daten erfasst. Die in der DSK noch vorhandene Beschränkung auf automatisierte Dateien bzw. Datensammlungen wurde damit überwunden. Damit fallen auch manuelle Dateien und Datensammlungen in den Schutzbereich der Verordnung.

In Bezug auf den *Grundsatz der Datenqualität* greifen Verordnung und Richtlinie das Beispiel der DSK auf und entwickeln es fort. So ist das Prinzip von *Treu und Glauben* sowie der *rechtmäßigen Verarbeitung* übernommen worden. Dies gilt auch für den Grundsatz der *Richtigkeit der Daten*. Das zentrale Prinzip der *Zweckbindung* wurde in der Verordnung durch die Bindung an eindeutige Zwecke ausgebaut. Damit erhöhen sich die Anforderungen an die Bestimmtheit der Rechtsgrundlage. Die DSK ließ hier bei der Beschränkung auf festgelegte Zwecke genügen, traf aber keine Aussage zu der Qualität der Erlaubnisnorm.

Spezialvorschriften enthält die Verordnung hinsichtlich der Verwendung personenbezogener Daten zum Zwecke der *Statistik* gemäß Artikel 4 Abs. 1 lit. e) VO. Hier wird die *Anonymisierung* als konkrete Schutzmaßnahme genannt, wenn Daten über ihren eigentlichen Zweck hinaus weiterverwendet werden.

Verordnung und Richtlinie knüpfen die Rechtmäßigkeit der Verarbeitung an den sog. *informed consent* des Betroffenen, also an sein Einverständnis in Kenntnis der Sach- und Rechtslage. Den Willen des Betroffenen als Kriterium für die Zulässigkeit eines Verarbeitungsvorgangs enthielt die DSK dagegen nicht ausdrücklich. Allerdings wurden mit der Formulierung des Artikels 5 lit.

---

651 Artikel 56 § 2 EuGH-Verfahrensordnung. Dem entspricht Artikel 57 EuG-Verfahrensordnung.

a) DSK auch solche nationalen Regelungen berücksichtigt, die eine Verarbeitung vom Einverständnis des Betroffenen abhängig machten[652]. Im Ergebnis führen Richtlinie und Verordnung somit zu einer Klarstellung.

Die Gemeinschaftsvorschriften enthalten präzise Vorgaben hinsichtlich der *Übermittlung von Daten*. Vor allem die Verordnung schreibt für die unterschiedlichen Fälle jeweils spezielle Regelungen vor. In den Artikeln 7-9 VO hat der Normgeber durch genaue Vorgaben das Ermessen des Anwenders durch präzise Ausgestaltung teilweise vorweggenommen und damit Rechtssicherheit geschaffen. Dieses Maß an Genauigkeit ist möglich, je genauer der zu regelnde Sachverhalt bekannt ist. Die höhere Regelungsdichte der Verordnung ist damit Konsequenz ihres überschaubaren Adressatenkreises.

Entsprechend sind auch die Regelungen zum *grenzüberschreitenden Datenverkehr* zu bewerten. Die DSK sah nur vor, dass Übermittlungen nicht allein aus Gründen des Datenschutzes unterbunden werden durften. Dem lag die Auffassung zugrunde, dass mit Inkrafttreten der DSK in allen Vertragsstaaten ein einheitlicher Minimalstandard existierte. In der Praxis führte dies jedoch dazu, dass für eine grenzüberschreitende Übermittlung bereits das geringste vorhandene Schutzniveau ausreichte. Im Gegensatz zur DSK enthalten die Richtlinie und die Verordnung zusätzlich Regelungen zu Übermittlungen in Drittländer, also solche Staaten, die nicht zum Anwendungsbereich des jeweiligen Rechtsakts zählen. Hier ist der Übermittlung eine qualitative Bewertung des Schutzniveaus im Empfängerstaat vorgeschaltet.

Auch hinsichtlich sensibler Daten führt die Verordnung zu einem höheren Schutz. In der DSK wurde von den Vertragsstaaten lediglich gefordert, dass sensible Daten einem geeigneten Schutz unterfallen. Dagegen sieht die Verordnung ein grundsätzliches Verarbeitungsverbot mit präzise formulierten Ausnahmen vor.

Bei den Betroffenenrechten geht die Verordnung ebenfalls weiter als die DSK. So sieht die Verordnung grundsätzlich eine unentgeltliche Auskunft gegenüber dem Betroffenen vor. Die DSK sprach hier lediglich davon, dass die Auskunft ohne übermäßige Kosten zu erteilen ist. Die Rechte auf Berichtigung oder Löschung waren nach der DSK nicht unbedingt umzusetzen, vielmehr oblag es dem Ermessen des Staates, ob solche Rechte gewährt würden[653]. Mit der Sondervorschrift zu automatisierten Einzelentscheidungen sieht die Verordnung zudem ein besonderes Prozedere für den Fall vor, dass eine für den Betroffenen relevante Entscheidung mittels eines automatisierten Verfahrens getroffen wird. Keine Regelungen enthält die DSK zu Widerspruchs- und Beschwerderechten. Der Ausnahmenkatalog der Verordnung ist abschließend und präziser als derje-

---

652 Siehe oben Kapitel B II. 4.) d) bb) aaa).

653 Siehe oben Kapitel B II. 4.) d) bb) ddd).

nige der DSK. Auch hinsichtlich der Sicherheit der Verarbeitung enthält die Verordnung konkretere Vorgaben als die DSK, indem sie eine klare Verantwortlichkeitsabgrenzung vornimmt.

Schließlich sehen Richtlinie und Verordnung die Errichtung von Kontrollmechanismen vor, um die Einhaltung der in den Rechtsakten niedergelegten Prinzipien zu gewährleisten. Mit dieser Vorkehrung übertreffen sie die Regelungen der DSK, die diesbezüglich nur auf das Recht der Vertragsstaaten verwiesen hat.

4.) Zusammenfassung

Nach Untersuchung der Verordnung können zwei Resultate festgehalten werden: Zum einen ist es mit der Verordnung gelungen, die in der Richtlinie nur rudimentär angelegten Regelungen zum öffentlichen Bereich zu ergänzen. Gelungen ist dies durch präzisere, detailliertere und konkretere Bestimmungen, welche die Besonderheiten des Arbeitsbereichs der öffentlichen Gemeinschaftseinrichtungen aufgreifen. Die erwähnten Vorzüge der Verordnung gegenüber der Richtlinie geben somit ein positives Beispiel für die gelungene Umsetzung der Richtlinie ab.

Zum anderen ist deutlich geworden, dass die Gemeinschaft mit der Verordnung den Standard der oben ermittelten internationalen Kernprinzipien des Datenschutzes übertrifft. Maßgeblich dafür ist auch der Umstand, dass die im ersten Teil untersuchten internationalen Rechtsquellen des Datenschutzes aus jeweils unterschiedlichen internationalen Zusammenschlüssen von Staaten stammten und verschiedene Ansätze zur Verwirklichung eines Datenschutzniveaus verfolgten. Die meisten der genannten Quellen hatten zudem lediglich den Zweck, den Vertragsstaaten durch einen allgemeinen Minimalstandard einen Anreiz zu bieten, auf nationaler Ebene weitergehende Bestimmungen zu erlassen. Da diese Grundsätze jeweils einstimmig durch die Vertragsstaaten verabschiedet wurden, wären allzu präzise Regelungen, die den Handlungsspielraum der Staaten zu sehr einschränkten, nicht durchsetzbar gewesen.

Die Verordnung konnte schließlich auch von den Entwicklungen und Erfahrungen profitieren, die aus dem Umgang mit den internationalen Quellen des Datenschutzes resultierten. Insofern ist sie der vorläufige Endpunkt einer Entwicklung, die zu einem immer höheren Datenschutzstandard geführt hat. Entscheidend für das vergleichsweise hohe Schutzniveau der Verordnung war außerdem die Überschaubarkeit von Regelungszweck und Adressatenkreis der Verordnung. Somit ergab sich die Möglichkeit, die Vorgaben der Richtlinie durch spezielle Regelungen für den Anwendungsbereich der Gemeinschaftsverwaltung umzusetzen.

Die Gemeinschaft ist somit der ihnen obliegenden Grundrechtsverpflichtung hinsichtlich des Schutzes personenbezogener Daten gerecht geworden.

D Der Grundsatz der Transparenz der öffentlichen Verwaltung und sein Verhältnis zum Grundsatz des Datenschutzes

I. Einführung

Zwischen den Prinzipien des Datenschutzes und der Transparenz besteht ein naturgemäßer Gegensatz[654]: Während zum Schutz personenbezogener Daten Informationsträger dem Zugriff Dritter möglichst entzogen werden[655], zielt der Transparenzgrundsatz darauf ab, Informationen der Öffentlichkeit zur Verfügung zu stellen. Wo diese Dokumente personenbezogene Daten Einzelner enthalten, besteht eine Schnittmenge, in der beide Grundsätze miteinander kollidieren[656]. In diesem Kapitel wird das Spannungsverhältnis zwischen Datenschutz und Transparenz dahingehend untersucht, ob und wie die rechtliche Ausgestaltung beider Grundsätze eine Auflösung von Kollisionsfällen ermöglicht. Besonderes Interesse gilt der Frage, welcher Grundsatz einen Vorrang genießt. Einen aktuellen Bezug gewinnt die Vorrangfrage angesichts der Auseinandersetzung zwischen dem Europäischen Ombudsmann und der Kommission über die Auslegung von Datenschutzvorschriften. Streitpunkt war ein Antrag auf Zugangsgewährung, der von der Kommission unter Hinweis auf die in den Dokumenten enthaltenen Namensangaben abgelehnt worden war[657].

Zunächst wird das Prinzip des öffentlichen Zugangs zu Dokumenten und die Entwicklung dieses Grundsatzes auf gemeinschaftsrechtlicher Ebene aufgezeigt. Sodann wird die Behandlung von Kollisionsfällen anhand der bestehenden primär- und sekundärrechtlichen Vorschriften untersucht. Schließlich richtet sich

---

654 Grundlegend zu diesem Konflikt bereits *Reuter*, Le Droit au Secret et les Institutions Internationales, in: AFDI 1956, S. 46 ff.; *Kloepfer*, Informationsrecht, S. 400; *Giesen*, Grundrecht auf Informationszugang? Anmerkungen zu einem basisdemokratischen Teilhaberecht in einer grenzenlosen Informationsgesellschaft, in: DuD 1997, S. 588; 14. Tätigkeitsbericht des Hessischen Datenschutzbeauftragten, HessLT-Drs. 11/5232 vom 24.1.1986, S. 96, nach dem Datenschutz und das Recht auf Information komplementäre Bestandteile der Informationsgesellschaft bilden.

655 *Bröhmer*, Transparenz als Verfassungsprinzip, S. 211, der mit Blick auf die bundesdeutsche Rechtslage das Recht auf informationelle Selbstbestimmung als ein Recht auf Intransparenz bezeichnet.

656 Vgl. S. 19 des Berichts der Kommission über die Anwendung der Grundsätze der Verordnung (EG) Nr. 1049/2001 über den Zugang der Öffentlichkeit zu Dokumenten des Europäischen Parlaments, des Rates und der Kommission vom 30.1.2004, Dok. KOM (2004) 45 endgültig.

657 Vgl. Pressemitteilung des Europäischen Ombudsmanns vom 2.10.2002; Schreiben des Europäischen Ombudsmanns an den Kommissionspräsidenten vom 30.9.2002; Entschließung des Europäischen Parlaments zu dem Sonderbericht an das Europäische Parlament im Anschluss an den Empfehlungsentwurf an die Kommission in der Beschwerde 713/98/IJH; Bericht und Entschließungsantrag des Europäischen Parlaments vom 27.11.2001, Dok.-Nr. A5-0423/2001 endgültig; Beschwerde des Direktors der *Bavarian Lager Company* an den Europäischen Ombudsmann, Beschw.-Nr. 713/98/IJH.

der Blick auf die Rechtsprechung der europäischen Gerichte zum Thema Transparenz.

II. Transparenz als objektiver Verwaltungsgrundsatz und als Grundrecht

Der offene Umgang eines Staates mit den ihm zur Verfügung stehenden Informationen ist zunächst einmal Ausdruck eines objektiven Publizitätsprinzips der Verwaltung. Er führt nicht notwendigerweise zu einem entsprechenden subjektiven Recht des Bürgers auf Dokumentenzugang[658]. Gleichwohl ist ein solches Recht der Öffentlichkeit auf Zugang zu Dokumenten, die sich im Besitz von Behörden befinden, ein in den meisten europäischen Mitgliedstaaten verankerter Rechts- und Verfassungsgrundsatz[659]. Transparenz - auch Öffentlichkeits- oder Offenheitsgrundsatz - ist dort als subjektiv-öffentliches Recht des Bürgers ausgestaltet, bei den Behörden und Ämtern in Akten und Dokumente Einsicht zu nehmen.

Transparenz verschafft dem Einzelnen Einblick in den Kenntnisstand der ihn regierenden öffentlichen Einrichtungen[660]. Wenn eine Behörde dazu verpflichtet ist, ihr Wissen mit den Bürgern zu teilen, entsteht an Stelle von Wissensvorsprung Waffengleichheit[661]. Funktional betrachtet ist Transparenz für die Allgemeinheit vergleichbar mit dem Akteneinsichtsrecht für das in ein Verfahren eingebundenes Individuum. Der Unterschied besteht darin, dass der Transparenzgrundsatz im Recht auf Informationsfreiheit sowie im Demokratieprinzip[662] verwurzelt ist, wohingegen das Recht auf Akteneinsicht aus dem Anspruch auf rechtliches Gehör[663] folgt. Transparenz ist also die Grundvoraussetzung dafür, dass der Bürger auf die gemeinsamen öffentlichen Belange Einfluss nehmen

---

658 Zum Meinungsstand in Deutschland *Nolte*, Die Herausforderung für das deutsche Recht der Akteneinsicht durch europäisches Verwaltungsrecht, in: DÖV 1999, S. 363 (367).

659 Vgl. die Feststellung des EuGH, Urteil vom 30.4.1996 - Rs. C-58/94 (*Niederlande/Rat*), Rn. 34, Slg. 1996 I, S. 2169.

660 *Schoch*, Informationsfreiheitsgesetz für die Bundesrepublik Deutschland, in: Verw. 2002, S. 147 (156), der angesichts der Monopolisierung bestimmter Informationen bei öffentlichen Stellen von einer unzeitgemäßen Geheimhaltungsstrategie spricht.

661 Vgl. *Kloepfer*, Informationsfreiheit und Datenschutz: Zwei Säulen des Rechts der Informationsgesellschaft, in: DÖV 2003, S. 221 (222); *Dyrberg*, Current Issues in the Debate on Public Access to Documents, in: ELReview, Vol. 24 (1999), S. 157 (170).

662 *Twomey*, Anmerkung zu EuGH Rs. T-194/94 (*Carvel und Guardian Newspapers/Rat*), in: CMLR 1996, S. 831 (837); vgl. außerdem die Empfehlung des Ministerkomitees des Europarates Nr. R (81) 19 vom 25.11.1981.

663 Bezogen auf das deutsche Verfassungsrecht Urteil BVerfG vom 9.3.1965 - 2 BvR 176/63, E 18, S. 399 ff. (405), hier speziell zum § 147 StPO; *Kunig*, in: von Münch/Kunig, Grundgesetzkommentar, Artikel 103, Rn. 15; *Nolte*, in: von Mangoldt/Klein/Stark, Bonner Grundgesetz Kommentar, Artikel 103, Rn. 33; *Jarass/Pieroth*, GG-Kommentar, Artikel 103, Rn. 11 ff.

und kritisieren kann[664]. Unter öffentlicher Beobachtung sollen staatliche Einrichtungen unter Leistungsdruck gestellt und zu höherer Effizienz angehalten werden[665]. In der demokratischen Gesellschaft ist der Zugangsanspruch damit ein Kontrollinstrument[666].

Als eine spezielle Ausprägung der Kontrolle wird der Begriff Transparenz auch im Zusammenhang mit der Bekämpfung von missbräuchlichem Umgang mit Finanzmitteln, etwa der Korruption, verwandt. Exemplarisch dafür stehen die durch die OECD erarbeiteten Leitsätze, die das Problem der Korruption von beiden Seiten zu lösen versuchen. Danach sollen die Regierungen im Rahmen der sogenannten Haushaltstransparenz für die völlige Offenlegung fiskalischer Informationen sorgen, um so der Öffentlichkeit frühzeitig die größtmögliche Klarheit über die Verwendung von Haushaltsmitteln zu verschaffen.[667] Als Pendant dazu sollen multinationale Unternehmen der Öffentlichkeit Einblick in ihre Investitionen sowie Zugang zu Umwelt- und Sozialinformationen gewähren[668].

Erwähnenswert ist auch die auf Engagement der VN verabschiedete Aarhus-Konvention[669], die einen öffentlichen Zugang zu Informationen über die Umwelt normiert. Sie geht in einigen Bereichen über die geltenden EU-Umweltinformationsrichtlinie und das deutsche Umweltinformationsgesetz hinaus[670].

---

664 Ein Bedürfnis hierfür besteht insbesondere dort, wo der Bürger sich von einer Vielzahl von Behörden regiert sieht. *Weiler* verweist darauf, dass öffentlicher Zugang zu Dokumenten allein nicht ausreicht, das von den Bürgern empfundene Demokratiedefizit der Union auszugleichen. Es kann daher nur eine Maßnahme unter weitern anderen sein. *Weiler*, The Euopean Union belongs to its citizens: Three Immodest Proposals, in: EL-Rev Vol. 22 (1997), S. 150 (151); ferner *Curtin/Meijers*, The Principle of open Government in Schengen and in the European Union: Democratic Retrogression?, in: CMLR 1995, S. 391.

665 *Österdahl*, in: Openness v Secrecy: Public Access to Documents in Sweden and the European Union, 23 EL Rev. (1998) S. 336; *Curtin*, Citizens' Fundamental Right of Access to EU-Information: An evolving digital Passepartout?, in: CMLR 2000, S. 7 (8).

666 Vgl. *Curtin/Meijers*, a.a.O. (Fn. 664).

667 Vgl. die Empfehlungen der OECD "best practices for budget transparency", 2001, Nr. 1.

668 Vgl. OECD-Leitsätze für multinationale Unternehmen, Neufassung 2000, Teil 1, Kapitel III und speziell zur Korruptionsbekämpfung Teil 1, Kapitel VI, Abschnitt 3. Bei den Empfehlungen handelt es sich lediglich um unverbindliche Programmsätze, vgl. Leitsätze Teil 1, Kapitel I, Abschnitt 1.

669 Übereinkommen über den Zugang zu Informationen, die Öffentlichkeitsbeteiligung an Entscheidungsverfahren und den Zugang zu Gerichten in Umweltangelegenheiten vom 25.6.1998, in Kraft getreten am 30.10.2001.

670 Vgl. *Schoch*, a.a.O. (Fn. 660), S. 151 m.w.N..

III. Die Entwicklung des Transparenzgrundsatzes im Gemeinschaftsrecht

Die Stärkung der Informationsfreiheit ist ein vergleichsweise modernes Anliegen der Gemeinschaften. Abgesehen von rudimentären Teilregelungen[671], bekundeten die Vertragsparteien erst mit der Zusatzerklärung Nr. 17 zum Vertrag von Maastricht, dass das Vertrauen der Öffentlichkeit in die Verwaltung durch die Offenlegung des Beschlussverfahrens gestärkt werden müsse. Sie forderten die Kommission auf, konkrete Vorschläge auszuarbeiten, wie die den Organen vorliegenden Informationen der Öffentlichkeit besser zugänglich gemacht werden konnten[672]. Entsprechend sollte sich die Union gemäß Artikel 1 Abs. 2 EU darauf ausrichten, Entscheidungen möglichst offen und bürgernah zu treffen. Volksentscheide in Dänemark und in Frankreich ließen die Skepsis der Öffentlichkeit gegenüber dem Europäischen Projekt zu Tage treten und beförderten die weitere Debatte[673]. 1993 beschlossen Rat und Kommission einen Verhaltenskodex[674], der explizit der Stärkung des demokratischen Charakters der Organe und des Vertrauens der Öffentlichkeit in die Verwaltung sowie der bürgernahen Gestaltung der Gemeinschaften gewidmet war[675]. Die Öffentlichkeit erhielt einen „möglichst umfassenden Zugang"[676] zu behördlichen Dokumenten. Des Weiteren beinhaltete der Kodex Verfahrensregelungen für Zugangsanträge sowie einen Ausnahmekatalog. Der Zugang war unter anderem zu verweigern bei einer möglichen Beeinträchtigung der Privatsphäre. Es folgten verschiedene Beschlüsse anderer Organe und Einrichtungen zum Zugang der Öffentlichkeit zu Dokumenten[677], die inhaltlich im Wesentlichen dem Kodex entsprachen.

Die Zugangsgewährung erstreckte sich zunächst auf Kommissions- und Ratsdokumente. In der Folgezeit unterwarfen sich auch andere Organe dem Ko-

---

671 Etwa die Begründungs- und Veröffentlichungspflicht für Rechtsakte, Artikel 253 und 254 EG.

672 Erklärung Nr. 17 zum Vertrag von Maastricht.

673 *Twomey*, a.a.O. (Fn. 662), S. 831.

674 Verhaltenskodex für den Zugang der Öffentlichkeit zu Rat- und Kommissionsdokumenten (93/730/EG), ABl. Nr. L 340 vom 31.12.1993, S. 41f.

675 Erwägungsgrund des Verhaltenskodexes für den Zugang der Öffentlichkeit zu Rat- und Kommissionsdokumenten, a.a.O. (Fn. 674), S. 41. Wesentliche Impulse dafür kamen aus Schweden (nach seinem Beitritt 1995), wo der Grundsatz der Offenheit der Verwaltung seit jeher stark ausgeprägt ist. Dazu unten mehr.

676 Abs. 1 des Verhaltenskodexes, a.a.O. (Fn. 674), S. 42.

677 Beschluss des Rates vom 20. Dezember 1993 (73/731/EG), ABl. Nr. L 340 vom 31.12.1993, S. 43 f.; Beschluss des Europäischen Parlaments vom 10. Juli 1997 (97/632/EG, EGKS, Euratom), ABl. Nr. L 263 vom 25.09.1997, S. 27 ff.; Beschluss des Direktoriums der Europäischen Investitionsbank (97/C 243/06) vom 26.3.1997, ABl. Nr. C 243, vom 9.8.1997, S. 13 ff.; Beschluss des Rates des Europäischen Währungsinstitutes (9/97) vom 3.6.1998, ABl. Nr. L 90, vom 25.3.1998, S. 43 f.; Beschluss der Europäischen Zentralbank (EZB/1998/12) vom 3.11.1998, ABl. Nr. L 110, vom 28.4.1999 S. 30 ff.

dex[678]. Mit dem Begriff Dokumente war allerdings nur scheinbar eine Begrenzung auf Druckmedien verbunden, da tatsächlich alle mit Hilfe von Schriftzeichen dargestellten Informationen gemeint waren, also auch in elektronischer Form oder auf Mikrofilm[679]. Dagegen bedeutete die Formulierung „Kommission- und Ratsdokumente" andererseits eine Begrenzung auf diejenigen Dokumente, die sich im Besitz der genannten Institutionen befanden und deren Urheber diese auch waren[680]. Die Einsichtnahme von Dokumenten fremden Ursprungs, sogenannten *incoming documents,* war damit nicht erfasst.

Die Zugangsgewährung wurde anfangs restriktiv gehandhabt und führte seit 1994 zu zahlreichen Klageverfahren, in denen die Organe etwa zur Hälfte unterlagen[681]. Die Aufgabe, bei den öffentlichen Stellen einen Bewusstseinswandel im Umgang mit dem öffentlichen Zugang einzuleiten, kam somit den Gemeinschaftsgerichten zu[682].

Die Kontrollfunktion der Öffentlichkeit - nicht selten ein Instrument des Verbraucherschutzes - reicht vor allem in den legislativen Bereich hinein. Dies zeigte die sogenannte BSE-Krise, in deren Zuge die Informationspolitik der Kommission als unzureichend kritisiert wurde[683]. Auf entsprechende Forderungen aus dem Parlament richtete die Kommission mehrere Verfahren ein, mit denen wissenschaftliche Forschungsergebnisse auf dem Gesundheitssektor nunmehr den mitgliedstaatlichen Gesundheitsbehörden, dem Europäischen Parlament, nationalen Verbraucherorganisationen sowie der breiten Öffentlichkeit zur Verfügung gestellt wurden[684]. Dies sollte verhindern, dass den Bürgern im Vorfeld legislativer Maßnahmen wissenschaftliche Erkenntnisse aus kommerziellen Interessen vorenthalten wurden. Die stärkere Öffnung wurde insbesondere auch vor dem Hintergrund des Vorwurfs betrieben, die Gemeinschaft leide

678 Vgl. oben Fußnote 677.

679 *Röger*, Ein neuer Informationsanspruch auf europäischer Ebene: Der Verhaltenskodex vom 6. Dezember 1993 für den Zugang der Öffentlichkeit zu Kommissions- und Ratsdokumenten, in: DVBl. 1994, S. 1182 (1183), unter Verweis auf den von der Kommission erstellten internen „Leitfaden für alle Mitarbeiter, die mit der Politik des verstärkten Zugangs zu Dokumenten befasst sind", Dokument SEC (94) 321 vom 16.2.1994, S. 2.

680 *Röger*, a.a.O. (Fn. 679), S. 1184.

681 Dazu unten Kapitel D V. 6.).

682 Eine kritische Tendenz gegenüber den Institutionen stellt auch *Bradley* fest, La Transparence de l'Union Europénne: Une Évidence ou un Trompe l'Oeil?, in : Cah DE 1999, S. 283 (349 f.).

683 Vgl. *Rack/Gasser*, Mehr Transparenz und mehr Verantwortlichkeit im Gemeinschaftsrecht, in: EuZW 1998, S. 421 (424 f.). Die damals geltende Bestimmung des Artikels 129a a.F. EGV (=Artikel 153 EG) enthielt bereits die Zielsetzung, die Informationsrechte der Verbraucher zu fördern.

684 Kommission, Final Consolidated Report to the Temporary Committee of the European Parliament on the Follow-Up of Recommendations on BSE, vom 2.3.1998, Punkt 1.

an einem Demokratiedefizit. Im Zuge der BSE-Krise haben die Bemühungen der Kommission um eine transparente Arbeitsweise somit bedeutende Fortschritte gemacht[685].

Mit Artikel 255 EG, eingefügt durch den Vertrag von Amsterdam, wurde ein subjektives öffentliches Recht auf Zugang zu Dokumenten in den EG-Vertrag aufgenommen[686]. Berechtigt ist jeder Unionsbürger sowie solche natürliche und juristische Personen, die ihren Wohnsitz oder satzungsmäßigen Sitz in den Mitgliedstaaten haben. Der Zugang ist beschränkt auf Dokumente des Parlaments, der Kommission und des Rates. Abs. 2 ermächtigt den Rat zum Erlass einer Verordnung[687], die das gemeinschaftliche Zugangsrecht im Einzelnen regeln sollte. Gemäß Artikel 21 Abs. 1 EU finden die Vorschriften des Artikels 255 EG auch für den Bereich der Gemeinsamen Außen- und Sicherheitspolitik Anwendung. Gleiches gilt nach Artikel 41 Abs. 1 EU auch für die polizeiliche und justitielle Zusammenarbeit in Strafsachen. Die Staats- und Regierungschefs bekräftigten in der Erklärung Nr. 41 der Schlussakte des Vertrags von Amsterdam, dass sich die Gemeinschaftsorgane und -einrichtungen in der Frage der Transparenz von der künftigen Verordnung leiten lassen sollen.

Das Recht auf Zugang zu behördlichen Dokumenten fand auch Eingang in die Charta der Grundrechte der Europäischen Union[688]. Eingefügt in das Kapitel über Bürgerrechte postulierte Artikel 42 GRC (jetzt Artikel II-102 EV) das Recht auf Zugang in dem Umfang, wie ihn Artikel 255 Abs. 1 EG vorsieht. Das Zugangsrecht steht unter einem allgemeinen Schrankenvorbehalt (Artikel 52 GRC, jetzt Artikel II-112 EV). Beschränkungen müssen gesetzlich vorgesehen sein und den Wesensgehalt des Grundrechts sowie den Verhältnismäßigkeitsgrundsatz achten. Die Charta als solche ist gegenwärtig zwar unverbindlich, jedoch stellt sie ein Kernelement in einer zukünftigen europäischen Gemeinschaftsverfassung dar.

Den Schlusspunkt dieser Entwicklung bildet nunmehr die Transparenzverordnung[689], die den Kodex ablöste. Sie steht auf der Grundlage des Artikels 255

---

685 *Rack/Gasser*, a.a.O. (Fn. 683), S. 425.

686 *Bröhmer*, a.a.O. (Fn. 655), S. 340.

687 Siehe unten Kapitel C V. 5.) b).

688 Charta der Grundrechte der Europäischen Union, Dok.-Nr. 2000/C 364/01, ABl. Nr. C 364/1 vom 18.12 2000.

689 Verordnung (EG) Nr. 1049/2001 des Europäischen Parlaments und des Rates vom 30. Mai 2001 über den Zugang der Öffentlichkeit zu Dokumenten des Europäischen Parlaments, des Rates und der Kommission, ABl. Nr. L 145 vom 31.05.2001, S. 43 ff.; einen weiteren Schritt in die gleiche Richtung bildet mittlerweile die Richtlinie 2003/98/EG des Europäischen Parlaments und des Rates vom 17. November 2003 über die Weiterverwendung von Informationen des öffentlichen Sektors, ABl. Nr. L 345 vom 31.12.2003, S. 90 ff., die die Mitgliedstaaten zur Einführung von Informatiosnfreiheitsgesetzen auffordert.

Abs. 2 EG und gestaltet die Informationsfreiheit in Form eines verfassungsrechtlich verbürgten Freiheitsrechts[690] aus, indem sie die bereits im Kodex angelegte Öffnung der Gemeinschaftsverwaltung vertieft. Klarstellend definiert Artikel 3 lit. a) der Transparenzverordnung als Dokument nunmehr alle Inhalte unabhängig von deren Medium. Weiterhin ist der Zugangsanspruch nicht länger auf die Dokumente beschränkt, deren Urheber die besitzende Behörde auch ist. Die Organe werden aufgefordert, öffentliche Dokumentregister zu erstellen, die im Internet eingesehen werden können. Die Verordnung ist als Grundregelwerk zu verstehen, dem die einzelnen Organe und Einrichtungen jeweils ergänzende Durchführungsbestimmungen hinzufügen können[691].

Den Blick in die Zukunft weist die Europäische Verfassung (EV)[692]. In Artikel I-49 Abs. 3 EV ist eine Ausweitung des Anwendungsbereichs des bestehenden Artikels 255 EG auf alle Organe, Einrichtungen, Ämter und Agenturen vorgesehen. Neben dem Grundrecht auf Transparenz in Artikel II-42 EV enthält der Entwurf mit Artikel III-305 Abs. 1 EV eine Bestimmung, nach der die gesamte Arbeit der Organe am Transparenzgrundsatz ausgerichtet sein soll.

Hinzuweisen ist auch auf die Richtlinie, mit der die Mitgliedstaaten verpflichtet werden, die Weiterverwendung von Dokumenten zu erlauben, sie sich im Besitz ihrer öffentlichen Stellen befinden[693]. Ziel der Richtlinie ist es, die Fülle der von staatlichen Stellen zusammengetragenen Informationen, beispielsweise über Soziales, Wirtschaft, Geografie, Wetter, Patentwesen und Bildung, für die Allgemeinheit nutzbar zu machen.

IV. Die Bedeutung des Transparenzgrundsatzes im Gemeinschaftsrecht

Im Folgenden wird untersucht, wo im Gemeinschaftsrecht der Transparenzgrundsatz verankert ist und welchen Stellenwert er hat.

---

690 *Wegener*, in: Calliess/Ruffert, EUV/EGV, Artikel 255 EG, Rn. 1.

691 Beschluss der Kommission vom 5.12.2001 zur Änderung ihrer Geschäftsordnung (2001/937/EG, EGKS, Euratom); Beschluss des Präsidiums über den Zugang der Öffentlichkeit zu den Dokumenten des Europäischen Parlaments, ABl. Nr. C 374 vom 29.12.2001, S. 1 ff.; Beschluss des Rates vom 29.11.2001 zur Änderung der Geschäftsordnung des Rates (2001/840/EG), ABl. Nr. L 313 vom 30.11.2001, S. 40 ff.

692 Vertrag über eine Verfassung für Europa, vom Europäischen Konvent am 13. Juni und 10. Juli 2003 angenommen, Dokument CONV 850/03. Die Unterzeichnung durch die Staats- und Regierungschefs erfolgte am 29.10.2004, das Europäische Parlament hat die Verfassung am 12.1.2005 gebilligt und die Mitgliedstaaten zur Ratifikation bis Mitte 2006 aufgefordert.

693 Die Richtlinie 2003/98/EG wurde am 17.11.2003 vom Europäischen Parlament und vom Rat verabschiedet, ABl. Nr. L 345/90 vom 31.12.2003. Hierzu liegt bereits ein Gesetzentwurf auf Bundesebene vor, Entwurf eines Gesetzes zur Weiterverwendung von Informationen öffentlicher Stellen (Informationsweiterverwendungsgesetz - IWG), Bundestagsdrucksache 16/2453.

1.) Artikel 1 Abs. 2 EU

Mit Artikel 1 Abs. 2 EU bekennen sich die Vertragsparteien zu dem Grundsatz, Entscheidungen in der Union möglichst offen und bürgernah zu treffen. Diese Aussage fand erst mit dem Vertrag von Amsterdam Eingang in den Unionsvertrag. Doch bereits aus dem Merkmal der Bürgernähe wird im Ansatz ein Bekenntnis zur Transparenz abgeleitet[694]. Das Bekenntnis zur Bürgernähe, das grundsätzlich vor dem Hintergrund des Subsidiaritätsprinzips zu verstehen ist[695], impliziert nämlich, dass die gewünschte Partizipation des Bürgers ohne einen für diese Beteiligung notwendigen Informationszugang nicht zu realisieren ist[696]. Insoweit ist die bereits im Vertrag von Maastricht getroffenen Aussage durch Ergänzung des Offenheitsbegriffs verstärkt worden. So wird sie auch als Indiz dafür verstanden, dass sich das Transparenzprinzip in den letzten zehn Jahren zu einem demokratischen Element im Prozess der europäischen Integration im Range eines gemeinschaftlichen Verfassungsprinzips[697] entwickelt hat.

Die inhaltliche Tagweite des Offenheitsgrundsatzes in Artikel 1 Abs. 2 EU sollte aber nicht überschätzt werden. Es ist bereits unklar, ob sich hinter jenem Prinzip wirklich ein Grundsatz auf Zugang zu Informationen im Sinne eines Zugangs zu öffentlichen Dokumenten verbirgt. Der gleichzeitig mit dem Vertrag von Amsterdam in den EG-Vertrag eingefügte Artikel 255 lässt vielmehr vermuten, dass der konkrete Zugang zu den Dokumenten als subjektiv-öffentliches Recht des Bürgers sekundärrechtlich geregelt werden sollte. Im Kontext mit den abstrakten Grundprinzipien der Europäischen Union in Artikel 1 EU muss Abs. 2 vielmehr im Sinne eines allgemeinen Bekenntnisses der Union zum Prinzip der Publizität der aktuellen Entscheidungen durch eine offene Presse- und Informationspolitik ausgelegt werden[698].

Abgesehen davon, dass Artikel 1 Abs. 2 EU Transparenz nur in einem allgemeinen Sinne und nicht als Zugangsanspruch zu Dokumenten erfasst, ist zweifelhaft, ob die Norm verbindlichen Charakter hat. Bereits die Formulierung des Artikels 1 Abs. 2 EU lässt eher auf eine allgemeine Zielvorgabe im Sinne einer

---

694 so z.B. *Pechstein*, in: Streinz, EUV/EGV, Artikel 1 EU, Rn. 38.

695 *Bleckmann*, Der Vertrag über die Europäische Union, in: DVBl 1992, S. 335 (336); *von Borries*, Das Subsidiaritätsprinzip im Recht der Europäischen Union, in: EuR 1994, S. 263 (271 ff.); *Jacqué*, in: von der Groeben/Schwarze, EUV/EGV, Artikel 1 EU, Rn. 10; *Pechstein*, in: Streinz, EUV/EGV, Artikel 1 EU, Rn. 38.

696 *Pechstein*, in: Streinz, EUV/EGV, Artikel 1 EU, Rn. 38; *Curtin/Meijers*, a.a.O. (Fn. 664), S. 401.

697 *Calliess*, in: Calliess/Ruffert, EUV/EGV, Art. 1 EU, Rn. 34 f.

698 vgl. hierzu die Kommentierungen von *Geiger*, EUV/EGV, Artikel 1 EU, Rn. 14, und *Pechstein*, in: Streinz, EUV/EGV, Artikel 1 EU, Rn. 38, der insoweit zwischen dem sekundärrechtlich geregelten Zugang zu Dokumenten und der Transparenz des Normsetzungsprozesses, also der Frage der Öffentlichkeit der Verhandlungen der Organe, differenziert.

politisch-programmatischen Absichtserklärung schließen. So enthält der Unionsvertrag beispielsweise keine konkreten verfahrensrechtlichen Ausführungsbestimmungen, wie eine offene und bürgernahe Entscheidungsfindung umgesetzt werden soll[699]. Allenfalls im Zusammenhang mit Artikel 255 EG lässt sich ein Bezug zu einer konkreten Ausgestaltung herleiten. Ferner steht einer Verbindlichkeit des Artikels 1 Abs. 2 EU der Umstand entgegen, dass diese Vorschrift nicht zu dem nach Artikel 46 EU justitiablen Unionsvertragsrecht gehört[700]. Der EuGH hat somit keine Handhabe, Sekundärrecht am Maßstab von Unionsprimärrecht zu überprüfen[701], was im Übrigen auch für Inzidentfragen gilt[702]. Es ist daher festzuhalten, dass Artikel 1 Abs. 2 EU insoweit nicht verbindlich ist.

Zudem weist die Einschränkung auf das jeweilig Machbare durch die Formulierung „möglichst" darauf hin, dass der Grundsatz der Transparenz auch nicht schrankenlos gilt, wenngleich zunächst offen bleibt, worin konkret die Schranke besteht. Im Zusammenhang mit Abs. 1 ergibt sich, dass dies nur das Funktionieren der durch Artikel 1 EU gegründeten Union selbst sein kann[703].

Zum selben Ergebnis gelangt *Heitsch,* der die Möglichkeit untersucht hat, Artikel 6 Abs. 3 EU in Verbindung mit der schwedischen „Erklärung zur Öffentlichkeit der Verwaltung" so auszulegen, dass der Transparenzgrundsatz unionsrechtlich im Wege der Achtung der Identität der Mitgliedstaaten gleichsam inzident verwurzelt wäre[704]. Allerdings führte auch dieser Ansatz nicht zu einer verbindlichen Verankerung des Transparenzgrundsatzes, da nach Artikel 46 EU auch Artikel 6 EU nicht zu den justitiablen Rechten des Unionsvertrags gehört und zudem Artikel 6 Abs. 3 EU lediglich von der Achtung der nationalen Iden-

---

699 *Heitsch*, Die Verordnung über den Zugang zu Dokumenten der Gemeinschaft im Lichte des Transparenzprinzips, S. 14 f, unter Bezug auf das Urteil des BVerfG vom 12.10.1993 - 2 BvR 2134, 2159/92 (*Maastricht*) E 89, S. 155 ff. (196 f.). Das BVerfG legt Artikel F Abs. 3 EUV a.F. (=Artikel 6 Abs. 4 EU n.F.) u.a. deshalb als reine Absichtserklärung aus, weil er die für Befugnisnormen typischen Verfahrensregelungen nicht enthält. So ist weder die Übertragung des Beschlussrechts auf ein bestimmtes Organ geregelt, noch sind weitere Vorgaben hinsichtlich einer erforderlichen Beschlussmehrheit oder die zu beteiligenden Organe vorgesehen.

700 *Heitsch*, a.a.O. (Fn. 699), S. 14 f.

701 Heitsch, a.a.O. (Fn. 699), S. 14 f.

702 Vgl. *Epiney*, Gemeinschaftsrecht und Föderalismus: „Landes-Blindheit" und Pflicht zur Berücksichtigung innerstaatlicher Verfassungsstrukturen, in: EuR 1994, S. 301 ff. (S. 307): Einer Verbindlichkeit des Artikels F Abs. 1 EUV a.F. (=Artikel 6 Abs. 3 EU n.F.) stehe entgegen, dass er von der Zuständigkeit des EuGH ausgenommen ist.

703 *Stumpf*, in: Schwarze, EU-Kommentar, Artikel 1 EU, Rn. 29; *Pechstein*, in: Streinz, EUV/EGV, Artikel 1 EU, Rn. 37.

704 *Heitsch*, a.a.O. (Fn. 699), S. 15.

tität der Mitgliedstaaten und nicht von ihrer Bewahrung oder Förderung spricht.[705]

Damit ist festzuhalten, dass der Grundsatz der Offenheit im Sinne eines Anspruchs des Bürgers auf Zugang zu Dokumenten in Artikel 1 Abs. 2 EU nicht verbindlich geregelt ist. Seine textlich exponierte Stellung verleiht dem Offenheitsgrundsatz nur scheinbar ein starkes Gewicht. Denn das Bekenntnis der Vertragsparteien zur Offenheit ist allgemeiner Natur und bedurfte, wie die Entwicklung über den Verhaltenskodex bis hin zur Transparenzverordnung zeigt, bisher immer einer sekundärrechtlichen Ausgestaltung. Zum anderen enthält Artikel 1 Abs. 2 EU eine Beschränkung, die das Funktionieren der Union insgesamt betrifft. Dabei ist zu berücksichtigen, dass gemäß Artikel 6 EU die Menschen- und Grundrechte ausdrücklich die Grundlagen dieser Union bilden[706].

2.) Status des Informationszugangsrechts als allgemeiner Grundsatz des Gemeinschaftsrechts gemäß Artikel 6 Abs. 2 EU

Die Gemeinschaftsgerichte haben den Zugangsanspruch bisher nicht ausdrücklich als Gemeinschaftsgrundrecht bezeichnet. Allerdings weisen sie in ständiger Rechtsprechung[707] auf die hohe Bedeutung des Zugangsrechts auf Gemeinschaftsebene hin, die sich aus der oben dargestellten gemeinschaftsrechtlichen Entwicklung ergebe. Es gibt in der Tat gute Gründe dafür, dem Zugangsrecht den Status eines Gemeinschaftsgrundrechts zuzuweisen. Maßgeblich ist die Bewertung nach den Kriterien des Artikels 6 Abs. 2 EU.

a) Informationszugangsrecht als Grundrecht?

Artikel 6 EU erklärt die Menschenrechte und Grundfreiheiten als grundlegend für die Union. Eine förmliche Bindungserklärung enthält Artikel 6 Abs. 2 EU[708] mit seinem Bezug auf die EMRK.

In den internationalen Menschenrechtstexten wird auf das Informationszugangsrecht nicht ausdrücklich eingegangen. Zwar existieren Gewährleistungen der Meinungsfreiheit sowie der damit verbundenen Informationsfreiheit[709]. Mit letzterer ist jedoch die Freiheit des Einzelnen gemeint, sich Informationen aus allgemein zugänglichen (Massen-) Informationsmitteln zu beschaffen. Daraus

---

705 Vgl. *Heitsch*, a.a.O. (Fn. 699), S. 16; *Epiney*, a.a.O. (Fn. 702), S. 307.

706 Auch *Lafay* kommt zu dem Ergebnis, dass der Offenheitsgrundsatz nicht unmittelbar dem EUV zu entnehmen ist, L'accès aux documents du Conseil de l'Union: contribution à une problématique de la transparence en droit communautaire, in: RTDE 1997, S. 37 (45 f.).

707 Vgl. unten Kapitel D V. 6.).

708 Vgl. nur *Pechstein*, in: Streinz, EUV/EGV, Artikel 6 EU, Rn. 6.

709 Artikel 19 der Allgemeinen Erklärung der Menschenrechte; Artikel 19 Abs. 2 IPbpR; Artikel 10 Abs. 1 EMRK.

folgt aber nicht die Pflicht des Staates Informationen zu liefern[710]. Im deutschen Verfassungsrecht werden unter allgemein zugänglichen Quellen solche Quellen verstanden, die geeignet und bestimmt sind, einen nicht bestimmbaren Personenkreis Informationen zu verschaffen, beispielsweise der Bezug ausländischer Zeitschriften oder der Empfang ausländischer Rundfunkprogramme[711]. Die Staaten dürfen den Zugriff auf solche Informationen nicht behindern[712]. Ihrem Charakter nach ist die Informationsfreiheit damit ein Abwehrrecht[713] und in ihrer Wirkung dementsprechend begrenzt. Demgegenüber wohnt dem Informationszugangsrecht eine positive Verpflichtung der Staaten inne, dem Einzelnen Zugang zu den behördeneigenen Informationen zu gewähren[714].

Ein solches Zugangsrecht ist nach der EMRK allerdings nicht anerkannt. Dagegen spricht schon der Wortlaut des Artikels 10 Abs. 1 EMRK, der im Unterschied zu Artikel 19 Abs. 2 IPbpR zwar das Empfangen, nicht aber das Sammeln von Informationen schützt[715]. Ein Anspruch auf Zugang zu nicht allgemein zugänglichen Dokumenten ist von den EMRK-Organen daher selten thematisiert worden. Die Kommission bejahte es einmal mit einer Bemerkung, die nicht unmittelbar fallbezogen war und deshalb unverbindlich blieb[716]. In einem zweiten Fall wurde die Frage offen gelassen, da die betroffenen Dokumente als Gegenstand vertraulicher Verwaltungsvorgänge schutzwürdig waren und eine Of-

---

710 Bezogen auf Artikel 19 IPbpR *Gornig*, Äußerungsfreiheit und Informationsfreiheit als Menschenrechte, S. 253. Artikel 10 Abs. 1 EMRK enthält lediglich ein Recht auf solche Informationen, die der Inhaber auch weitergeben möchte, die Norm verpflichtet den Staat nicht dazu, Informationen weiterzugeben, die er geheim halten möchte, *Meyer-Ladewig*, EMRK-Handkommentar, Artikel 10 Rn. 14; kritisch dazu *Curtin/Meijers*, a.a.O. (Fn. 664) S. 401, mit dem Argument, dass eine im Geheimen handelnde Regierung sich der gemäß Artikel 10 EMRK intendierten Bewertung ihres Tuns durch die Meinung der Bürger entzieht; kritisch auch *Lafay*, a.a.O. (Fn. 706) S. 47.

711 Beschluss BVerfG vom 9.2.1994 - 1 BvR 1687/92, NJW 1994, S. 1147; *Nolte*, a.a.O. (Fn. 658), S. 368 m.w.N.

712 z.B. Urteil EGMR vom 22.5.1990 - Beschw.-Nr. 12726/87 (*Autronic/Schweiz*).

713 So hinsichtlich des deutschen Verfassungsrechts *Kloepfer*, a.a.O. (Fn. 661), S. 227.

714 *Grabenwarter*, Europäische Menschenrechtskonvention, § 23 Rn. 6, sieht in Artikel 10 Abs. 1 EMRK gleichwohl eine Grundlage für einen Auskunftsanspruch gegen den Staat. Der Staat müsse sein Informationssystem so einrichten, dass man sch tatsächlich über die wesentlichen Fragen informieren kann. Dieser Auskunftsanspruch werde aber begrenzt durch die „allgemeine Zugänglichkeit" der betroffenen Informationen. Die Bestimmung, welche Information zugänglich sei, sei aber nicht exklusiv dem Staat vorbehalten, sondern müsse anhand objektiver Kriterien bestimmt werden.

715 *Gornig*, a.a.O. (Fn. 710), S. 292, mit dem Nachweis, dass es sich dabei nicht lediglich um ein Redaktionsversehen gehandelt hat.

716 Entscheidung der Kommission vom 3.10.1979 - Beschw.-Nr. 8383/78 (*X./Deutschland*), DR 17, S. 227.

fenlegung ohnehin nicht hätte erfolgen dürfen[717]. Der Gerichtshof hat aber in den Fällen *Leander*[718] und *Gaskin*[719] klar gestellt, dass das Verbot, einen bestimmten Informationsfluss zu verhindern, einen Staat nicht umgekehrt dazu verpflichtet, einem Individuum Informationen zuzuführen[720].

Nicht weiter führt schließlich auch ein anderer Ansatz, dem zufolge das allgemeine Zugangsrechts im Demokratieprinzip begründet liege[721]. Ein subjektives Informationsrecht ergebe sich ausschließlich aus dem Bekenntnis der Union zur Demokratie in der Präambel des Unionsvertrages und in Artikel 6 Abs.1 EU. Dem ist aber entgegen zu halten, dass Artikel 6 Abs. 1 EU keine dem Abs. 2 vergleichbare Bindung der Union zu bewirken vermag[722]. Außerdem würde eine Verortung des Zugangsrechts im Demokratieprinzip zu dem Ergebnis führen, dass es kein Menschenrecht sondern ein Unionsbürgerrecht darstellte[723]. Denn die Teilnahme an der Europäischen Demokratie, etwa in Form der Wahl des Europäischen Parlaments, ist nur Unionsbürgern vorbehalten, nicht aber allen Menschen, die sich in der Union aufhalten.

Das Zugangsrecht kann daher derzeit nicht als ein fundamentales Menschenrecht[724] im Sinne des Artikels 6 Abs. 2 EU angesehen werden.

b) Informationszugangsrecht als gemeinsame Verfassungsüberlieferung der Mitgliedstaaten

Ein differenzierteres Bild ergibt der Blick auf das Recht der Mitgliedstaaten. Zur Veranschaulichung der jeweiligen Ausgestaltung wird das Recht Schwedens und Deutschlands zunächst genauer dargestellt.

---

717 Entscheidung der Kommission vom 14.12.1979 - Beschw.-Nr. 8575/79 (*X./. Vereinigtes Königreich*), DR 20, S. 202.

718 EGMR Urteil vom 26.3.1987 - Beschw.-Nr. 9248/81, Rn. 74.

719 EGMR Urteil vom 7.7.1987 - Beschw.-Nr. 10454/83, Rn. 37.

720 So im Ergebnis auch *Gornig*, a.a.O. (Fn. 710), S. 291 f.; *Meyer-Ladewig*, EMRK-Handkommentar, Artikel 10 Rn. 14 f.

721 Schlussanträge des Generalanwalts *Tesauro* vom 28.11.1995 in der Rs. C-58/94 (*Niederlande/Rat*), Slg. 1996 I, S. 2169, Rn. 19.

722 *Kingreen*, in: Calliess/Ruffert, EUV/EGV, Artikel 6 EU, Rn. 2.

723 *Davis*, Public access to community documents: a fundamental right?, in: European Integration online Papers (EIoP) Vol. 3 (1999) Nr. 8, S. 4 f. und 12.

724 So auch *Curtin*, a.a.O. (Fn. 665), S. 14, die eine Verfassungstradition der Mitgliedstaaten aber ebenfalls nicht als erwiesen ansieht; immerhin war ist die Entwicklung der Menschenrechte grundlegend für die Herausbildung des Informationszugangsrechts, vgl. *Wadham/Griffiths/Rigby*, Blackstone's Guide to the Freedom of Information Act, S. 8.

aa) Schweden als Beispiel für die besondere Ausprägung des Öffentlichkeitsgrundsatzes

Als Ausdruck einer liberalen Staatskultur erfuhr der Transparenzgrundsatz eine besonders umfassende Ausprägung in Schweden, wo der öffentliche Zugang zu Verwaltungsdokumenten schon in den Verfassungen aus dem 18. Jahrhundert enthalten ist[725]. Er war damit Vorbild für die Einführung des Informationszugangsrechts in Finnland[726], Dänemark und Norwegen.[727] Nach der schwedischen Verfassungstradition ist der Grundsatz der Öffentlichkeit eng mit der Pressefreiheit verbunden[728]. So finden sich die Vorschriften über den Öffentlichkeitsgrundsatz im Gesetz über die Pressefreiheit, das Bestandteil der geschriebenen Verfassung ist. Dem Offenheitsprinzip liegt die Vorstellung zugrunde, dass jeder Bürger zur Förderung eines freien Meinungsaustausches und einer allseitigen Aufklärung berufen ist[729]. Offenheit ist hiernach die Grundregel, Geheimhaltung bedarf als Ausnahme einer gesetzlichen Regelung. So hat der Einzelne das Recht auf Zugang zu öffentlichen Dokumenten, ohne dass er dafür seine Identität offen- oder bestimmte Gründe für die Einsichtnahme darlegen muss[730]. Beschränkungen ergeben sich aus einem kurzen und abschließenden Ausnahmenkatalog. Es können nur solche Dokumente der Öffentlichkeit vorenthalten werden, die die Sicherheit des Staates betreffen sowie private Unterlagen und solche aus laufenden Verfahren[731]. Die Ausnahmevorschrift setzt aber voraus, dass die jeweilige Ausnahme gesetzlich geregelt ist. Ferner ist sie fakultativer Natur. Zu prüfen ist danach, ob die Einschränkung notwendig ist. Dies bestimmt sich anhand einer Abwägung, in die der Schaden einer ungerechtfertigten Offenlegung einzubeziehen ist.

Der Bürger hat einen Anspruch auf umgehende Entscheidung über seinen Antrag. Grundsätzlich erfolgt die Zugangsgewährung frühestmöglich, an Ort und Stelle und ohne Rücksicht auf behördliche Sprechzeiten[732]. Dies gilt auch für mündliche oder telefonische Auskünfte. Ist das Dokument als geheimhaltungsbedürftig klassifiziert, muss die Behörde jedenfalls gesondert nachprüfen, ob die Geheimhaltung wirklich gerechtfertigt und ob eine teilweise Offenlegung möglich ist. Öffentliche Einrichtungen sind ferner verpflichtet, Abschriften von

---

725 Vgl. schwedisches Pressefreiheitsgesetz *Tryckfrihetsförordning* (Teil der schwedischen Verfassung), erstmals aus dem Jahre 1766.

726 *Kuopos*, Informationsfreiheit in Finnland, Beitrag zum Symposium des Präsidenten des Schleswig-Holsteinischen Landtages und des Unabhängigen Landeszentrums für Datenschutz am 15.12.2003, Kiel.

727 *Kloepfer*, a.a.O. (Fn. 654), S. 403.

728 *Kloepfer*, a.a.O. (Fn. 654), S. 402; *Österdahl*, a.a.O. (Fn. 665), S. 336.

729 Kapitel 2, Artikel 1 des schwedischen Pressefreiheitsgesetzes.

730 Siehe auch die Übersicht bei *Bradley*, a.a.O. (Fn. 682) S. 316 ff.

731 Kapitel 2, Artikel 2 des schwedischen Pressefreiheitsgesetzes.

732 Kapitel 2, Artikel 12 des schwedischen Pressefreiheitsgesetzes.

Akten in geringem Umfang kostenlos zur Verfügung zu stellen und gegebenenfalls per Post zuzustellen[733].

Im Falle einer Zugangsverweigerung steht dem Bürger die Möglichkeit des Einspruchs zu, worauf ihn die Behörde hinweisen muss[734]. Neben dem gerichtlichen Schutz kann der Bürger auch den Beistand des *Ombudsmans* beim schwedischen Reichstag begehren. Die Gerichte und der *Ombudsman* haben durch ihre Entscheidungen dazu beigetragen, dass der Öffentlichkeitsgrundsatz bis heute fortentwickelt und ausgebaut wurde. Aufgrund der in Europa einzigartigen Tradition des Öffentlichkeitsgrundsatzes wurde im Vorfeld des EU-Beitritts Schwedens sogar befürchtet, die Verlagerung von Kompetenzen auf die EU-Ebene werde zu einem Verlust an demokratischer Selbstbestimmung und an Transparenz politischer Entscheidungen führen[735].

bb) Der Öffentlichkeitsgrundsatz im Recht der Bundesrepublik Deutschland

In Deutschland existierten allgemeine Informationsfreiheitsgesetze lange Zeit lediglich in einigen Bundesländern, so in Brandenburg, Berlin, Schleswig-Holstein, Nordrhein-Westfalen, Hamburg, Bremen, Mecklenburg-Vorpommern und im Saarland[736]. In anderen Ländern sind Gesetzgebungsverfahren im Gange[737].

Auf Bundesebene gab es in Deutschland lange Zeit nur vereinzelte Ansätze des Publizitätsgrundsatzes[738]. Bundesweit erlaubten zudem sektorspezifische Rege-

---

733 Kapitel 2, Artikel 13 des schwedischen Pressefreiheitsgesetzes.

734 Kapitel 2, Artikel 15 des schwedischen Pressefreiheitsgesetzes.

735 Vgl. *Wolfram Kaiser*, Die EU-Volkstabstimmungen in Österreich, Finnland, Schweden und Norwegen: Verlauf, Ergebnisse, Motive und Folgen, S. 8.

736 Akteneinsichts- und Informationszugangsgesetz für das Land Brandenburg (AIG) vom 10.03.1998, GVBl. I 1998, S. 46; Gesetz zur Förderung der Informationsfreiheit im Land Berlin (Berliner Informationsfreiheitsgesetz - IFG) vom 15.10.1999, GVBl. 1999, S. 561; Gesetz über die Freiheit des Zugangs zu Informationen für das Land Schleswig-Holstein (Informationsfreiheitsgesetz - IFG-SH) vom 9.2.2000, GVOBl. 2000, S. 166; Gesetz über die Freiheit des Zugangs zu Informationen für das Land Nordrhein-Westfalen (Informationsfreiheitsgesetz Nordrhein-Westfalen - IFG NRW) vom 27.11.2001, GVBl. 2001, S. 806; Hamburgisches Informationsfreiheitsgesetz (HmbIFG) vom 11.4.2006, HmbGVBl. I 2006, S. 167; Gesetz über die Freiheit des Zugangs zu Informationen für das Land Bremen (BremIFG) vom 16.5.2006, Gesetzblatt der Freien Hansestadt Bremen 2006, S. 263; Gesetz zur Regelung des Zugangs zu Informationen für das Land Mecklenburg-Vorpommern (IFG M-V) vom 10.7.2006, GVOBl. M-V 2006, S. 556; Saarländisches Informationsfreiheitsgesetz (SIFG) vom 12.7.2006, ABl. 2006, S. 1624.

737 Parlamentarische Anträge oder Gesetzentwürfe liegen vor in Bayern, Hessen, Niedersachsen, Rheinland-Pfalz, Sachsen, Sachsen-Anhalt und Thüringen.

738 Als Beispiel für eine verfassungsrechtliche Ausgestaltung der Publizität im Gesetzgebungsverfahren kann auf Artikel 42 Abs. 1 GG hingewiesen werden. Danach sind die Verhandlungen des Bundestages prinzipiell öffentlich. Die Vorschrift bezieht sich je-

lungen den Zugang zu bestimmten Unterlagen. Die Zugangsgewährung richtet sich nach dem Grad des rechtlich geschützten Zugangsinteresses[739]. Das Umweltinformationsgesetz[740] gewährt einen allgemeinen Zugang zu Dokumenten, die mit Umweltfragen zu tun haben. Das Recht auf informationelle Selbstbestimmung hat hier aber keinen absoluten Vorrang[741]. Der Schutz privater Belange, u.a. der Schutz personenbezogener Daten, wird durch eine Ausnahmeregelung berücksichtigt, die die Einbeziehung der Interessen aller Betroffener im Rahmen einer Abwägung ermöglicht. Daneben existieren allgemein zugängliche Register (Handels-, Vereins- und Güterrechtsregister § 9 HGB, § 97 BGB, § 1563 BGB) sowie das Schuldnerverzeichnis (§§ 915 ff. ZPO). Informationen aus dem Grundbuch (§ 12 Abs. 1 GBO) sowie Einzelauskünfte aus der Handwerksrolle (§ 6 I 3 HWO) sind dagegen nur bei berechtigtem Interesse zugänglich. Ein rechtliches Interesse erfordert die Auskunftsgewährung aus dem Fahrzeugregister gemäß § 39 StVG. Einsicht in Dokumente nach dem Stasi-Unterlagen-Gesetz erhalten nur unmittelbar Betroffene und in beschränktem Maße auch die Presse, deren Auskunftsansprüche gegenüber Behörden im Übrigen in den Landespressegesetzen geregelt sind. Schließlich gewähren auch die Regelungen über die Akteneinsicht in Verwaltungs- oder Gerichtsverfahren nur dem Beteiligten die Einsichtnahme (§ 29 VwVfG, § 100 VwGO, § 299 I ZPO, § 34 I FGG, § 78 FGO, § 147 StPO). In diese Kategorie gehört auch der Informationsanspruch eines Betroffenen über eigene gespeicherte Daten nach § 19 I BDSG.

Seit dem 01. Januar 2006 gilt auch in Deutschland ein allgemeines Informationsfreiheitsgesetz[742]. Die Initiative hierfür war bereits 1998 in den Koalitionsvereinbarungen vorgesehen, führte aber erst im August 2004 zur Festlegung von Eckpunkten für einen Entwurf. Bereits im Vorfeld begegnete das Vorhaben hef-

---

doch grundsätzlich nicht auf die Verhandlungen in den Ausschüssen. Vgl. hierzu die rechtsvergleichende Analyse von *Heitsch*, a.a.O. (Fn. 699), S. 19 ff., der eine fehlende Transparenz im parlamentarischen Entscheidungsprozess kritisiert, sofern die maßgeblichen Entscheidungen in nichtöffentlichen Ausschusssitzungen getroffen werden. Mit Blick auf die deutsche Rechtslage dazu auch *Morlok*, in: Dreier, Grundgesetz-Kommentar, Artikel 42 Rn. 24. Mit einer Übersicht über den Streitstand *Bröhmer*, a.a.O. (Fn. 655), S. 104 ff.

739 Vgl. die Übersichten von *Schoch*, a.a.O. (Fn. 660), S. 151 ff.; *Schild*, in: Informationsfreiheitsgesetze - Eine Bestandsaufnahme derzeitiger Möglichkeiten des Informationszugangs mit einem Ausblick auf mögliche zukünftige Regelungen, RDV 2000, S. 96 (97 ff.); detailliert *Kloepfer*, a.a.O. (Fn. 654), S. 410 ff.

740 Umweltinformationsgesetz (UIG), in der Fassung der Bekanntmachung vom 23.08.2001, BGBl I S. 2218.

741 *Erichsen*, Planung und Umweltinformation nach europäischem und deutschem Recht, in: *Erbgut/Oebbecke* u.a. (Hrsg.), Planung: FS für *Hoppe*, S. 927 (939).

742 Gesetz zur Regelung des Zugangs zu Informationen des Bundes (Informationsfreiheitsgesetz – IFG), vom 5.9.2005, BGBl I S. 2722.

tigem Widerspruch. Grundlegend wurde eingewandt, dass die bestehenden Akteneinsichtsrechte ausreichten. Eine Erweiterung dieses auf die unmittelbar Betroffenen beschränkten Informationszugangsrechts drohe, die Persönlichkeitsrechte Einzelner dort zu gefährden[743], wo sich Verwaltungsvorgänge mit Belangen Einzelner befassen. Ferner wären Popularklagen, querulatorische Eingaben und eine nicht zu bewältigende Arbeitsbelastung der Verwaltungen zu befürchten. Dem setzten die Befürworter die Vorteile einer mündigen Öffentlichkeit entgegen, die durch eine Stärkung der staatsbürgerlichen Rechte Kontrollmöglichkeiten hinzugewönne und zur Enthierarchisierung der Verwaltung beitragen könnte[744]. Zudem könne eine aktive Informationspolitik der Verwaltung auch einen Ansehensvorteil einbringen.[745]

Nach dem IFG hat nunmehr jedermann Anspruch auf Zugang zu amtlichen Informationen. Ausnahmen gelten zum Schutz besonderer öffentlicher Belange, zum Schutz behördlicher Entscheidungsprozesse, zum Schutz geistigen Eigentums und von Betriebs- und Geschäftsgeheimnissen sowie zum Schutz personenbezogener Daten. Hier sieht § 5 Abs. 1 IFG grundsätzlich eine Abwägung des Informationsinteresses des Antragstellers mit den schutzwürdigen Interessen eines Dritten vor. Sensible Daten dürfen nur nach ausdrücklicher Einwilligung des Betroffenen offen gelegt werden. Das Gesetz geht davon aus, dass das Informationsinteresse regelmäßig überwiegt, wenn es um bloße Namens- und berufliche Angaben von Gutachtern oder Sachverständigen geht, die in einem Verfahren eine Stellungnahme abgegeben haben, § 5 Abs. 3 IFG. Sofern ein Zugangsantrag die Belange eines Dritten berühren kann, gibt ihm die betroffene Behörde Gelegenheit zur Stellungnahme. Eine Zugangsgewährung erfolgt grundsätzlich erst dann, wenn die Entscheidung der Behörde dem Dritten gegenüber bestandskräftig geworden ist. Im Falle der Zugangsversagung steht es einem Antragsteller neben dem regulären Rechtsweg auch frei, sich an den Beauftragten für die Informationsfreiheit zu wenden. Diese Funktion wird durch den Bundesbeauftragten für den Datenschutz wahrgenommen.

cc) Untersuchung der Kommission zum Zugangsrecht in den Mitgliedstaaten

Die unterschiedliche Ausgestaltung des Zugangsrechts in den Mitgliedstaaten war auch Gegenstand einer Analyse der Kommission[746]. Deren Ergebnis ist deutlich:

---

743 *Giesen*, a.a.O. (Fn. 654), S. 588 ff.; vgl. Übersicht bei *Schubert*, Recht auf Informationszugang - Ein Verwaltungsinformationszugangsgesetz für Deutschland?, in: DuD 2001, S. 400 (401 f.).

744 *Bleyl*, Allgemeines Informationszugangsrecht und Recht auf informationelle Selbstbestimmung, in: DuD 1998, S. 32 (33); *Schubert*, a.a.O. (Fn. 743), S. 402.

745 *Erichsen*, a.a.O. (Fn. 741), S. 947; *Schubert*, a.a.O. (Fn. 743), S. 403.

746 Vergleichende Analyse der Gesetzgebung der Mitgliedstaaten und der Kandidatenländer über den Zugang zu Dokumenten, vom 1.Juli 2003, Dokument der Europäischen

Beinahe alle Mitgliedstaaten erkennen das Zugangsrecht als Bestandteil ihrer Verfassungen oder auf einfachgesetzlicher Ebene bindend an. Es bestehen überwiegende Gemeinsamkeiten hinsichtlich des Anwendungsbereichs der Zugangsvorschriften. Grundlegend für alle Regelungen ist der Dokumentbegriff. Entgegen dem ersten Anschein führt er aber zu keiner Beschränkung auf schriftlich abgefasste Texte in Papierform. Vielmehr herrschen hinsichtlich der Form des Informationsträgers keinerlei Einschränkungen[747]. Der Zugangsanspruch ist außerdem nicht begrenzt auf Dokumente, die von der Stelle verfasst wurden, in deren Besitz sie sich befinden, wie dies noch die Urheberregel im Verhaltenskodex für Gemeinschaftsorgane und -einrichtungen vorsah. Der Zugangsanspruch gilt insoweit unabhängig von der Urheberschaft für alle Dokumente, die sich in Besitz einer Behörde befinden[748]. Berechtigt ist in der Regel jedermann, unabhängig vom Vorliegen eines bestimmten Interesses. Unterschiede zwischen Staatsangehörigen und Ausländern werden nicht gemacht[749]. Uneinheitlich ist dagegen ausgestaltet, wann ein Dokument als Behördendokument gilt. So sind bestimmte Dokumente von vorne herein dem Anwendungsbereich der Bestimmungen entzogen, etwa solche mit geheimhaltungsbedürftigem Inhalt oder interne Vermerke, die vor allem vorbereitenden Charakter haben[750].

In allen mitgliedstaatlichen Regelungen unterliegen Dokumente, die personenbezogene Daten beinhalten, speziellen Ausnahmevorschriften. Teilweise ist der Zugang a priori verwehrt, die jeweiligen Dokumente sind von vorne herein nicht zugänglich[751]. Es existieren aber auch Regelungen, nach denen ein Zugang nur für den Betroffenen[752] oder nur nach dessen Einwilligung[753] möglich ist. In den anderen Staaten genießen personenbezogenen Daten zwar einen besonderen Schutz, die jeweiligen Dokumente können aber nach Abwägung zwischen dem Zugangs- und dem Geheimhaltungsinteresse von der Behörde offengelegt wer-

---

Kommission (SG.B.2.), online veröffentlicht unter http://europa.eu.int/comm/secretariat_general/sgc/acc_doc/docs/compa_de.pdf.

747 Punkt 2.1 der Analyse der Kommission, a.a.O. (Fn. 746).

748 Punkt 2.2 der Analyse der Kommission, a.a.O. (Fn. 746).

749 Punkt 2.2 der Analyse der Kommission, a.a.O. (Fn. 746).

750 Punkt 2.4 der Analyse der Kommission, a.a.O. (Fn. 746).

751 Belgien: § 2 des Gesetzes Nr. 94-1724 vom 11.4.1994 über die Offenlegung von Informationen durch die Verwaltung; Griechenland: Artikel 16 des Gesetzes 1599/1986 und § 5 Abs. 3 des Gesetzes Nr. 2690/1999 (Verwaltungsverfahrensgesetz); Irland: § 28 Abs. 1 des Informationsfreiheitsgesetzes (Nr. 13) von 1997; Vereinigtes Königreich: Artikel 40 i.V.m. Artikel 2 Abs. 3 lit. f) des Informationsfreiheitsgesetzes aus dem Jahr 2000.

752 Frankreich: § 6 Abs. 2 des Gesetzes Nr. 78-753 vom 17.7.1978.

753 Portugal: Artikel 8 Abs. 1 des Gesetzes Nr. 65/93 vom 26.8.1993. Gemäß Artikel 8 Abs. 2 ist der Zugang auch für Dritte möglich, die ein unmittelbares persönliches Interesse nachweisen.

den[754]. In diese Abwägung ist insbesondere der mögliche Schaden einer ungerechtfertigten Offenlegung einzubeziehen.

dd) Ergebnis

Eine Bewertung nach den Maßstäben des Artikels 6 Abs. 2 EU bringt zwei Resultate. Zum einen kann festgehalten werden, dass unbeschadet abweichender Regelungen im Einzelnen das Recht auf Zugang zu öffentlichen Dokumenten Bestandteil der Verfassungsüberlieferungen der überwiegenden Zahl der Mitgliedstaaten ist[755]. Damit besteht gemäß den Kriterien des Artikels 6 Abs. 2 EU eine Grundlage für die Bindung der Union an ein Recht auf Zugang zu öffentlichen Dokumenten als ein allgemeiner Grundsatz des Gemeinschaftsrechts.

Zum anderen ist eine Übereinstimmung dahingehend erkennbar, dass mögliche Konflikte mit dem Recht auf Schutz der personenbezogenen Daten mit Hilfe von Ausnahmeregelungen gelöst werden. Dabei werden zwei Lösungen praktiziert. In einigen Fällen werden die betroffenen Interessen durch eine Abwägung im konkreten Fall zum Ausgleich gebracht, in anderen Fällen besteht ein absoluter Schutz datenschutzrechtlich relevanter Dokumente. Vor dem Hintergrund dieses Ergebnisses soll im nächsten Kapitel untersucht werden, wie das Gemeinschaftsrecht einen solchen Konflikt konkret löst.

V. Behandlung der Kollision von Transparenz und Datenschutz im Gemeinschaftsrecht

Wenn wie hier zwei Grundsätze des Gemeinschaftsrecht aufeinander treffen, stellt sich die Frage, welcher Grundsatz Vorrang genießt. Wie löst das Gemeinschaftsrecht einen Konflikt zwischen beiden Rechtspositionen konkret auf? Das Verfassungsrecht führt in solchen Fällen einen Ausgleich der kollidierenden Grundrechten oder Verfassungsgüter im Sinne einer praktischen Konkordanz durch. Verfassungsrechtlich geschützte Rechtsgüter werden in der Problemlösung einander so zugeordnet, dass jedes von ihnen optimal Wirklichkeit gewinnt.[756] Um diesen Grundsatz im Verhältnis zwischen Datenschutz einerseits und Recht auf Zugang zu öffentlichen Dokumenten andererseits anzuwenden, soll zuvor ermittelt werden, ob Gemeinschaftsrecht dem einen oder anderen Recht einen unterschiedlichen Stellenwert zuerkennt. Zur besseren Strukturie-

---

754 Z.B. Schweden: Kapitel 2 Artikel 2 Abs. 1 Nr. 6 des Pressefreiheitsgesetzes, a.a.O. (Fn. 725); Dänemark: Artikel 13 des Gesetzes Nr. 572 vom 19.12.1985 über den Zugang zu Akten der öffentlichen Verwaltung.

755 Vgl. auch die Feststellung in EuGH Urteil vom 30.4.1996 - Rs. C-58/94 (*Niederlande/Rat*), Slg. 1996 I, S. 2169, Rn. 34; Schlussanträge des Generalanwalts *Tesauro* in diesem Verfahren, Rn. 15.

756 *Hesse*, Grundzüge der Verfassung der Bundesrepublik Deutschland, Rn. 72; hierzu auch *Lerche*, in: Handbuch des Staatsrechts, Band V, § 122 Rn. 3 ff., der statt von Optimierung lieber vom angemessenen Ausgleich spricht.

rung wird zunächst das Primärrecht und anschließend das Sekundärrecht auf entsprechende Anhaltspunkte untersucht.

1.) Primärrecht

Der Stellenwert, welchen das subjektiv-öffentliche Recht auf Schutz personenbezogener Daten nach der Rechtsprechung des EuGH und nach Artikel 6 Abs. 2 EU inne hat, wurde bereits oben ausführlich dargestellt[757]. Das Recht auf Schutz der personenbezogenen Daten ist vom EuGH als allgemeiner Rechtsgrundsatz anerkannt worden. Hinsichtlich eines Rechts auf Zugang zu öffentlichen Dokumenten ergibt die Untersuchung nach Artikel 6 Abs. 2 EU, dass ein solches Recht in den Rechtsordnungen der Mitgliedstaaten nachweisbar und damit als allgemeiner Rechtsgrundsatz des Gemeinschaftsrechts anzusehen ist. Inhaltlich kann aufgrund der Ausgestaltung in der überwiegenden Zahl der Mitgliedstaaten davon ausgegangen werden, dass das Zugangsrecht zugunsten des Rechts auf Datenschutz eingeschränkt wird.

Konkreteres ist auch dem EG-Vertrag nicht zu entnehmen. Mit den Artikeln 286 und 255 enthält der Vertrag Regelungen zu beiden Rechtspositionen.

Ein Anspruch des Bürgers auf Schutz seiner personenbezogenen Daten im Sinne eines subjektiv-öffentlichen Rechts wird durch Artikel 286 EG allerdings nicht begründet. Dies hängt mit der gemeinschaftsrechtlichen Entwicklung dieses Themas zusammen. Die Gemeinschaft hat den Datenschutz weniger als Selbstzweck sondern mehr als Hindernis auf dem Weg zum gemeinsamen Markt wahrgenommen. So ist auch der komplizierte Titel der Datenschutzrichtlinie zu erklären, die neben dem Schutz personenbezogener Daten den freien Datenverkehr betont. Als einzige einschlägige Norm im EG-Vertrag enthält Artikel 286 lediglich einen Normbindungs- und -umsetzungsbefehl an die Gemeinschaftsorgane und -einrichtungen. Die Norm begründet damit kein subjektiv-öffentliches Recht auf informationelle Selbstbestimmung[758]. Allenfalls bewirkt sie eine mittelbare Schutzwirkung für den Einzelnen, indem sie die Organe verpflichtet, die Grundsätze der Datenschutzrichtlinie einzuhalten.

Dagegen gestaltet Artikel 255 EG das Transparenzprinzip als subjektiv-öffentliches Recht aus. Der Zugangsanspruch wird aber explizit nicht ohne Vorbehalte garantiert, vielmehr unterliegt er den Einschränkungen, die Gegenstand durchführender Bestimmungen sind[759]. Hinzuweisen ist ferner auf den Grundsatz des Amtsgeheimnisses gemäß Artikel 287 EG, der zum allgemeinen

---

757 Vgl. oben Kapitel B IV. 3.) b) bb) aaa).

758 *Kingreen*, in Calliess/Ruffert, EUV/EGV, Artikel 286 EG, Rn. 4.

759 Vgl. EuG Urteil vom 11.12.2001 - Rs. T-191/99 (*Petrie/Kommission*), Rn. 48.

Informationsfreiheitsrecht nach Artikel 255 EG in einem Spannungsverhältnis steht[760].

Hiernach kann festgehalten werden, dass der europäische Normgeber bisher auf der Ebene des Primärrechts keine konkrete Aussage darüber getroffen hat, dass einer der beiden Rechtspositionen Vorrang vor dem anderen genießt. Die Möglichkeit, Ausnahmen zugunsten anderer Rechtsgrundsätze vorzusehen, spricht aber dafür, dass dem Individualschutz und damit dem Datenschutz ein höheres Gewicht zukommt.

2.) Behandlung von Transparenz und Datenschutz in der Europäischen Verfassung[761]

Auch der Text der – bisher nicht in Kraft getretenen – Europäischen Verfassung (EV) liefert im Hinblick auf die gestellte Frage interessante Erkenntnisse.

a) Regelungen in Teil 1 der Europäischen Verfassung

Artikel I-51 Abs. 1 EV postuliert das Recht jeder Person auf Schutz seiner personenbezogenen Daten[762]. Hinsichtlich der näheren Umstände verweist Abs. 2 auf sekundärrechtliche Regelungen wie auch im Hinblick auf die Überwachung durch eine unabhängige Stelle. Anders als der EG-Vertrag macht die Europäische Verfassung den Datenschutz zum direkten Gegenstand des Primärrechts. Durch seine Verankerung im ersten Teil des Entwurfs, der die Grundlagen des demokratischen Lebens der Union beinhaltet, wird der Datenschutz nunmehr auch als „Gemeinschaftsgrundrecht" dargestellt. Abgesehen von seiner Nennung im ersten Teil des Verfassungsentwurfs ist das Grundrecht auf Schutz der personenbezogenen Daten auch im zweiten Teil des Verfassungsentwurfs (Artikel II-68 EV) aufgeführt, der die Grundrechtecharta beinhaltet.

Die Europäische Verfassung enthält auch mehrere Bestimmungen zur Transparenz. Neben dem Grundrecht auf Zugang zu öffentlichen Dokumenten (Artikel II-102 EV) sieht der Entwurf auch in den Teilen I und III Regelungen vor, mit denen die gesamte Arbeit der Organe vom Grundsatz der Transparenz bestimmt sein soll[763]. Dabei wurden aber mehrere Einschränkungen vorgenommen. Zum einen obliegt den Organen und Einrichtungen die Beachtung des Transparenzgrundsatzes „weitest gehend" (Artikel I-50 Abs. 1 EV), was bereits auf implizite Schranken hinweist. Der gemeinschaftliche Zugangsanspruch, wie er bereits aus Artikel 255 EG bekannt ist, wird zwar auf die Ämter und Agenturen der

---

760 *Wegener*, in: Calliess/Ruffert, EUV/EGV, Artikel 287 EG, Rn. 1.

761 Vertrag über eine Verfassung für Europa, ABl. Br. C 310 vom 16.12.2004, S. 1 ff.

762 Die Norm berechtigt nur natürliche Personen. Dies entspricht den insofern eingeschränkten Anwendungsbereichen der Richtlinie 95/46/EG sowie der Verordnung 45/2001. Dagegen ist die Grundrechtecharta (Teil 2 der EV) offen formuliert, indem sie „jede Person" als Rechtsträgerin ausweist.

763 Vgl. Artikel I-50 und III-399 EV.

Union ausgeweitet, unterliegt jedoch den näheren Bedingungen, die sich aus den einschlägigen europäischen Gesetzen sowie aus den Geschäftsordnungen ergeben, vgl. Artikel I-50 Abs. 4 EV.

b) Regelungen in Teil 2 der Europäischen Verfassung (Grundrechtecharta)

Obgleich als Bestandteil der EV bislang nicht verbindlich[764], erscheint auch ein Blick auf die Grundrechtecharta[765] interessant. Die Charta enthält sowohl die Garantie des Datenschutzes (Artikel II-68 EV), als auch ein Grundrecht auf Zugang zu Dokumenten (Artikel II-102 EV). Der Schutzbereich des Zugangsrechts ist grundsätzlich nicht auf bestimmte Dokumente begrenzt. Es existiert also keine ausdrückliche Ausnahme zugunsten von Dokumenten, die personenbezogene Daten beinhalten. Einschränkungsmöglichkeiten bietet aber der allgemeine Schrankenvorbehalt des Artikels II-112 Abs. 1 EV. Danach sind Einschränkungen unter der Bedingung zulässig, dass sie notwendig sind und u.a. dem Schutz der Rechte und Freiheiten anderer tatsächlich entsprechen. Zulässig ist danach die Beschränkung eines Rechts bei überwiegendem Interesse eines anderen Rechtsinhabers, sofern jenes Interesse als höherwertig einzuschätzen ist.

Die Charta liefert mehrere Hinweise, die auf einen höheren Rang des Rechts auf Datenschutz im Vergleich zum Zugangsrecht schließen lassen. Der erste liegt in der Systematik der Charta begründet. Das Recht auf Schutz personenbezogener Daten befindet sich in Titel II der Charta, der mit der Überschrift „Freiheiten" versehen ist. Ausdrücklich erkennt Artikel II-68 EV jeder Person das Recht auf Datenschutz zu. Eine Beschränkung auf Unionsbürger ist damit nicht vorgesehen. Die Charta verortet den Datenschutz damit in der unmittelbaren Nähe der Menschenwürde, die unabhängig von der Staatsangehörigkeit jedem Menschen eigen ist. Entsprechend schließt sich der Titel „Freiheiten" an den ersten Titel „Würde des Menschen" an. Das Zugangsrecht dagegen findet erst im fünften Titel unter dem Überschrift „Bürgerrechte" Erwähnung. Neben den Rechten auf Teilnahme an den Wahlen zum Europäischen Parlament sowie dem Recht auf eine gute Verwaltung ist es nur Unionsbürgern zugänglich.

Der höhere Rang des Schutzes personenbezogener Daten kommt auch dadurch zum Ausdruck, dass die Charta ihn stärker gegen Eingriffe geschützt hat. Neben der für alle Rechtspositionen geltenden horizontalen Schrankenregelung des Artikels II-112 EV müssen Eingriffe die besonderen zusätzlichen Anforderun-

---

764 *Calliess* weist darauf hin, dass es dem EuGH derzeit nicht verwehrt ist, auf die Regelungen der Grundrechtecharta zurückzugreifen, da sie zumindest im Kern die Gewährleistungen aus den übrigen Rechtserkenntnisquellen beinhalten, Die Charta der Grundrechte der Europäischen Union - Fragen der Konzeption, Kompetenz und Verbindlichkeit, in: EuZW 2001, S. 262 (268).

765 Ursprünglich veröffentlicht als Charta der Grundrechte der Europäischen Union, ABl. Nr. C 364 vom 18.12.2000, S. 1.

gen des Artikels II-68 Abs. 2 EV erfüllen. So sind für die Datenverarbeitung die Grundsätze der Datenqualität, der Zweckbindung sowie das Einwilligungsprinzip festgelegt. Ferner muss die Einhaltung der Datenschutzvorschriften von einer unabhängigen Stelle überwacht werden. Der qualifizierte Vorbehalt erzeugt für den Schutz personenbezogener Daten eine höhere Schrankendichte. Auch hier lässt die Systematik der Charta im Vergleich zum Zugangsrecht auf einen höheren Rang schließen[766].

Zudem ist Artikel II-112 Abs. 2 EV zu beachten, der alle in der Charta anerkannten Rechte, soweit sie in gemeinschaftsrechtlichen Vorschriften begründet sind, nicht über den Rahmen der dortigen Beschränkungen hinaus gelten lässt. Diese Bestimmung findet im Falle des Zugangsanspruchs Anwendung, da dieser originär durch Artikel 255 EG begründet und eingegrenzt wurde. So nennt bereits Artikel 255 Abs. 2 EG private Interessen als Grundlage für Einschränkungen und verweist auf die sekundärrechtlichen Ausgestaltungen des Zugangsanspruchs sowie auf die Geschäftsordnungen der Organe. Damit wurde bereits im EG-Vertrag das Zugangsrecht unter den Vorbehalt gegenläufiger privater Interessen gestellt. Artikel II-112 Abs. 2 EV transferiert diesen Vorbehalt in die Grundrechtecharta bzw. in den Verfassungsvertrag. Im Ergebnis stößt so das Zugangsrecht mit dem Schutz der Privatsphäre an eine immanente Grenze.

Eine Kollisionsregel enthält mittelbar auch Artikel II-113 EV, der faktisch alle Grundrechte in dem Umfang für unantastbar erklärt, wie sie insbesondere durch die EMRK gewährleistet sind. Jedoch ist für Artikel II-113 EV vorliegend kein Raum, da für Rechte, die aus der EMRK übernommen sind, insoweit schon Artikel II-112 EV gilt.

c) Ergebnis

Die Europäische Verfassung bildet somit beide Rechtspositionen ab, ohne dass sich ihre Gewichtung dabei verändert. Die Nennung des Datenschutzes als Gemeinschaftsgrundrecht bewirkt nur auf den ersten Blick eine Verstärkung. Letztlich kommt es auf die Einschränkungsmöglichkeiten beider Rechtspositionen an. Entscheidend hierfür ist die sekundärrechtliche Ausgestaltung. Danach ist das Grundrecht auf Datenschutz die stärker geschützte und höherrangig ausgestaltete Rechtsposition.

Die Verankerung des Datenschutzes im ersten Teil der Europäischen Verfassung spiegelt zwar seine grundsätzliche Bedeutung als Grundrecht wieder. Es stellt sich jedoch die Frage, warum andere fundamentale Grundrechtspositionen, beispielsweise die Meinungsäußerungsfreiheit, nicht gleichermaßen ausdrücklich Eingang in den Grundlagenkatalog der Union gefunden haben. Eigentlich hätten neben dem allgemeinen Bekenntnis zu den Grundrechten in Ar-

---

766 So im Ergebnis auch *Kloepfer*, a.a.O., (Fn. 661), S. 227.

tikel I-2 EV keine einzelnen Grundrechte im ersten Teil der Europäischen Verfassung aufgeführt werden müssen. Der Aufbau des Entwurfs ist an dieser Stelle inkonsequent. Es liegt die Vermutung nahe, die besondere Nennung von Datenschutz und Transparenz diene dazu, die bisherigen Aktivitäten der Gemeinschaft auf beiden Gebieten besonders hervor zu heben.

4.) Ergebnis der Bewertung nach dem Primärrecht

Die Analyse der bestehenden - und möglicherweise zukünftigen - primärrechtlichen Gemeinschaftsvorschriften ergibt, dass im Konfliktfall das Recht auf Schutz der personenbezogenen Daten gegenüber dem Recht auf Zugang zu Dokumenten die höherrangige Rechtsposition darstellen dürfte. Der Zugangsanspruch gehört zwar zu den allgemeinen Rechtsgrundsätzen, an die die Union gemäß Artikel 6 Abs. 2 EU gebunden ist. Allerdings folgt aus den entsprechenden mitgliedstaatlichen Regelungen, dass ein Zugang zu öffentlichen Dokumenten bei drohender Verletzung der Privatsphäre eingeschränkt wird. In den meisten Fällen ist diese Einschränkung sogar obligatorisch. Der daraus abzuleitende Vorrang des Datenschutzes wird auch in den Fassungen der Grundrechtecharta und der Europäischen Verfassung dargestellt.

Eine Einschränkung des Schutzes personenbezogener Daten zugunsten des Zugangsanspruchs ist gleichwohl nicht unmöglich. Stellvertretend für die ständige Rechtsprechung der Gemeinschaftsgerichte erklärt Artikel II-112 Abs. 1 Satz 2 EV Einschränkungen für zulässig, sofern sie sich am Verhältnismäßigkeitsgrundsatz orientieren. Die Rechte und Freiheiten anderer sind dabei ausdrücklich einzubeziehen. Der ermittelte Wertigkeitsunterschied zwischen beiden Rechtspositionen muss dann in die Abwägung einfließen.

5.) Sekundärrechtliche Beurteilung

Da das Rangverhältnis zwischen Zugangsanspruch und Schutz personenbezogener Daten auf einen Vorrang des letzteren hinweist, stellt sich die Frage, wie dieser in der sekundärrechtlichen Ausgestaltung berücksichtigt wurde. Dabei kommt es auf eine kombinierte Anwendung der bestehenden Regelungen an.

a) Datenschutzverordnung

Der Anwendungsbereich der Datenschutzverordnung ist bereits eröffnet, wenn ein Dokument lediglich einen Namen enthält. Sie enthält keine gesonderte Regelung über die Veröffentlichung von Daten zum bloßen Zweck der Zugangsgewährung. Da eine Zugangsgewährung den Verarbeitungstatbestand in Form der Weitergabe erfüllt, stellt sich die Frage der Rechtfertigung der Identitätsfreigabe. Nach Artikel 5 der Datenschutzverordnung bedarf es hierzu entweder der Einwilligung[767] des Betroffenen oder eines überwiegenden öffentlichen Inte-

---

[767] Möglich ist auch die mutmaßliche Einwilligung, vgl. Artikel 5 Abs. lit. e) der Datenschutzverordnung.

resses. Für letzteres kommt die Erfüllung einer legitimen, durch Gemeinschaftsrecht obliegenden Aufgabe oder Verpflichtung nach Artikel 5 lit. a) oder b) der Datenschutzverordnung in Betracht.

Wie Artikel 255 EG zeigt, gehört die Beachtung des Transparenzgrundsatzes in Form der Zugangsgewährung zu den Aufgaben und Verpflichtungen, denen ein für die Verarbeitung Verantwortlicher unterliegt. Eine Zugangsgewährung ist daher nach der vorgenannten Vorschrift grundsätzlich möglich. In welchem Umfang sie erfolgen darf, richtet sich nach dem Verhältnismäßigkeitsprinzip, das in Artikel 5 lit. a) und b) der Datenschutzverordnung zum Ausdruck kommt[768]. Dabei stellt das Erfordernis der Zweckbindung nach Artikel 6 der Verordnung eine überwindbare Hürde dar, da Änderungen des Verarbeitungswecks aufgrund interner Vorschriften zulässig sein können.

Allein nach der Datenschutzverordnung wäre eine Zugangsgewährung aus Gründen der Transparenz damit möglich. Allerdings zeigt Artikel 255 EG als Bezugsnorm selbst die Grenzen der Zugangsgewährung auf, indem er auf seine sekundärrechtliche Ausgestaltung verweist[769]. Ob die Zugangsgewährung hiernach möglich ist, beurteilt sich erst nach Anwendung der Transparenzverordnung.

b) Transparenzverordnung[770]

Die Berücksichtigung des Datenschutzes bei der Gewährung von Zugang zu Dokumenten wird im Erwägungsgrund Nr. 11 zur Transparenzverordnung ausdrücklich angemahnt. Danach sollen sich die Gemeinschaftsorgane und -einrichtungen bei Beschränkungen des Zugangs insbesondere von den gemeinschaftlichen Datenschutzbestimmungen leiten lassen.

aa) Anwendungsbereich der Transparenzverordnung

Inwieweit die Transparenzverordnung die Zugangspraxis der Gemeinschaftsverwaltung bestimmen kann, hängt vor allem von ihrem Anwendungsbereich ab[771]. Hier lässt die Vorschrift enorme Lücken, indem sie sich lediglich auf den Rat, die Kommission und das Parlament bezieht. Dadurch war zu befürchten, dass das Zugangsrecht von Gemeinschaftseinrichtungen außerhalb dieses Adressatenkreises abweichend gehandhabt würde. Um dies zu verhindern, haben Rat und Parlament die Kommission aufgefordert, für die Agenturen und ähnli-

---

768 Vgl. zu den entsprechenden Bestimmungen der Datenschutzrichtlinie Urteil EuGH vom 20.5.2003 - verb. Rs. C-465/00, C-138/01 und C-139/01 (*Österreichischer Rundfunk*), Rn. 68.

769 Urteil EuG *Petrie*, a.a.O. (Fn. 759), Rn. 48.

770 Verordnung (EG) 1049/2001 des Europäischen Parlaments und des Rates vom 30. Mai 2001 über den Zugang der Öffentlichkeit zu Dokumenten des Europäischen Parlaments, des Rates und der Kommission. ABl. Nr. L 145 vom 31.5.2001, S. 43 ff.

771 hierzu insbesondere *Dyrberg*, a.a.O. (Fn. 661), S. 161 ff.

che Einrichtungen entsprechende Zugangsregelungen auszuarbeiten oder die Verordnung in deren Gründungsakte einzubeziehen[772]. Mittlerweile wurde auf diese Weise für mehrere Gemeinschaftseinrichtungen eine Bindung an die Bestimmungen der Verordnung erklärt[773].

Ein ähnliches Problem ergab sich daraus, dass die Adressatenkreise der Verordnung und des Artikels 255 EG divergieren. Denn Artikel 255 EG gilt gemäß Artikel 28 und 41 EU auch für die Bereiche der GASP sowie der PJZS. Die in diesen Bereichen tätigen Einrichtungen sind mit den oben genannten Stellen nicht identisch[774]. Somit unterliegen sie zwar dem Zugangsanspruch, sind aber hinsichtlich seiner Ausgestaltung nicht auf die Verordnung festgelegt. Zusätzlich greift die Datenschutzverordnung in diesen Fällen nicht ein, da ihr Anwendungsbereich die Bereiche außerhalb des EG-Vertrags, etwa die datenintensive polizeiliche und justitielle Zusammenarbeit in Strafsachen, nicht erfasst.

Beide Regelungslücken wurden jedoch gefüllt. So wurden in diesen Bereichen eigene organspezifische Datenschutzvorschriften wie beispielsweise die Europolkonvention[775] oder die entsprechenden Bestimmungen im Gründungsbeschluss zu Eurojust[776] geschaffen. Hinsichtlich der Frage der Zugangsgewährung ist eine Annäherung an die Verordnung zu beobachten. Europol soll sich nunmehr bei der Frage des Dokumentenzugangs an den Regelungen der Trans-

---

772 Gemeinsame Erklärung zu der Verordnung (EG) Nr. 1049/2001 des Europäischen Parlaments und des Rates vom 30.5.2001 über den öffentlichen Zugang zu Dokumenten des Europäischen Parlaments, des Rates und der Kommission, ABl. Nr. L 173 vom 27.6.2001, S.5 ff.

773 Beschluss Nr. 64/2003 des Ausschusses der Regionen vom 11.2.2003, ABl. Nr. L 160 vom 28.6.2003, S. 96; Artikel 14 der Verordnung Nr. 460/2004 des Europäischen Parlaments und des Rates vom 10.3. 2004 zur Errichtung der Europäischen Agentur für Netz- und Informationssicherheit, ABl. Nr. L 77 vom 13.3.2004, S. 1; Einfügung des Artikels 6a der Verordnung Nr. 302/93 zur Schaffung einer Europäischen Beobachtungsstelle für Drogen und Drogensucht, ABl. Nr. L 245 vom 29.9.2003, S. 30; Neufassung des Artikels 6 der Verordnung Nr. 1210/90 des Rates zur Errichtung einer Europäischen Umweltagentur und eines Europäischen Umweltinformations- und Umweltbeobachtungsnetzes, ABl. Nr. L 245 vom 29.9.2003, S. 1; vgl. auch Bericht der Kommission über die Durchführung der Verordnung (EG) Nr. 1049/2001 über den Zugang der Öffentlichkeit zu den Dokumenten des Europäischen Parlamentes, des Rates und der Kommission im Jahr 2003, Dokument KOM(2004) 347 endgültig vom 30.4.2004, S. 5.

774 Zur Kritik vgl. *Wegener*, in Calliess/Ruffert, EUV/EGV, 255 EG, Rn. 9.

775 Übereinkommen aufgrund von Artikel K.7 des Vertrags über die Europäische Union über die Errichtung eines Europäischen Polizeiamts (Europol-Übereinkommen), abgedruckt in BGBl. 1997 II S. 2170 ff.

776 Artikel 14 ff. des Beschlusses des Rates vom 28.2.2002 über die Errichtung von Eurojust zur Verstärkung der Bekämpfung der schweren Kriminalität, ABl. Nr. L 63 vom 3.6.2002, S. 1.

parenzverordnung orientieren[777]. Auch im Eurojust-Gründungsbeschluss findet sich eine Klausel[778], die die Ausarbeitung von Regelungen über den Zugang zu Dokumenten unter Berücksichtigung der Transparenzverordnung vorsieht.

Eine Sonderrolle spielen die Gemeinschaftsgerichte. Für sie gilt einerseits der Grundsatz der Gerichtsöffentlichkeit, nach dem Verhandlungen und die Verkündung des Urteils grundsätzlich öffentlich sind (Artikel 31 und 37 der Satzung des Gerichtshofes)[779]. Daraus leiten sich auch die besonderen Regelungen über die Registrierung und Veröffentlichung von Entscheidungen ab. Im Vorfeld dieser Entscheidungen können Dokumente dagegen dem öffentlichen Zugang entzogen sein, wenn dies dem Schutz der Beteiligten dient, vgl. Artikel 4 Abs. 2, 2. Gedankenstrich der Transparenzverordnung. Die Zugänglichkeit der Dokumente, die die Gerichte in ihrer behördlicher Eigenschaft besitzen, ist nicht geregelt.

bb) Ausnahme zum Schutz der Privatsphäre

Kollisionen zwischen dem Zugangsanspruch und bestimmten gegenläufigen Interessen löst die Transparenzverordnung mit Hilfe von Ausnahmeregelungen. Artikel 4 Abs. 1 lit. b) der Transparenzverordnung sieht vor, dass die Organe den Zugang zu einem Dokument verweigern, sofern durch seine Verbreitung der Schutz der Privatsphäre und der Integrität des Einzelnen, insbesondere gemäß den Rechtsvorschriften über den Schutz personenbezogener Daten beeinträchtigt würde. Die Transparenzverordnung übernimmt damit den Ausnahmemechanismus des Verhaltenkodexes, der wie die Verordnung zwischen Fällen unterschied, in denen der Zugang strikt verweigert wurde und solchen, in denen eine Abwägung der beteiligten Interessen vorgenommen werden durfte. Für das Verhältnis zwischen dem Transparenz- und dem Datenschutzgrundsatz ist nun entscheidend, inwieweit diese Vorschrift den Organen die Möglichkeit einer Interessenabwägung[780] zwischen den betroffenen Interessen einräumt. Dies bedarf einer näheren Untersuchung.

Der Wortlaut des Artikels 4 Abs. 1 lit. b) der Transparenzverordnung sieht keine Abwägungsmöglichkeit vor und lässt zunächst darauf schließen, dass die Or-

---

777 Einfügung des Artikels 32a in die Europolkonvention durch das Protokoll zur Änderung des Europolübereinkommens, ABl. Nr. C 002 vom 6.1.2004, S. 3.

778 Artikel 39 Eurojust-Gründungsbeschluss.

779 Protokoll über die Satzung des Gerichtshofes, ABl. Nr. C 325 vom 24.12.2002, S. 167. Die Regelungen über das Verfahren vor dem EuGH gelten auch für das Gericht erster Instanz (Artikel 53 Abs. 1 der Satzung).

780 Unter Berufung auf die Rechtsprechung des EuG zum Verhaltenskodex wird bei Ermessensentscheidungen die Verpflichtung der Behörde zur ausführlichen schriftlichen Darlegung aller in den Abwägungsvorgang einbezogenen Erwägungen gefordert, vgl. *Wägenbaur*, Der Zugang zu EU-Dokumenten - Transparenz zum Anfassen, in: EuZW 2001, S. 680 ff.

gane bei einer Beeinträchtigung datenschutzrechtlicher Interessen den Zugang zwingend zu verweigern haben.

Für diese Auslegung scheint auch ein Vergleich mit Artikel 4 Abs. 2 der Transparenzverordnung zu sprechen. Im Unterschied zu Abs. 1 sieht Abs. 2 ausdrücklich eine Gegenausnahme zugunsten eines überwiegenden öffentlichen Interesses vor. Der Normgeber hat in Abs. 2 deutlich gemacht, dass die strikte Rechtsfolge der Zugangsverweigerung überwunden werden kann, wenn ein die Geheimhaltung überwiegendes öffentliches Interesse besteht. Eine solche Regelung weist Abs. 1 aber gerade nicht auf. Daraus könnte geschlossen werden, dass die in Abs. 1 aufgeführten Rechtsgüter nach dem Willen des Normgebers einen absoluten Schutz genießen sollen.[781]

Die Konsequenz wäre, dass kein Dokument, das personenbezogene Angaben beinhaltet, der Öffentlichkeit zugänglich gemacht werden dürfte. Teilweise wird in der Literatur ein milderes Verständnis des Artikels 4 Abs. 1 der Transparenzverordnung befürwortet[782]. Dies ergebe der Vergleich mit einer Vorgängerregelung, mit der der Rat den Verhaltenskodex für Dokumente aus seinem Zuständigkeitsbereich umsetzte[783]. Der Beschluss enthielt eine gegenüber dem im Verhaltenskodex enthaltene Zugangsgewährungsverbot schärfere Formulierung, welche lautete: „Der Zugang ... *darf nicht gewährt werden* ..., wenn ... folgendes verletzt werden könnte: ... der Schutz des Einzelnen und die Privatsphäre...“[784]. Da die Verordnung diese strenge Formulierung nicht aufgegriffen habe, sei Artikel 4 Abs. 1 bis 3 der Transparenzverordnung lediglich als Ermächtigung an die Organe zu verstehen, ggf. den Zugang zu verweigern[785].

Der Vergleich der Verordnung mit einer ihrer Vorgängerregelungen weist zumindest nach, dass der Rat (und das Parlament) bei der Umsetzung des Verhaltenskodexes wohl von einem strengen Verständnis geleitet wurde. Die Schlussfolgerung, die Verordnung sehe in Artikel 4 Abs. 1 bis 3 lediglich eine bloße Ermächtigung vor, vermag aber angesichts des deutlichen Wortlauts der Verordnung nicht zu überzeugen. Nach dem deutschen Sprachverständnis deutet eine indikativische Formulierung auf eine gebundene Entscheidung hin. Auch die insofern eindeutigen Formulierungen in der englischen und französischen

781 So auch *Bröhmer*, a.a.O. (Fn. 655), S. 358 f.

782 *Heitsch*, a.a.O. (Fn. 699), S. 64 f.

783 Beschluss 93/731/EG des Rates vom 20.12.1993 über Zugang der Öffentlichkeit zu Ratsdokumenten, ABl. Nr. L 340 vom 31.12.1993, S. 43 f.

784 Artikel 4 Abs. 1 des genannten Ratsbeschlusses. Die gleiche Formulierung enthält Artikel 5 Abs. 1 des Beschlusses 97/632/EG des Europäischen Parlaments vom 10.7.1997 über den Zugang der Öffentlichkeit zu den Dokumenten des Europäischen Parlamentes, ABl. Nr. L 263 vom 25.9.1997, S. 27 ff.

785 *Heitsch*, a.a.O. (Fn. 699), S. 64 f.

Fassung sprechen für diese Auslegung der Verordnung[786]. Zudem bezweckten die zitierten Beschlüsse nur die Durchführung des Verhaltenskodexes und stellten insofern nicht eine direkte Vorgängerregelung der Verordnung dar.

Schließlich bedarf es auch gar keiner Abmilderung des Artikels 4 Abs. 1 lit. b) der Transparenzverordnung, da er trotz seiner Fassung als gebundene Entscheidung eine Abwägung der entgegenstehenden Interessen insofern erlaubt, als diese im Rahmen der datenschutzrechtlichen Bewertung vorgenommen wird. Denn hinsichtlich der Frage, ob eine Beeinträchtigung der Privatsphäre vorliegt, verweist die Transparenzverordnung auf das Datenschutzrecht. Wie dargelegt erlaubt die Datenschutzverordnung eine Abwägung zwischen dem Öffentlichkeitsinteresse und dem Interesse an Geheimhaltung der Daten. Der Normanwender hat damit nach Datenschutzrecht zunächst die Frage zu klären, ob angesichts des betroffenen Veröffentlichungsinteresses eine Preisgabe personenbezogener Daten zulässig wäre. Ist dies der Fall, liegt keine Beeinträchtigung im Sinne des Artikels 4 Abs. 1 lit. b) der Transparenzverordnung vor, so dass die Zugangsgewährung im Ergebnis erlaubt ist.

Auf diesen Mechanismus machte auch der EuG aufmerksam, indem er in seiner Rechtsprechung zum Verhaltenskodex verstärkt auf den Konjunktiv in der entsprechenden Regelung hinwies[787]. Wie die Verordnung sah der Kodex vor, dass die Zugangsgewährung zu verweigern war, wenn sich eine Beeinträchtigung u.a. des Datenschutzes ergeben *könnte*. Die Formulierung eröffnete so einen Spielraum hinsichtlich der Einschätzung, ob eine Beeinträchtigung drohte oder nicht. Aus Sicht des Normanwenders wird damit die Interessenabwägung in den Tatbestand hineinverlagert[788]. Es handelt sich daher bei Artikel 4 Abs.1 lit. b) der Transparenzverordnung strenggenommen nicht um eine Ermessensnorm sondern um eine gebundene Entscheidung mit einer in den Tatbestand verlagerten Güterabwägung. Im Ergebnis ist der Schutz personenbezogener Dokumente trotz der strikten Formulierung des Artikels 4 Abs. 1 lit. b) der Transparenzverordnung relativ[789].

Hinzuweisen ist außerdem auf Artikel 4 Abs. 6 der Transparenzverordnung, der die Möglichkeit eines partiellen Zugangs vorsieht, so dass auch schützenswerte Dokumente nicht immer vollständig dem Zugang entzogen sein müssen. Das Gebot der teilweisen Zugangsgewährung steht allerdings seinerseits unter dem

---

786 "The institutions shall refuse asccess ..." und „Les institutions refusent l'accès …".

787 Vgl. 4. Abs. des Verhaltenskodexes, Regelung der Ausnahmen: „... wenn sich durch deren Verbreitung eine Beeinträchtigung ergeben *könnte*..."; EuG Urteil vom 6.2.1998 - Rs. T-124/96 (*Interporc Im- und Export GmbH/Kommission*), Rn. 52.

788 Einen solchen Mechanismus kennt auch das britische Recht, *Wadham/Griffiths/Rigby*, a.a.O. (Fn. 724), S. 81.

789 Dies deutet auch *Bröhmer* an, a.a.O. (Fn. 655), S. 359 f.

Vorbehalt, dass der Verwaltungsaufwand nicht unverhältnismäßig zum Interesse des zugangbegehrenden Bürgers sein darf[790].

c) Ergebnis der sekundärrechtlichen Beurteilung

Anders als es auf den ersten Blick scheinen mag, führt die kombinierte Anwendung beider Verordnungen für den Fall, dass Zugang zu einem Dokument mit personenbezogenen Daten begehrt wird, nicht zu einer strikten Zugangsverweigerung. So nimmt der Verweis auf die Datenschutzvorschriften die diesen innewohnende Abwägungsmöglichkeit in Bezug.

Es besteht hiernach Spielraum, Dokumente, die personenbezogene Daten enthalten, der Öffentlichkeit zugänglich zu machen. Bei schützenswerten Dokumenten ist zudem eine Entpersonalisierung oder Anonymisierung der betroffenen Dokumente denkbar, die durch den Transparenzgrundsatz in Verbindung mit Artikel 5 lit. a) oder b) der Datenschutzverordnung zulässig wäre. Dabei müssen neben dem konkreten Namen und anderen Daten alle persönlichen Hinweise entfernt werden, die die Bestimmung oder Bestimmbarkeit des Betroffenen ermöglichen. Zusätzlich ist der Zweckbindungsgrundsatz zu beachten, der zumindest eine interne Ermächtigungsvorschrift fordert. Nach erfolgter Anonymisierung würde es sich nicht mehr um ein personenbezogenes Dokument handeln, so dass die Zugangsgewährung nach allgemeinen Vorschriften erfolgen könnte.

Möglich ist außerdem die partielle Zugangsgewährung nach Artikel 4 Abs. 6 der Transparenzverordnung. Sie betrifft die abtrennbare Teile eines Dokuments, die gerade keine personenbezogenen Angaben beinhalten. Für sie wäre der Anwendungsbereich der Datenschutzverordnung gar nicht erst eröffnet.

6.) Rechtsprechung der Gemeinschaftsgerichte

Gegenstand der Rechtsprechung war bislang hauptsächlich der Verhaltenskodex, in dem bereits die Unterteilung der Ausnahmemöglichkeiten in gebundene und Ermessensentscheidungen der Behörden festgelegt war. Die Ausnahme aus Gründen des Schutzes der Privatsphäre führte wie nach der Transparenzverordnung zu einer gebundenen Zugangsverweigerung, wobei auch hier die Einschätzung, ob eine Beeinträchtigung der Privatsphäre vorlag, anhand des Datenschutzrechtes vorzunehmen war. Die hierzu vorliegende Rechtsprechung wird auch für die Auslegung der Transparenzverordnung relevant bleiben[791]. Die meisten Entscheidungen betreffen zwar nicht den Ausnahmetatbestand des

---

[790] Vgl. *Heitsch*, a.a.O. (Fn. 699), S. 66 unter Hinweis auf das Urteil des EuG vom 12.7.2001 - Rs. T-204/99 (*Mattila/Rat*), Rn. 68 f.

[791] *Bröhmer*, a.a.O. (Fn. 655), S. 354.

Schutzes der Privatsphäre[792], sie enthalten aber allgemeine Vorgaben zum Umgang mit den Ausnahmevorschriften.

Die Ausgestaltung des gemeinschaftlichen Öffentlichkeitsgrundsatzes durch den Verhaltenskodex stand unter der Zielsetzung, dass die Öffentlichkeit „einen möglichst umfassenden Zugang zu den Dokumenten der Kommission und des Rates“ [793] erhält. Darin wie in den Bekenntnissen in Artikel 1 Abs. 2 EU oder der Zusatzerklärung Nr. 17 zum Vertrag von Maastricht erkennen die Gerichte eine besondere Bedeutung des Öffentlichkeitsprinzips[794]. In dessen Lichte sei eine enge Auslegung und Anwendung der Ausnahmetatbestände erforderlich[795]. Die gebundene Ablehnungsentscheidung entbindet die Organe und -einrichtungen nicht von einer genauen Prüfung dahingehend, ob die Offenlegung der jeweiligen Dokumente tatsächlich geeignet ist, die in jener Ausnahmegruppe ausgeführten öffentlichen und privaten Interessen zu verletzen[796]. Dies folge aus der Formulierung „ (...) wenn sich (...) eine Beeinträchtigung ergeben *könnte*[797]“. Das Organ, das über den Zugangsantrag entscheidet, müsse danach für jedes einzelne Dokument feststellen, dass eine Gefährdung eines geschützten öffentlichen Interesses tatsächlich vorliegt[798], also absehbar und nicht rein hypothetisch ist[799]. Erst wenn dies zweifelsfrei gegeben ist, muss der Antrag abgelehnt werden[800].

Zugleich sind die Organe verpflichtet zu prüfen, ob ein teilweiser Zugang zu den ausgeschlossenen Dokumenten möglich ist. Der Verhaltenskodex sah eine solche Möglichkeit zwar nicht vor, schloss sie aber auch nicht ausdrücklich

---

792 Ein gerichtliches Verfahren gegen den Ausschluss von Dokumenten aus Gründen des Datenschutzes ist zur Zeit anhängig, Rs. T-170/03 (*British American Tobacco/Kommision*).

793 Vgl. Verhaltenskodex Abs. 1, a.a.O. (Fn. 674).

794 EuGH Urteil vom 30.4.1996 - Rs. C-58/94 (*Niederlande/Rat*), Slg. 1996 I, S. 2169, Rn. 35; EuG Urteil vom 5.3.1997 - Rs. T-105/95 (*WWF UK/Kommission*), Slg. 1997 II, S. 313, Rn. 54; EuG Urteil vom 6.2.1998 - Rs. T-124/96 (*Interporc Im- und Export GmbH/Kommission*), Rn. 49; EuG Urteil vom 12.10.2000 - Rs. 123/99 (*JTs Corp/Kommission*), Rn. 50.

795 Urteile EuG *WWF UK/Kommission*, a.a.O. (Fn. 794), Rn. 56; EuG vom 17.6.1998 - Rs. T-147/45 (*Svenska Journalistförbundet/Rat*), Slg. 1998 II, S. 2289, Rn. 110; EuGH Urteil vom 6.12.2001 - Rs. C-353/99 (*Hautala u.a.*), Rn. 25. Dies ergibt sich i.ü. generell aus dem Verhältnis von Grundsatz und Ausnahme.

796 Urteil EuG *Svenska Journalistförbundet*, a.a.O. (Fn. 795), Rn. 112.

797 Abs. 4 des Verhaltenskodexes, a.a.O. (Fn. 674), Hervorhebung durch den Verf.

798 Urteile EuG *Svenska Journalistförbunde*, a.a.O. (Fn. 795), Rn. 112; EuG *Interporc Im- und Export GmbH*, a.a.O. (Fn. 794), Rn. 52; EuG Urteil vom 19.3.1998 - Rs. T- 83/96 (*van der Wal/Kommission*), Rn. 43.

799 EuG Urteil vom 7.2.2002 - Rs. T-211/00 (*Kuijer/Rat*), Rn. 56.

800 EuG Urteil vom 19.10.1995 - Rs. T-194/94 (*Carvel und Guardian Newspapers/Rat*), Slg. 1994 II., S. 2765, Rn. 64, mit Anmerkung *Twomey*, a.a.O. (Fn. 662).

aus[801]. Da das Handeln der Organe in Bezug auf die Ausnahmen dem Verhältnismäßigkeitsgrundsatz unterliegt[802], dürfen diese nicht über das zur Erreichung des verfolgten Ziels angemessene und erforderliche Maß hinausgehen[803]. Das Gericht erster Instanz wies darauf hin, dass die fraglichen Dokumente partiell unkenntlich gemacht werden könnten. Allerdings erlaube es der Verhältnismäßigkeitsgrundsatz den Organen, den damit verbundenen Aufwand vor dem Hintergrund ihrer Arbeitsfähigkeit zu berücksichtigen. Auf dieser Grundlage dürfe gegebenenfalls ein teilweiser Zugang verweigert werden, wenn er mit einem unverhältnismäßigen Aufwand verbunden wäre[804]. Die Verweigerung sei ferner dann möglich, wenn das Organ die teilweise Zugänglichmachung geprüft habe und es zu dem Ergebnis komme, dass die zu offenbarenden Dokumentteile für den Antragsteller offenkundig wertlos wären[805].

Hiernach lässt sich immerhin festhalten, dass die Organe auch bei gebundenen Entscheidungen der Verpflichtung unterlagen zu begründen, welche Dokumente weshalb vor einer Veröffentlichung geschützt waren. Ferner müssen sie die Möglichkeit einer teilweisen Offenlegung unter Berücksichtigung des Aufwandes und des verbleibenden Informationswertes für den Antragsteller einschätzen.

Eine Abwägung der widerstreitenden Interessen der Transparenz und des Datenschutzes sieht der Gerichtshof ausdrücklich vor:

In einem Vorlageverfahren hat der Gerichtshof zu einem Konflikt zwischen einer mitgliedstaatlichen Transparenzvorschrift und den Belangen des Datenschutzes Stellung genommen. Auf die Frage, ob die Veröffentlichung von personenbezogenen Daten mit den Bestimmungen des Datenschutzes vereinbar sein, antwortete er, dass hier die einschlägigen Regelungen des Artikels 8 EMRK und die Datenschutzrichtlinie zu beachten seien. Die Beurteilung nach Artikel 8 EMRK richte sich nach den dort geregelten Schranken. Diese ermöglichten Eingriffe in den Schutzbereich des geschützten Privatlebens grundsätzlich auch aus Gründen der Transparenz[806]. Die nähere Bewertung richte sich nach dem Verhältnismäßigkeitsgrundsatz. Dies gelte genauso im Hinblick auf

---

801 Urteil EuG vom 19.7.1999 - Rs. T-14/98 (*Hautala/Rat*), Rn. 78. Mittlerweile ist die partielle Offenlegung von Dokumenten in Artikel 4 Abs. 6 der Transparenzverordnung ausdrücklich vorgesehen.

802 Urteil EuG *Hautala*, a.a.O. (Fn. 801), Rn. 85 ff..

803 Vgl. Urteil EuGH vom 15.5.1986 - Rs. C-222/84 (*Johnston/Chief Constable of the Royal Ulster Constabulary*), Slg. 1986 S. 1651, Rn. 38.

804 Urteil EuG *Hautala*, a.a.O. (Fn. 801), Rn. 86.

805 Urteil EuG vom 12.7.2001 - Rs. T-204/99 (*Mattila/Rat und Kommission*), Rn. 69, teilweise aufgehoben durch Urteil EuGH vom 22.1.2004 – Rs. C-353/01 P (*Mattila/Rat und Kommission*).

806 Urteil EuGH *Österreichischer Rundfunk*, a.a.O. (Fn. 768), Rn. 88 ff.

die Datenschutzrichtlinie. Wegen des grundsätzlichen Bezugs zu den Grundrechten gemäß Artikel 6 Abs. 2 EU müssten die Bestimmungen der Richtlinie im Lichte der anderen Grundrechte ausgelegt werden[807]. Daher stehe auch die Datenschutzrichtlinie Beschränkungen zugunsten der Meinungsfreiheit und auch der Transparenz nicht grundsätzlich entgegen. Auch hier beurteile sich die Zulässigkeit letztlich nach dem Verhältnismäßigkeitsgrundsatz, den der Gerichtshof ausdrücklich als in den Vorschriften der Artikel 6 Abs. 1 lit. c) und 7 lit. c) und e) enthalten sieht. Aufgrund des engen Zusammenhangs zwischen Artikel 8 EMRK und der Datenschutzrichtlinie müsse die Prüfung in beiden Fällen zum gleichen Ergebnis führen[808]. Ein Verstoß nach der einen Bestimmung könne also nicht nach der anderen als gerechtfertigt bewertet werden.

Diese Argumentation griff der Gerichtshof in einem späteren Vorabentscheidungsverfahren wieder auf. Die Mitgliedstaaten hätten aufgrund des der Datenschutzrichtlinie innewohnenden Bezugs zu allen Grundrechten darauf zu achten, dass sie bei der Auslegung der Datenschutzrichtlinie nicht andere durch die Gemeinschaftsordnung geschützten Grundrechte oder allgemeine Grundsätze des Gemeinschaftsrechts, wie das Verhältnismäßigkeitsgebot, verletzten[809]. Es sei daher Sache der Mitgliedstaaten, bei der Auslegung der Datenschutzrichtlinie ein angemessenes Gleichgewicht zwischen den betroffenen Rechten einschließlich der durch die Gemeinschaftsrechtsordnung geschützten Grundrechte sicherzustellen[810].

Es lässt sich somit festhalten, dass der Gerichtshof eine Entscheidung über die Gewährung von Zugang zu personenbezogenen Dokumenten letztlich danach beurteilt, ob die Offenlegung in Einklang mit dem Datenschutzrecht steht.

VI. Ergebnis

Die Analyse der den Grundsätzen des Datenschutzes und der Transparenz zugrundeliegenden Rechtsquellen ergibt das folgende Bild:

Aus gemeinschaftsrechtlicher Sicht besitzen beide Grundsätze Grundrechtsstatus, der im Fall des Transparenzgrundsatzes in Form eines Zugangsanspruchs zu öffentlichen Dokumenten ausgestaltet ist. Dabei ist der Schutz personenbezogener Daten wegen seiner Nähe zur Menschenwürde die gewichtigere Position. Im Falle einer Kollision erlaubt er aber gleichwohl eine Abwägung mit entgegenstehenden Rechten Dritter[811]. Der Wertigkeitsunterschied muss dann in den Abwägungsvorgang einfließen.

---

807 Urteil EuGH *Österreichischer Rundfunk*, a.a.O. (Fn. 768), Rn. 68.
808 Urteil EuGH *Österreichischer Rundfunk*, a.a.O. (Fn. 768), Rn. 91.
809 Urteil EuGH vom 6.11.2003 - Rs. C-101/01 (*Lindquist*), Rn. 87.
810 Urteil EuGH *Lindquist*, a.a.O. (Fn. 809), Rn. 90.
811 So auch *Schoch*, a.a.O. (Fn. 660), S. 166, bezogen auf die deutsche Rechtslage.

Entscheidend für die Behandlung von Kollisionsfällen ist die sekundärrechtliche Ausgestaltung[812]. Hier existieren mit der Datenschutz- und der Transparenzverordnung zwei Instrumente, die einen Maßstab für die Behandlung von Konfliktfällen bieten. Die Lösung dieser Fälle erfolgt durch eine kombinierte Anwendung beider Instrumente. Die Transparenzverordnung lässt eine Zugangsgewährung nur dann zu, wenn die Offenlegung des Dokuments im Einklang mit dem Datenschutzrecht steht. Hierüber kann im Einzelfall eine Güterabwägung entscheiden, wobei die widerstreitenden Interessen der Schutz der Privatsphäre und des Rechts auf Zugang zu öffentlichen Dokumenten abzuwägen sind. Wie dargestellt muss der Normanwender dabei den generell höheren Stellenwert des Datenschutzes gegenüber dem Informationsinteresse des Antragstellers berücksichtigen[813].

Um den Abwägungsvorgang zu erleichtern, empfehlen sich typisierende Fallgruppen als Orientierungshilfe, die zwischen personenbezogenen Daten unterschiedlicher Schutzwürdigkeit unterscheiden[814]. So können Trivialdaten oder solche Daten, deren Veröffentlichung der Betroffene ohnehin zugestimmt hat, ohne Bedenken bekannt gegeben werden. Gleiches sollte für die Namen von Amtsträgern gelten, die mit einer Verwaltungsentscheidung befasst sind, da diese letztlich in öffentlicher Eigenschaft handeln. Eine Gefährdung des Privatlebens ist damit ohnehin fraglich. Des weiteren könnte von der Möglichkeit Gebrauch gemacht werden, vor einer Veröffentlichung die Einwilligung des Betroffenen einzuholen, wenngleich dies auch einen mitunter hohen Aufwand darstellen dürfte.

Die gesetzgeberische Ausgestaltung durch die Transparenzverordnung steht auch im Einklang mit der Rechtsprechung der Gemeinschaftsgerichte zum Verhältnismäßigkeitsgrundsatz. In den Fällen *Österreichischer Rundfunk* und *Lindquist*[815], die den Konflikt zwischen Datenschutz und Offenheitsgrundsatz auf mitgliedstaatlicher Ebene betrafen, legte der Gerichtshof den Verhältnismäßigkeitsgrundsatz dahingehend aus, dass sowohl bei Artikel 8 EMRK als auch bei der Datenschutzrichtlinie eine Abwägung mit Interessen Dritter, namentlich dem Informationsinteresse, erforderlich sei.

In den Fällen, in denen der Datenschutz einer Offenlegung von Dokumenten entgegensteht, bleibt die Möglichkeit der Anonymisierung. Die Rechtsgrundlage hierfür bietet die Datenschutzverordnung. Analog zur Rechtsprechung der

---

812 Vgl. auch *Kloepfer*, a.a.O. (Fn. 661), S. 227.

813 Einen Ansatz hierfür liefert auch die Empfehlung des Ministerkomitees des Europarates Nr. R (91) 10 vom 9.9.1991 über die Weitergabe von personenbezogenen Daten an Dritte durch öffentliche Stellen. §§ 2 und 3 sehen generell Schutzmaßnahmen für die Weitergabe vor, wobei für sensible Daten höchste Anforderungen bestehen.

814 Vgl. die Vorschläge von *Bleyl*, a.a.O. (Fn. 744), S. 34.

815 A.a.O. (Fn. 768 und 809)

Gemeinschaftsgerichte zur teilweisen Freigabe von Dokumenten ist dabei der Verwaltungsaufwand mit dem Interesse des Antragstellers sowie dem verbleibenden Informationswert ins Verhältnis zu setzen. Zudem besteht die Möglichkeit, Teile eines Dokumentes herauszugeben. Neben der Teilbarkeit setzt dies einen nicht unverhältnismäßigen Aufwand voraus. Die Herausgabe von Dokumententeilen wurde von der Rechtsprechung aus dem Verhältnismäßigkeitsgrundsatz[816] abgeleitet und ist mittlerweile durch Artikel 4 Abs. 6 der Transparenzverordnung kodifiziert. Die Praxis bestätigt mittlerweile, dass von der Möglichkeit des partiellen Zugangs regelmäßig Gebrauch gemacht wird[817].

---

816 So auch *Kloepfer*, a.a.O. (Fn. 661), S. 229 f., der eine völlige Zugangsverweigerung nur als ultima ratio für zulässig hält.

817 Bericht der Kommission, a.a.O. (Fn. 656), S. 29. Vgl. auch den Bericht der Kommission über die Durchführung der Verordnung (EG) Nr. 1049/2001 über den Zugang der Öffentlichkeit zu den Dokumenten des Europäischen Parlamentes, des Rates und der Kommission im Jahr 2003, Dokument KOM(2004) 347 endgültig vom 30.4.2004, S. 24 f.: Im Jahr 2003 wurden 69,5 % der Zugangsbegehren positiv beschieden, in 3,32 % der Fälle wurde ein partieller Zugang gewährt. 4,39% aller Erstanträge und 6,85% aller Zweitanträge wurden aus Gründen des Datenschutzes abgelehnt.

Literaturverzeichnis

Alber, Siegbert / Widmaier, Ulrich — Die EU-Grundrechte und ihre Auswirkungen auf die Rechtsprechung, Zu den Beziehungen zwischen EuGH und EGMR, in: EuGRZ 2000, S. 497 ff.

Alfredsson, Gudmundur / Eide, Asbjorn — The Universal Declaration of Human Rights: A common standard of achievement, Den Haag, 1999

Alston, Philip — The Commission on Human Rights, in: Alston, Philip (Hrsg.), The United Nations and Human Rights - A Critical Appraisal, Oxford, 1992, S. 126 ff.

Arndt, Adolf — Der Rechtsstaat und sein polizeilicher Verfassungsschutz - Ein Beitrag zu dem Thema: Der Einzelne im Rechtsstaat, in: NJW 1961, S. 897 f.

ders. — Anmerkung zum Urteil des EGMR vom 6.9.1978 (Klass/ Deutschland), in: NJW 1979, S. 1760 ff.

Auernhammer, Herbert — Die Europäische Datenschutz-Konvention und ihre Auswirkungen auf den grenzüberschreitenden Datenverkehr, in: DuD 1985, S. 7 ff.

Bergmann, Michael — Grenzüberschreitender Datenschutz, Baden Baden, 1985

Bernhardt, Rudolf — Der Schutz der Menschenrecht durch internationale Gerichte: Erfahrungen und Perspektiven . Vortrag und Diskussion, gehalten in Salzburg am 15. November 2002, in: Matscher, Franz / Karl, Wolfram (Hrsg.), Österreichisches Institut für Menschenrechte, Hermann und Marianne Straniak-Vorlesungen, Köln, Berlin, Bonn, München, 2003

ders. — Probleme eines Beitritts der Europäischen Gemeinschaft zur Europäischen Menschenrechtskonvention, in: Due, Ole / Lutter, Marcus / Schwarze, Jürgen (Hrsg.), Festschrift für Ulrich Everling, Baden Baden, 1995

Bleckmann, Albert — Europarecht, Das Recht der Europäischen Union und der Europäischen Gemeinschaften, 6. Aufl., Köln, Berlin, Bonn, München, 1997

ders. — Das Allgemeine Persönlichkeitsrecht in der Europäischen Menschenrechtskonvention - Zur Interpretation des Art. 8 Abs. 1 EMRK, in: Erichsen, Hans-Uwe/Kollhosser, Helmut/Welp, Jürgen (Hrsg.), Recht der Persönlichkeit, Berlin, 1996

ders. — Der Vertrag über die Europäische Union, in: DVBl 1992, S. 335 ff.

Billib, Roland Andreas — Die allgemeinen Rechtsgrundsätze gemäß Artikel 38 I c des Statuts des Internationalen Gerichtshofs - Versuch einer Deutung, München, 1972

Bleyl, Dietmar — Allgemeines Informationszugangsrecht und Recht auf informationelle Selbstbestimmung, in: DuD 1998, S. 32 ff.

Bossuyt, Marc J. — Guide to the „travaux préparatoires" to the International Convenant on civil and political rights, Dordrecht, Boston, Lancaster, 1987

Bothe, Michael / Kilian, Wolfgang — Rechtsfragen grenzüberschreitender Datenflüsse, Köln, 1992

Bradley, Kieran St C. — La Transparence de l'Union Européenne: Une Évidence ou un Trompe l'Oeil?, in: Cah DE 1999, S. 283 ff

Breitenmoser, Stephan — Der Schutz der Privatsphäre gemäß Artikel 8 EMRK, Basel, Frankfurt a.M., 1986

Brühann, Ulf — EU-Datenschutzrichtlinie - Umsetzung in einem vernetzten Europa?, in: DuD 1996, S. 66 ff.

ders. — Sektorspezifischer Datenschutz in Europa, in: DuD 2002, S. 359 ff.

Büllesbach, Alfred / Höss-Löw, Petra — Vertragslösung, Safe Harbour oder Privacy Code of Conduct, in: DuD 2001, S. 135 ff.

Büllesbach, Alfred — Konzeption und Funktion des Datenschutzbeauftragten vor dem Hintergrund der EG-Richtlinie und der Novellierung des BDSG, in: RDV 2001, S. 1 ff.

Burkert, Herbert — Die Konvention des Europarates zum Datenschutz, Rückblick und Ausblick, in: CR 1988, S. 751 ff.

Calliess, Christian — Die Charta der Grundrechte der Europäischen Union - Fragen der Konzeption, Kompetenz und Verbindlichkeit, in: EuZW 2001, S. 262 ff.

Calliess, Christian / Ruffert, Matthias (Hrsg.) — Kommentar zu EU-Vertrag und EG-Vertrag, 2. Auflage, Neuwied, 2002 (zitiert: Bearbeiter, in: Calliess/Ruffert, EUV/EGV)

Chwolik-Lanfermann, Ellen — Grundrechtsschutz in der Europäischen Union: Bestand, Tendenzen und Entwicklungen, Frankfurt a.M. 1994

Clapham, Andrew — Human Rights and the European Community: A Critical Overview, Baden Baden, 1991

Curtin, Deirdre M. — Citizens' Fundamental Right of Access to EU-Information: An evolving digital Passepartout?, in: CMLR 2000, S. 7 ff.

Curtin, Deirdre M. / Meijers, Herman — The Principle of open Government in Schengen and in the European Union: Democratic Retrogression?, in: CMLR 1995, S. 391 ff.

Dahm, Georg / Delbrück, Jost / Wolfrum, Rüdiger — Völkerrecht, Band I/1: Die Grundlagen. Die Völkerrechtssubjekte, Berlin, New York, 1989

Dammann, Ulrich / Simitis, Spiros — BDSG-Dokumentation, Band 2 - Ausland und Internationales, Baden Baden, 1999

dies. — EU-Datenschutzrichtlinie: Kommentar, Baden Baden, 1997

Däubler, Wolfgang — Arbeitnehmerdatenschutz - ein Problem der EG?, in: Tinnefeld, Marie-Theres / Phillips, Lothar / Heil, Susanne (Hrsg.), Informationsgesellschaft und Rechtskultur in Europa, Baden Baden, 1995, S. 110 ff.

Davis, Roy W. — Public access to community documents: a fundamental right?, in: Eurpoean Integration Online Papers (EIOP) Vol. 3 (1999) Nr. 8, online veröffentlicht unter http://eiop.or.at/eiop/texte/1999-008a.htm

Dechsling, Rainer — Rechtsschutz und Begründungspflicht - Eine verfassungsrechtliche Analyse der §§ 39 Abs. 2 Nr. 1 VwVfG und 35 Abs. 2 Nr. 1 SGB-VwVf, in: DÖV 1985, S. 714 ff.

di Martino, Alessandra — Datenschutz im europäischen Recht, Baden Baden, 2005

Dippoldsmann, Peter — EG-Datenschutz - „Zwiedenken“ auf europäisch - Zum Gebrauch des Datenschutzes als Instrument seiner Verhinderung, in: Kritische Justiz (KJ) 1994, S. 369 ff.

Dix, Alexander — Der Entwurf der ISDN-Datenschutzrichtlinie, Ein erstes Beispiel für ein bereichsspezifisches europäisches Datenschutzrecht, in: DuD 1997, S.278 ff.

Dreier, Horst (Hrsg.) — Grundgesetz-Kommentar, Band II, Artikel 20-82, Tübingen, 1998 (zitiert: Bearbeiter, in: Dreier, Grundgesetz-Kommentar)

Dröge, Cordula — Positive Verpflichtungen der Staaten in der Europäischen Menschenrechtskonvention, Berlin, Heidelberg, New York, 2003

Doehring, Karl — Völkerrecht, Heidelberg, 1999

Dyrberg, Peter — Current Issues in the Debate on Public Access to Documents, in: ELReview, Vol. 24 (1999), S. 157 ff.

Eberspächer, Jörg — Die Telekommunikationsnetze in Europa wachsen - wächst auch die Sicherheit?, in: Tinnefeld, Marie-Theres / Phillips, Lothar / Heil, Susanne (Hrsg.), Informationsgesellschaft und Rechtskultur in Europa, Baden Baden, 1995, S. 147 ff.

Ellger, Reinhard — Konvergenz oder Konflikt bei der Harmonisierung des Datenschutzes in Europa?, in: CR 1994, S. 558 ff.

ders. — Der Datenschutz im internationalen Datenverkehr: Eine rechtsvergleichende und kollisionsrechtliche Untersuchung, Baden Baden, 1990

Erichsen, Hans-Uwe — Planung und Umweltinformation nach europäischem und deutschem Recht, in: Erbgut, Wilfried / Oebbecke, Janbernd / Rengeling, Hans-Werner / Schulte, Martin (Hrsg.), Planung: Festschrift für Werner Hoppe zum 70. Geburtstag, München, 2000

Ermacora, Felix Grundriss der Menschenrechte in Österreich, Wien, 1988

Evans, A. C. European Data Protection Law, in: American Journal for Comparative Law (AJCL) Vol. 29 (1981), S. 571 ff.

Everling, Ulrich Brauchen wir „Solange III"?, in: EuR 1990, S. 195 ff.

ders. Diskussionsbeitrag im Rahmen eines internationalen Kolloquiums, veranstaltet vom Max-Planck-Institut für Ausländisches Öffentliches Recht und Völkerrecht in Heidelberg, 1976, in: Mosler, Hermann / Bernhardt, Rudolf / Hilf, Meinhard (Hrsg.), Grundrechtsschutz in Europa, Europäische Menschenrechts-Konvention und Europäische Gemeinschaften, Berlin (u.a.), 1977

Evers, Hans-Ulrich Der Schutz des Privatlebens und das Grundrecht auf Datenschutz in Österreich, in: EuGRZ 1984, S. 281 ff.

Feral, Pierre-Alexis Un Pas supplementaire vers la Reconnaissance et la Protection d'un Droit fondamental dans l'Union Européenne, in: RMC 2001, S. 475 ff.

Frowein, Jochen Abr. / Peukert, Wolfgang Europäische Menschenrechtskonvention, 2. Aufl., Kehl, Strassburg, Arlington, 1996

Geiger, Rudolf EUV/EGV, Vertrag über die Europäische Union und Vertrag zur Gründung der Europäischen Gemeinschaft, 4. Aufl., München, 2004 (zitiert: Geiger, EUV/EGV)

Geis, Ivo Individualrechte in der sich verändernden europäischen Datenschutzlandschaft, in: CR 1995, S. 171 ff.

Giesen, Thomas Grundrecht auf Informationszugang? Anmerkungen zu einem basisdemokratischen Teilhaberecht in einer grenzenlosen Informationsgesellschaft, in: DuD 1997, S. 588 ff.

ders. Die Kontrolle des Datenverkehrs mit Drittländern - Modelle und Grenzen, in: DuD 1996, S. 394 ff.

Gleß, Sabine Das Europäische Amt für Betrugsbekämpfung, in: EuZW 1999, S. 618 ff.

Gola, Peter Grundrechtsschutz in der EG und Rechtsprechung des EuGH, in: RDV 1990, S. 111 ff.

Gola, Peter / Schomerus, Rudolf Bundesdatenschutzgesetz (BDSG), 7. Aufl., München, 2002

Golsong, Heribert Nochmals: Zur Frage des Beitritts der Europäischen Gemeinschaft zur Europäischen Menschenrechtskonvention, in: EuGRZ 1979, S. 70 ff.

Goose, Peter Ernst Der Internationale Pakt über bürgerliche und politische Rechte, in: NJW 1974, S. 1305 ff.

Gornig, Gilbert-Hanno Äußerungsfreiheit und Informationsfreiheit als Menschenrechte : die Verankerung der Äußerungs-, Informations-, Presse- und

Rundfunkfreiheit sowie des Zensurverbots in völkerrechtlichen Übereinkommen und in den Rechtsordnungen der KSZE-Staaten unter besonderer Berücksichtigung rechtsphilosophischer und rechtsgeschichtlicher Hintergründe, Berlin 1988

Grabenwarter, Christoph Europäische Menschenrechtskonvention, München, 2003

Grabitz, Eberhard / Hilf, Meinhard (Hrsg.) Das Recht der Europäischen Union: Kommentar, München, Stand Juni 2006 (zitiert: Bearbeiter, in: Grabitz/Hilf, EGV/EUV)

Groß, Thomas Unabhängigkeit der Datenschutzaufsicht - Zur Neuordnung des Datenschutzes Hessen, in: DuD 2002, S. 684 ff.

Guradze, Heinz Die Europäische Menschenrechtskonvention, Konvention zum Schutze der Menschenrechte und Grundfreiheiten nebst Zusatzprotokollen, Berlin, Frankfurt a.M., 1968

Gusy, Christoph Der Schutz der Privatsphäre in der Europäischen Menschenrechtskonvention Artikel 8, in: Datenverarbeitung im Recht (DVR) 1984, S. 289 ff.

Hahn, Ulrich Datenschutzrecht und grenzüberschreitender Datenverkehr - Regelungsbedarf, Rechtsvergleich und Rechtsfortbildung, Frankfurt a.M., 1994

Haratsch, Andreas Verweisungstechnik und gemeinschaftsgerichtete EG-Richtlinien, in: EUR 2000, S. 42 ff.

Haslach, Christian Unabhängige Datenschutzkontrolle nach Art. 28 EG-Datenschutzrichtlinie - Zum Anpassungsbedarf des nationalen Datenschutzrechtes, in: DuD 1999, S. 466 ff.

Haus, Florian C. OLAF - Neues zur Betrugsbekämpfung in der EU, in : EuZW 2000, S. 745 ff.

Heil, Helmut Die Internationalisierung der Datenflüsse, in DuD 1999, S. 396 ff.

Henke, Ferdinand Die Datenschutzkonvention des Europarates, Frankfurt a.M., Bern, New York, 1986

Hesse, Konrad Grundzüge der Verfassung der Bundesrepublik Deutschland, 20. Auflage, Heidelberg, 1995

Higgins, Rosalyn From a Legal Point of View, in: van Heijden, Barend / Tahzib-Lie, Bahia (Hrsg.), Reflections on the Universal Declaration of Human Rights - A Fiftieth Anniversary Anthology, Den Haag, Boston, London, 1998, S. 161 ff.

Hilf, Meinhard Europäische Union und Europäische Menschenrechtskonvention, in: Beyerlin, Ulrich / Bothe, Michael / Hofmann, Rainer / Petersmann, Ernst-Urlich (Hrsg.), Festschrift für Rudolf Bernhardt, Berlin (u.a.), 1995

Hoeren, Thomas Datenschutz in Europa - Der zweite Entwurf einer EG-Datenschutzrichtlinie und dessen Auswirkungen auf die deutsche Privatwirtschaft, in: WM 1994, S. 1 f..

Hoffmann-Remy, Ulrich Die Möglichkeiten der Grundrechtseinschränkungen nach Artt. 8-11 der Europäischen Menschenrechtskonvention, Berlin, 1976

Hondius, Frits W. Internationale Aspekte des Datenschutzes im öffentlichen Bereich, in: Wirtschaft und Recht (WiR) 1982, S. 86 ff.

ders. Emerging data protection in Europe, Amsterdam (u.a.), 1976

ders. OECD Informatics Series Nr. 10, Paris, 1975

Iglesias, Rodriguez Gedanken zum Entstehen einer Europäischen Rechtsordnung, in: NJW 1999, S. 1 ff.

ders. Zu Stellung der Europäischen Menschenrechtskonvention im europäischen Gemeinschaftsrecht, in: Beyerlin, Ulrich/Bothe, Michael/Hofmann, Rainer/Petersmann, Ernst-Urlich (Hrsg.), Festschrift für Rudolf Bernhardt, Berlin (u.a.), 1995, S. 1269 ff.

Ipsen, Knut Völkerrecht, 5. Auflage, München, 2004

Isensee, Josef / Kirchhof, Paul Handbuch des Staatsrechts, Band VI, Freiheitsrechte, Heidelberg, 1989 (zitiert: Bearbeiter, in: Handbuch des Staatsrechts)

dies. Handbuch des Staatsrechts, Band V, Allgemeine Grundrechtslehren, Heidelberg, 1992 (zitiert: Bearbeiter, in: Handbuch des Staatsrechts)

Jacob, Joachim Datenschutzrechtliche Entwicklungen im „informationellen Großraum" Europa, in: Tinnefeld, Marie-Theres / Phillips, Lothar / Heil, Susanne (Hrsg.), Informationsgesellschaft und Rechtskultur in Europa, Baden Baden, 1995, S. 93 ff.

Jacobs, Francis G. The European Convention on Human Rights, Oxford, 1975

Janis, Mark / Kay, Richard / Bradley, Anthony European Human Rights Law - Text and Materials, Oxford, 1995 (zitiert: Janis/Kay/Bradley)

Jarass, Hans / Pieroth, Bodo Grundgesetz für die Bundesrepublik Deutschland, 6. Aufl., München 2001

Jay, Rosemary / Hamilton, Angus Data Protection - Law and Practice, London, 1999

Kaiser, Wolfram Die EU-Volksabstimmungen in Österreich, Schweden, Finnland und Norwegen: Verlauf, Ergebnisse, Motive und Folgen, Wien 1995

Karl, Wolfram (Hrsg.) Internationaler Kommentar zur Europäischen Menschenrechtskonvention, Köln, Berlin, München, 2004 (zitiert: Bearbeiter, in: IntKomm)

Karpenstein, Peter Zur Zuständigkeit der Europäischen Gemeinschaften auf dem Gebiete des Datenschutzes, in: Bieber, Roland / Bleckmann, Albert u.a. (Hrsg.), Das Europa der zweiten Generation, Gedächtnisschrift für Christoph Sasse, Baden Baden, 1981, S. 889 ff.

Kilian, Wolfgang Europäisches Wirtschaftsrecht, 2. Aufl., München, 2003

Kirby, Michael D. Transborder Data Flows and the "Basic Rules" of Data Privacy, in: Stanford Journal of International Law, Bd. 16, 1980, S. 27 ff.

Klaas, Christoph Die elektronische Datenverarbeitung innerhalb der Staaten des Europarates, in: CR 1986, S. 680 ff.

Klein, Eckart Überlegungen de lege ferenda, in: Mosler, Hermann / Bernhardt, Rudolf / Hilf, Meinhard (Hrsg.), Grundrechtsschutz in Europa, Europäische Menschenrechts-Konvention und Europäische Gemeinschaften, Berlin, 1977

Klein, Eckart / Brinkmeyer, Friederike Internationaler Pakt und EMRK, Ein Vergleich der Rechtsprechung des Menschenrechtsausschusse der Vereinten Nationen und des Europäischen Gerichtshofs für Menschenrechte, in: Vereinte Nationen 2002, S. 99 ff.

Kloepfer, Michael Informationsfreiheit und Datenschutz: Zwei Säulen des Rechts der Informationsgesellschaft, in: DÖV 2003, S. 221 ff.

ders. Informationsrecht, München, 2002

Knack, Hans Joachim (Hrsg.) Verwaltungsverfahrensgesetz, Kommentar, Köln, Berlin, Bonn, München, 2004 (zitiert: Bearbeiter, in: Knack, VwVfG-Kommentar)

Koenig, Christian / Pechstein, Matthias / Sander, Claude EU-/EG-Prozessrecht, 2. Auflage, Tübingen, 2002

Kokott, Juliane Der Grundrechtsschutz im Europäischen Gemeinschaftsrecht, in: AöR 1996, S. 599 ff.

Kopp, Ferdinand Tendenzen der Harmonisierung des Datenschutzrechts in Europa, in: DuD 1995, S. 204 ff.

Kopp, Ferdinand O. / Ramsauer, Ulrich Verwaltungsverfahrensgesetz, 7. Aufl., München, 2000

Kopp, Ferdinand O. / Schenke, Wolf-Rüdiger Verwaltungsgerichtsordnung, Kommentar, 13. Auflage, München, 2003

Korff, Douwe Comparative Summary of National Laws, EC Study on Implementation of Data Protection Directive, Cambridge 2002

Koupos, Jorma Informationsfreiheit in Finnland, Referat im Rahmen eines Symposiums des Präsidenten des Schleswig-Holsteinischen Landtages und des Unabhängigen Landeszentrums für Datenschutz am 15.12.2003 in Kiel, veröffentlicht unter http://www.datenschutzzentrum.de/informationsfreiheit/symposium/ IFG_Kuopus.htm

Kröger, Detlef / Moos, Flemming Der Europäische Datenschutz als neuer Bestandteil des Amsterdamer Vertrages, in: DuD 1999, S. 647 ff.

Krüger, Christian / Polakiewicz, Jörg Vorschläge für ein kohärentes System des Menschenrechtsschutzes in Europa, Europäische Menschenrechtskonvention und EU-Grundrechtecharta, in: EuGRZ 2001, S. 92 ff.

Krugmann, Michael Der Grundsatz der Verhältnismäßigkeit im Völkerrecht, Berlin, 2004

Kühling, Jürgen Grundrechtskontrolle durch den EuGH: Kommunikationsfreiheit und Pluralismussicherung im Gemeinschaftsrecht, zugleich Besprechung des Familiapress-Urteils des EuGH, in: EuGRZ 1997, S. 296 ff.

Kuhl, Lothar / Spitzer, Harald Das Europäische Amt für Betrugsbekämpfung, in: EuR 2000, S. 671 ff.

Lafay, Frédérique L'accès aux documents du Conseil de l'Union: contribution à une problématique de la transparence en droit communautaire, in: RTDE 1997, S. 37 ff.

Laksi, Harold J. Auf dem Wege zu einer universalen Erklärung der Menschenrechte, in: Maritain, Jacques (Hrsg.), Um die Erklärung der Menschenrechte: Ein Symposion, Zürich, Wien, Konstanz, 1951

Laurer, H. René Der Geheimnisschutz im österreichischen Grundrechtssystem, in: EuGRZ 1983, S. 29 ff.

Lenz, Carl Otto Ein Grundrechtskatalog für die Europäische Gemeinschaft?, in: NJW 1997, S. 3289 f.

Lewis, John Über die Menschenrechte, in: Maritain, Jacques (Hrsg.), Um die Erklärung der Menschenrechte: Ein Symposion, Zürich, Wien, Konstanz, 1951

Loveland, Ian Constitutional Law, Administrative Law and Human Rights – A Critical Introduction, 3. Aufl., London, 2003

Mähring, Matthias Das Recht auf informationelle Selbstbestimmung im europäischen Gemeinschaftsrecht, in: EuR 1991, S. 369 ff

Mayer, Stefanie Datenschutz und Europol, Regensburg, 2001

Meister, Herbert Entwicklungen im europäischen Datenrecht, in: RIW 1982, S. 481 ff.

ders. Europäische Harmonisierung des Datenschutzes, in: DuD 1980, S. 9 ff.

Mengel, Hans Joachim Internationale Organisationen und transnationaler Datenschutz, Berlin 1984

ders. Die Datenschutzkonvention des Europarates vom 28. Januar 1981, Einführung und Übersetzung, in: EuGRZ 1981, S. 376 ff.

Meyer, Jürgen (Hrsg.) Kommentar zur Charta der Grundrechte der Europäischen Union, Baden Baden, 2003 (zitiert: Bearbeiter, in: EU-Grundrechtecharta Kommentar)

Meyer-Ladewig, Jens Die Konvention zum Schutz der Menschenrechte und Grundfreiheiten, Handkommentar, Baden Baden, 2003 (zitiert: EMRK-Handkommentar)

Michael, James Privacy and Human Rights - An International and Comparative Study, with special Reference to Developments in Information Technology, Paris, 1994

Misita, Nevenko The Protection of Privacy: A Consumer Perspective, in: Wilhelmson, Thomas / Tuominen, Salla / Tumola, Heli (Hrsg.), Consumer Law in the Information Society, Den Haag, London, Boston, 2001, S. 263 ff.

Müller, Jörg Paul Grundrechte in der Demokratie, in EuGRZ 1983, S. 337 ff.

Nolte, Georg Die Herausforderung für das deutsche Recht der Akteneinsicht durch europäisches Verwaltungsrecht, in: DÖV 1999, S: 363 ff.

Nowak, Manfred Uno-Pakt über bürgerliche und politische Rechte und Fakultativprotokoll, CCPR-Kommentar, 2. Aufl., Kehl, Strassburg, Arlington, 1989

Nugter, A. C. M. Transborder Flow of Personal Data within the EC, Deventer, Boston, 1990

Österdahl, Inger Openness v Secrecy: Public Access to Documents in Sweden and the European Union, in: EL Rev 1998, S. 336 ff.

Pescatore, Pierre Referat im Rahmen eines internationalen Kolloquiums, veranstaltet vom Max-Planck-Institut für Ausländisches Öffentliches Recht und Völkerrecht in Heidelberg, 1976, in: Mosler, Hermann / Bernhardt, Rudolf / Hilf, Meinhard (Hrsg.), Grundrechtsschutz in Europa, Berlin (u.a.), 1977

Philippi, Nina Divergenzen im Grundrechtsschutz zwischen EuGH und EGMR, in: Zeitschrift für Europäische Studien (ZEUS) 2000, S. 97 ff.

Rack, Reinhard / Gasser, Christoph Mehr Transparenz und mehr Verantwortlichkeit im Gemeinschaftsrecht, in: EuZW 1998, S. 421 ff.

Rathgeber, Theodor Summary Report of Discussions, in: Motte, Jochen / Heinz, Wolfgang S. (Hrsg.), Human Rights on the Defensive? - The Future of the Commission on Human Rights in the Context of United Nations Human Rights Protection, Berlin, 2004, S. 39 ff.

Rengeling, Hans-Werner Grundrechtsschutz in der Europäischen Gemeinschaft: Bestandsaufnahme und Analyse der Rechtsprechung des Europäischen Gerichtshofs zum Schutz der Grundrechte als allgemeine Rechtsgrundsätze, München, 1993

Ress, Georg Menschenrechte, europäisches Gemeinschaftsrecht und nationales Verfassungsrecht, in: Haller, Herbert / Kopetzi, Christian / Novak, Richard / Paulson, Stanley L. / Raschauer, Bernhard / Ress, Georg / Wiederin, Eva (Hrsg.), Staat und Recht, Festschrift für Günther Winkler, Wien, New York, 1997, S. 897 ff.

Reuter, Paul Le Droit au Secret et les Institutions Internationales, in: AFDI 1956, S. 46 ff.

Riedel, Eibe Universeller Menschenrechtsschutz, in: Baum, Gerhard / Riedel, Eibe / Schaefer, Michael (Hrsg.), Menschenrechtsschutz in der Praxis der Vereinten Nationen, Baden Baden, 1998, S. 25 ff.

Rieß, Peter (Hrsg.) Löwe/Rosenberg, Die Strafprozessordnung und das Gerichtsverfassungsgesetz, 24. Aufl., Band 6, Teilband 2, Berlin, New York, 1996 (zitiert: Bearbeiter, in: Rieß (Hrsg.), Löwe/Rosenberg)

Röger, Ralf Ein neuer Informationsanspruch auf europäischer Ebene: Der Verhaltenskodex vom 6. Dezember 1993 für den Zugang der Öffentlichkeit zu Kommissions- und Ratsdokumenten, in: DVBl 1994, S. 1182 ff.

Rudolf, Walter Datenschutz in Europa, in: Zeitschrift für europarechtliche Studien (ZEUS) 2002, S. 217 ff.

Salbu, Steven R. The European Union Data Privacy Directive and International Relations, in: Vanderbildt Journal of Transnational Law, Vol. 35, 1 (2002), S. 655 ff.

Schachter, Oscar The Twilight Existence of Nonbinding International Agreements, in: AJIL 1977, S. 296 ff.

Schaefer, Michael Brückenbau - Herausforderungen an die Menschenrechtskommission, in: Baum, Gerhard /Riedel, Eibe /Schaefer, Michael (Hrsg.), Menschenrechtsschutz in der Praxis der Vereinten Nationen, Baden Baden, 1998, S. 57 ff.

Scheller, Jürgen Rechtsfragen des grenzüberschreitenden Datenverkehrs, Frankfurt a.M., 1987

Schild, Hans-Hermann Der behördliche Datenschutzbeauftragte, in: DuD 2001, S. 31 ff.

ders. Informationsfreiheitsgesetze - Eine Bestandsaufnahme derzeitiger Möglichkeiten des Informationszugangs mit einem Ausblick auf mögliche zukünftige Regelungen, in: RDV 2000, S. 96 ff.

ders. Die Richtlinie über den Schutz personenbezogener Daten und den Schutz der Privatsphäre in der Telekommunikation, in: EuZW 1999, S. 69 ff.

ders. Zur Novellierung des BDSG - Ein Problemanriss offener Fragen, in: DuD 1997, S. 720 ff.

ders. Die EG-Datenschutzrichtlinie, in: EuZW 1996, S. 549 ff.

Schilling, Theodor Internationaler Menschenrechtsschutz: Universelles und europäisches Recht, Tübingen, 2004

Schoch, Friedrich Informationsfreiheitsgesetz für die Bundesrepublik Deutschland, in: Verw. 2002, S. 147 ff.

Schubert, Manuel Recht auf Informationszugang - Ein Verwaltungsinformationszugangsgesetz für Deutschland?, in: DuD 2001, S. 400 ff.

Schwan, Eggert	Amtsgeheimnis oder Aktenöffentlichkeit? Der Auskunftsanspruch des Betroffenen, das Grundrecht auf Datenschutz und das Prinzip der Aktenöffentlichkeit (DVR, Beiheft Nr. 15), München, 1984
ders.	Das Abhörurteil des Europäischen Gerichtshofs für Menschenrechte in: NJW 1980, S. 1992 ff.
Schwarze, Jürgen (Hrsg.)	EU-Kommentar, Baden Baden, 2000 (zitiert: Bearbeiter, in: Schwarze, EU-Kommentar)
Schweizer, Rainer	Europäisches Datenschutzrecht: Was zu tun bleibt, in: DuD 1989, S. 542 ff.
Seidl-Hohenveldern, Ignaz / Loibl, Gerhard	Das Recht der Internationalen Organisationen einschließlich der supranationalen Organisationen, 6. Aufl., Köln, 1996
Siemen, Birte	Datenschutz als europäisches Grundrecht, Berlin, 2006
Simitis, Spiros	Vom Markt zur Polis, in: Tinnefeld, Marie-Theres / Phillips, Lothar / Heil, Susanne (Hrsg.), Informationsgesellschaft und Rechtskultur in Europa, 1999, S. 51 ff.
ders.	Die EU-Datenschutzrichtlinie - Stillstand oder Anreiz?, in: NJW 1997, S. 282 ff.
ders.	Datenschutz und Europäische Gemeinschaft, in: RDV 1990, S. 3 ff.
ders.	Rapport general of the XIV th Colloquy on European Law, Strassbourg, 1984
ders.	Grenzüberschreitender Datenaustausch - Notwendige Vorbemerkung zu einer dringend erforderlichen Regelung, in: Heldrich, Andreas / Hendrich, Dieter / Sonnenberger, Hans Jürgen (Hrsg.), Konflikt und Ordnung, Festschrift für Murad Ferid: zum 70. Geburtstag, München, 1978, S. 355 ff.
ders. (Hrsg.)	Kommentar zum Bundesdatenschutzgesetz, 5. Auflage, zugleich Abschlussband der 4. Loseblattauflage, Baden Baden, 2003 (zitiert: Bearbeiter, in: Simitis, Kommentar zum BDSG)
Simitis, Spiros / Dammann, Ulrich / Geiger, Hansjörg / Mallmann, Otto / Waltz, Stefan	Kommentar zum Bundesdatenschutzgesetz, 4. Aufl., Baden Baden, Stand: Dezember 1998 (zitiert: Bearbeiter, in: Simtis/ Dammann u.a., BDSG)
Steinmann, Gerold	Anmerkung zum Grundsatz der Öffentlichkeit des Verfahrens, in: EuGRZ 1994, S. 172 ff.
Stelkens, Paul / Bonk, Heinz Joachim / Sachs, Michael	Verwaltungsverfahrensgesetz, Kommentar, München, 2001 (zitiert: Bearbeiter, in: Stelkens/Bonk/Sachs, VwVfG-Kommentar)

Streinz, Rudolf EGV/EUV, Vertrag über die Europäische Union und Vertrag zur Gründung der Europäischen Gemeinschaft, München, 2003 (zitiert: Bearbeiter, in: Streinz, EUV/EGV)

Szabo, Imre Historical Foundations of Human Rights and Subsequent Developments, in: Vasak, Karel (Hrsg.), The International Dimensions of Human Rights Vol. 1, Paris, 1982, S. 11 (23).

Tinnefeld, Marie-Theres / Ehmann, Eugen Einführung in das Datenschutzrecht, 3. Aufl., München (u.a.), 1998

Twomey, Patrick Anmerkung zu EuGH Rs. T-194/94 (Carvel und Guardian Newspapers/Rat), in: CMLR 1996, S. 831 ff.

Ule, Carl Hermann/ Laubinger, Hans-Werner Verwaltungsverfahrensrecht, 4. Auflage, Köln, Berlin, Bonn, München, 1995

Unger, Barbara Datenschutz in Internationalen Organisationen, München, 1991

van Dijk, Pieter The Universal Declaration is Legally Non-Binding; So What?, in: van Heijden, Barend / Tahzib-Lie, Bahia (Hrsg.), Reflections on the Universal Declaration of Human Rights - A Fiftieth Anniversary Anthology, Den Haag, Boston, London, 1998, S. 108 ff.

van Dijk, Pieter / van Hoof, G. J. H. Theory and Practice of the European Convention on Human Rights, 3. Aufl., Deventer, 1998

Velu, Jacques The European Convention on Human Rights and the right to respect for private life, in: Robertson, A. H. (Hrsg.), Privacy and human rights, Manchester, 1968

Verdross, Alfred / Simma, Bruno Universelles Völkerrecht: Theorie und Praxis, 3. Aufl., Berlin, 1984

von Borries, Reimer Das Subsidiaritätsprinzip im Recht der Europäischen Union, in: EuR 1994, S. 263 ff.

von der Groeben, Hans / Schwarze, Jürgen (Hrsg.) Kommentar zum Vertrag über die Europäische Union und zur Gründung der Europäischen Gemeinschaft,

Band 1, 6. Aufl., Baden Baden, 2003

Band 4, 6. Auflage, Baden Baden, 2004

(zitiert: Bearbeiter, in: von der Groeben/Schwarze, EUV/EGV)

von Mangoldt, Hermann / Klein, Friedrich / Stark, Christian (Hrsg.) Das Bonner Grundgesetz, Kommentar, Band 3: Artikel 79 - 146, 4. Auflage, München, 2003 (zitiert: Bearbeiter, in: von Mangoldt / Klein / Stark, Bonner Grundgesetz Kommentar)

von Münch, Ingo / Kunig, Philip (Hrsg.) Grundgesetz-Kommentar, Band 3 (Art. 70 - 146 und Gesamtregister), 4./5. Auflage, München, 2003 (zitiert: Bearbeiter, in: von Münch / Kunig, Grundgesetzkommentar) *von Vitzthum, Wolfgang Graf (Hrsg.)* Völkerrecht, Berlin, 2004 (zitiert: Bearbeiter, in: Vitzthum)

Wadham, John / Griffiths, Jonathan / Rigby, Bethan Blackstone's Guide to the Freedom of Information Act 2000, London, 2001

Wägenbaur, Bertrand Der Zugang zu EU-Dokumenten - Transparenz zum Anfassen, in: EuZW 01, S. 680 ff.

Weber, Martina EG-Datenschutzrichtlinie, Konsequenzen für die deutsche Datenschutzgesetzgebung, in: CR 1995, S. 297 ff.

Weiler, J.H.H. The Euopean Union belongs to its citizens: Three Immodest Proposals, in: ELRev Vol. 22 (1997), S. 150

Widmaier, Ulrich Gedanken zum Grundrechtsschutz im Verhältnis der Europäischen Union / Europäischen Gemeinschaft zur Europäischen Menschenrechtskonvention und zur Schließung einer Rechtsschutzlücke, in: Haller, Bruno / Kruger, Hans Christian (Hrsg.), Law in greater Europe: towards a common legal area; studies in honor of Heinrich Klebes, Den Haag, 2000, S. 1 ff.

Winkler, Sebastian Der Europäische Gerichtshof für Menschenrechte, das Europäische Parlament und der Schutz der Konventionsgrundrechte im Europäischen Gemeinschaftsrecht, Anmerkung zum EGMR-Urteil im Fall Matthews ./. Vereinigtes Königreich, in: EuGRZ 2001, S. 18 ff.

Wochner, Luzius Der Persönlichkeitsschutz im grenzüberschreitenden Datenverkehr, Zürich, 1981

Wolfrum, Rüdiger The Progressive Development of Human Rights: A Critical Appraisal of Recent UN Efforts, in: Jekewitz, Jürgen / Klein, Karl Heinz (Hrsg.), Des Menschen Recht zwischen Freiheit und Verantwortung, Festschrift für Karl Josef Partsch zum 75. Geburtstag, Berlin, 1989, S. 67 ff.

Wünschmann, Antje Geltung und gerichtliche Geltendmachung völkerrechtlicher Verträge im Europäischen Gemeinschaftsrecht, Berlin, 2003

Wuermeling, Ulrich Handelshemmnis Datenschutz, Die Drittländerregelung der Europäischen Datenschutzrichtlinie, Köln, Berlin, Bonn, München, 2000

Abkürzungsverzeichnis

a.A.	anderer Ansicht
a.a.O.	am angegebenen Ort
a.F.	alte Fassung
ABl.	Amtsblatt der Europäischen Union
Abs.	Absatz
AFDI	Annuaire Français de Droit International
AIG	Akteneinsichts- und Informationsgesetz
AJCL	American Journal of Comparative Law
AöR	Archiv des öffentlichen Rechts
Art.	Artikel
Bd.	Band
BDSG	Bundesdatenschutzgesetz
Beschw.-Nr.	Beschwerde-Nummer
BGB	Bürgerliches Gesetzbuch
BGBl.	Bundesgesetzblatt
BR-Drucksache	Bundesrats-Drucksache
BT-Drucksache	Bundestags-Drucksache
Bull.	Bulletin
BVerfG	Bundesverfassungsgericht
bzw.	Beziehungsweise
ca.	circa
Cah DE	Cahiers de Droit Européenne
CDCJ	Comité européen de coopération juridique
CMLR	Common Market Law Review
CR	Computer und Recht
d.h.	das heißt
ders.	derselbe
Dok.	Dokument
DÖV	Die Öffentliche Verwaltung
DR	Decisions and Reports
Drs.	Drucksache
DSB	Datenschutzbeauftragter
DSG	Datenschutzgesetz
DSK	Datenschutzkonvention
DuD	Datenschutz und Datensicherheit
DVBl.	Deutsches Verwaltungsblatt
DVR	Datenverarbeitung im Recht
ebd.	ebenda
EG	Europäische Gemeinschaft / Vertrag zur Gründung der Europäischen Gemeinschaft
EGKS	Europäische Gemeinschaft für Kohle und Stahl
EGMR	Europäischer Gerichtshof für Menschenrechte
EGV	EG-Vertrag
EIoP	European Integration online Papers
EL Rev	Euroean Law Review

EMRK	Europäische Menschenrechtskonvention
etc.	et cetera
ETS	European Treaty Series
EU	Europäische Union
EuDSK	Europäische Datenschutzkonvention
EuG	Gericht erster Instanz
EuGH	Gerichtshof der Europäischen Gemeinschaften
EuGRZ	Europäische Grundrechtszeitschrift
Euratom	Europäische Atomgemeinschaft
EUV	Vertrag über die Europäische Union
EuZW	Europäische Zeitschrift für Wirtschaftsrecht
EV	Europäische Verfassung
f.	folgende
F.A.Z.	Frankfurter Allgemeine Zeitung
FAQ	Frequently Asked Questions
ff.	fortfolgende
FGG	Gesetz über die Angelegenheiten der freiwilligen Gerichtsbarkeit
FGO	Finanzgerichtsordnung
Fn.	Fußnote
FS	Festschrift
G-10 Gesetz	Gesetz zur Beschränkung des Brief-, Post- und Fernmeldegeheimnisses
GASP	Gemeinsame Außen- und Sicherheitspolitik
GBO	Grundbuchordnung
GG	Grundgesetz
ggf.	gegebenenfalls
GRC	Grundrechtecharta
GS	Gedächtnisschrift
GVBl.	Gesetz- und Verordnungsblatt
HGB	Handelsgesetzbuch
Hrsg.	Herausgeber
HS.	Halbsatz
HWO	Handwerksordnung
i.V.m.	in Verbindung mit
IFG	Informationsfreiheitsgesetz
IGH	Internationaler Gerichtshof
IntKomm	Internationaler Kommentar
IPbpR	Internationaler Pakt über bürgerliche und politische Rechte
ISDN	Integrated Services Digital Network
KJ	Kritische Justiz
lit.	Buchstabe
LT	Landtag
m.E.	meines Erachtens
NJW	Neue Juristische Wochenschrift
Nr.	Nummer
NRW	Nordrhein-Westfalen
OECD	Organisation for Economic Co-operation and Development
PIN	Personal Identification Number

PJZS	Polizeiliche und justitielle Zusammenarbeit in Strafsachen
RDV	Recht der Datenverarbeitung
Res.	Resolution
RMC	Revue du Marché commun et de l'Union européenne
RIW	Recht der internationalen Wirtschaft
Rn.	Randnummer
Rs.	Rechtssache
RTDE	Revue Trimestrielle de Droit Européen
S.	Seite
SH	Schleswig Holstein
Slg.	Sammlung
sog.	sogenannt
StPO	Strafprozessordnung
StVG	Straßenverkehrsgesetz
TK-DS-Richtlinie	Richtlinie über den Schutz personenbezogener Daten und der Privatsphäre im Bereich der Telekommunikation
TK-Rahmen-Richtlinie	Richtlinie über einen gemeinsamen Rechtsrahmen für elektronische Kommunikationsnetze und -dienste
u.a.	und andere / unter Anderem
UA	Unterabsatz
UIG	Umweltinformationsgesetz
UN	United Nations
Unterabs.	Unterabsatz
v.a.	vor allem
VanJTL	Vanderbildt Journal of Transnational Law
verb.	verbunden
Verf.	Verfasser
Verw.	Die Verwaltung
Vgl.	vergleiche
VN	Vereinte Nationen
VN-Charta	Charta der Vereinten Nationen
VN-Richtlinien	Richtlinien der Vereinten Nationen betreffend personenbezogenen Daten in automatisierten Dateien
VO	Verordnung (hier: Datenschutz-Verordnung)
Vol.	Volume
VwGO	Verwaltungsgerichtsordnung
VwVfG	Verwaltungsverfahrensgesetz
WiR	Wirtschaftsrecht
WM	Wertpapiermitteilungen - Zeitschrift für Wirtschafts- und Bankrecht
WVK	Wiener Konvention über das Recht der Verträge
z.B.	Zum Beispiel
ZEUS	Zeitschrift für europarechtliche Studien
ZPO	Zivilprozessordnung

Peter Lang · Internationaler Verlag der Wissenschaften

Ilona Kautz

Schadensersatz im europäischen Datenschutzrecht

Die Umsetzung von Art. 23 der EG-Datenschutzrichtlinie in Großbritannien und Deutschland

Frankfurt am Main, Berlin, Bern, Bruxelles, New York, Oxford, Wien, 2006.
330 S.
Europäische Hochschulschriften: Reihe 2, Rechtswissenschaft. Bd. 4442
ISBN 978-3-631-55464-7 · br. € 56.50*

Die Arbeit befasst sich mit der Haftung des Datenverarbeiters beim Umgang mit personenbezogenen Daten. Angesichts der zunehmenden grenzüberschreitenden Datenflüsse nimmt auch diese Arbeit eine grenzüberschreitende Perspektive ein. Ausgehend von der europäischen Datenschutzrichtlinie, die in Art. 23 die Einführung einer Haftung anordnet, wird dessen Umsetzung in Deutschland und Großbritannien untersucht. Das Ergebnis: Weder Großbritannien noch Deutschland haben Art. 23 richtlinienkonform umgesetzt. Dies ist aber auch auf den europäischen Gesetzgeber zurückzuführen, dem es an einheitlicher zivilrechtlicher Terminologie fehlt.

Aus dem Inhalt: Überblick über die Gefahren beim Umgang mit personenbezogenen Daten · Die Entwicklung des Datenschutzes in Großbritannien und Deutschland bis zum Richtlinienerlass – insbesondere die Haftung · Die Haftung nach Art. 23 der EG-Datenschutzrichtlinie und deren Umsetzung in Großbritannien und Deutschland · Ausblick

FSC
www.fsc.org
MIX
Papier | Fördert gute Waldnutzung
FSC® C083411

Kolibri 360 GmbH
Ferdinand-Jühlke-Straße 7
99095 Erfurt, Deutschland
produktsicherheit@kolibri360.de

Druck:
CPI Druckdienstleistungen GmbH
im Auftrag der
Kolibri 360 GmbH
Ferdinand-Jühlke-Str. 7
99095 Erfurt